高等职业教育房地产类专业精品教材 ④

房地产估价

主编 左静 参编 佟世炜

第4版

机械工业出版社
China Machine Press

图书在版编目（CIP）数据

房地产估价 / 左静主编. —4版. —北京：机械工业出版社，2022.7
（高等职业教育房地产类专业精品教材）
ISBN 978-7-111-71225-1

Ⅰ.①房… Ⅱ.①左… Ⅲ.①房地产价格－估价－高等职业教育－教材 Ⅳ.①F293.35

中国版本图书馆CIP数据核字（2022）第123599号

本书依据房地产估价岗位所需知识和技能而编写。全书共分为10章，第1~3章为估价理论部分，包括房地产、房地产价值与价格、房地产估价概述；第4~8章为估价方法部分，包括比较法、收益法、成本法、假设开发法及其他估价方法；第9~10章为估价实务部分，包括房地产估价程序、房地产估价报告。每章章后有实训题和（或）模拟试题，书后附有房地产估价公式和全国房地产估价师执业资格考试真题。

本书既可以作为高等职业院校房地产类专业的教材，也可以作为房地产估价及相关专业人员的自学参考用书。

出版发行：机械工业出版社（北京市西城区百万庄大街22号 邮政编码 100037）
责任编辑：施琳琳　　　　　　　　　　　　责任校对：付方敏
印　　刷：北京铭成印刷有限公司
版　　次：2022年10月第4版第1次印刷
开　　本：185mm×260mm　1/16
印　　张：16.75
书　　号：ISBN 978-7-111-71225-1
定　　价：45.00元

客服电话：（010）88361066　68326294

版权所有·侵权必究
封底无防伪标均为盗版

第4版前言

　　房地产估价是房地产市场发展的必然产物，也是市场经济不可或缺的组成部分。随着经济社会的发展特别是人们财产保护意识的增强，从中产生了越来越多的房地产估价需求，甚至可以说"估价无处不在"。而房地产估价工作的正常开展，需要一大批专业的房地产估价从业人员，他们不仅要具有良好的职业道德，而且要掌握房地产估价的理论知识和专业技能。为此，我们以房地产估价师岗位所必需的知识和技能为依据，结合国家教指委对房地产专业的教学要求而编写了本书。

　　本书自2007年首次出版以来，得到广大读者的肯定与好评，现应机械工业出版社之邀，重新修订第4版。此次修订除内容结构稍有调整外，还增加了几个估价方法。本书继续保持实用风格，一方面以房地产估价规范为指南，与行业标准紧密接轨；另一方面注重在校学生的专业技能培养，设计安排了应用案例及实训题与模拟试题（带*号的是历年房地产估价师考试原题）。此外，为方便读者快速查找公式，特将估价公式汇集于本书附录A中，并标注了公式所在章节。

　　下面结合本人的教学体会，就教学内容及课时安排提供以下建议，仅供参考。

章次	内容	理论学时	实践学时	备注
第1章	房地产	4		
第2章	房地产价值与价格	4	2	
第3章	房地产估价概述	4	2	
第4章	比较法	6	6	重点
第5章	收益法	6	6	重点
第6章	成本法	6	6	重点
第7章	假设开发法	6	6	

(续)

章次	内容	理论学时	实践学时	备注
第8章	其他估价方法	4	4	
*第9章	房地产估价程序	4	2	
*第10章	房地产估价报告	4	8	
合计		48	42	

注：可以根据本院校具体情况及不同专业的要求调整各章节课时，*号部分为选修内容。

本书由中共辽宁省委党校（辽宁行政学院、辽宁省社会主义学院）左静主编，大连海洋大学应用技术学院佟世炜参编。左静负责编写第1、3~7、9~10章以及前言、附录、参考答案、参考文献；佟世炜负责编写第2、8章。左静负责全书的统稿修订及校对工作。

本书在编写过程中参考了大量的国内外相关文献资料及同类教材，重点参考了中国房地产估价师执业资格考试辅导教材，在此谨向这些作者及编写单位表示衷心的感谢！

由于我们水平有限，书中难免存在不足之处，恳请读者批评指正，不胜感激。

左 静
2022年4月

目 录

第4版前言

第一部分 估价理论

第1章 房地产 ... 2
- 1.1 房地产的含义 ... 2
- 1.2 房地产的特性与类型 ... 4
- 1.3 房地产描述 ... 10
- 本章小结 ... 15
- 实训题 ... 15
- 模拟试题 ... 15

第2章 房地产价值与价格 ... 19
- 2.1 房地产价值与价格概述 ... 19
- 2.2 房地产价值与价格的种类 ... 21
- 2.3 房地产价格的影响因素 ... 29
- 本章小结 ... 35
- 实训题 ... 35
- 模拟试题 ... 35

第3章 房地产估价概述 ·········· 38
- 3.1 关于房地产估价的认知 ·········· 38
- 3.2 房地产估价要素 ·········· 42
- 3.3 估价师职业道德 ·········· 44
- 3.4 估价原则 ·········· 45
- 本章小结 ·········· 51
- 模拟试题 ·········· 51

第二部分 估价方法

第4章 比较法 ·········· 56
- 4.1 比较法的基本原理 ·········· 56
- 4.2 收集交易实例 ·········· 57
- 4.3 选取可比实例 ·········· 59
- 4.4 建立比较基础 ·········· 61
- 4.5 比较因素的修正与调整 ·········· 64
- 4.6 计算比较价值 ·········· 73
- 4.7 比较法应用举例 ·········· 77
- 本章小结 ·········· 79
- 实训题 ·········· 80
- 模拟试题 ·········· 80

第5章 收益法 ·········· 85
- 5.1 收益法的基本原理 ·········· 85
- 5.2 报酬资本化法的公式 ·········· 87
- 5.3 净收益的测算 ·········· 99
- 5.4 报酬率的求取 ·········· 105
- 5.5 直接资本化法 ·········· 107
- 5.6 投资组合技术和剩余技术 ·········· 110
- 5.7 收益法应用举例 ·········· 115
- 本章小结 ·········· 117
- 实训题 ·········· 117
- 模拟试题 ·········· 117

第6章 成本法 121

6.1 成本法的基本原理 121
6.2 房地产的价格构成 123
6.3 成本法的基本计算公式 128
6.4 重新购建成本的测算 130
6.5 建筑物折旧的测算 135
6.6 房屋完损等级评定和折旧的有关规定 147
6.7 成本法应用举例 149
本章小结 151
实训题 151
模拟试题 151

第7章 假设开发法 155

7.1 假设开发法的基本原理 155
7.2 静态分析法与动态分析法 156
7.3 假设开发法的计算公式 158
7.4 最佳开发经营方式的选取 164
7.5 假设开发法中各项的求取 166
7.6 假设开发法应用举例 168
本章小结 170
实训题 170
模拟试题 171

第8章 其他估价方法 175

8.1 长期趋势法 175
8.2 路线价法 180
8.3 基准地价修正法 185
8.4 标准价调整法 187
8.5 多元回归分析法 188
8.6 损失资本化法 189
8.7 价差法 190
本章小结 191
模拟试题 192

第三部分 估价实务

第9章 房地产估价程序 198
9.1 房地产估价程序概述 198
9.2 受理估价委托 199
9.3 确定估价基本事项 202
9.4 编制估价作业方案 203
9.5 收集估价所需资料 204
9.6 实地查勘估价对象 205
9.7 选用估价方法进行测算 207
9.8 确定估价结果 207
9.9 撰写估价报告 207
9.10 审核估价报告 208
9.11 交付估价报告 208
9.12 保存估价资料 208
实训题 209

第10章 房地产估价报告 210
10.1 房地产估价报告概述 210
10.2 房地产估价报告的写作 212
10.3 房地产估价案例 223
实训题 234

附录A 房地产估价公式 235

附录B 全国房地产估价师执业资格考试真题 246

参考答案 256

参考文献 261

第一部分

估 价 理 论

第1章 房地产
第2章 房地产价值与价格
第3章 房地产估价概述

第1章

房 地 产

本章介绍房地产的相关知识,包括房地产的概念、特性、分类、存在形态以及房地产的描述等内容,为进一步学习房地产估价提供知识储备。

◎ 学习目标

1. 了解房地产的含义、特性、类型及存在形态。
2. 熟悉房地产状况描述的内容。

📖 技能要求

能够正确描述房地产的状况,包括区位描述、实物描述和权益描述。

1.1 房地产的含义

1.1.1 房地产的概念

学习房地产估价首先要了解什么是房地产,如果对估价对象没有充分的了解,就无法对其进行估价。房地产是房产和地产的总称,也称为"不动产"或"物业"。房地产的传统定义是对土地而言的,是指"土地及其附着物"。建筑物本来属于土地的附着物,但随着社会经济的发展,建筑物的数量越来越多,其价值量及其发挥的作用也越来越大,于是,人们便将建筑物从土地附着物中单列出来,成为与土地并列的房地产的组成部分。因此,房地产的实体部分包括土地、建筑物和其他相关定着物。此外,房地产通常还附带着某种权利，如所有权、使用权等，而且房地产与其所处的地理位置和周围环境密不可分。实物、权益和区位共同构成房地产的有机整体。因此，严谨意义上的房地产，是指土地、建筑物和其他相关定着物，是实物、权益和区位的结合体。下面我们进一步了解房地产的各个组成部分。

1. 土地、建筑物和其他土地附着物

（1）土地。土地包括陆地及其附属物，是由一定高度和一定深度的岩石、矿藏、土壤、水文、大气和植被等自然物及人类活动的某些结果所组成的自然经济综合体。从房地产估价的角度看，土地是一个立体的三维空间。其空间范围可分为3层：①地球表面，简称地表；②地球表面以上一定范围内的空间，简称地上空间；③地球表面以下一定范围内的空间，简称地下空间。土地的实物形态是连绵无垠的，其本身无范围可言，但因为人们在地表上"画野分疆"，所以形成了具有一定形状、面积和平面界址的地块或宗地。宗地是指土地权属界线封闭的地块或者空间。

（2）建筑物。广义的建筑物是指用建筑材料构筑的空间和实体，包括房屋和构筑物。狭义的建筑物主要指房屋，不包括构筑物。在房地产估价中一般将建筑物做广义理解。房屋是指有基础、墙体、顶盖和门窗，起着挡风遮雨、保温隔热、抵御他人或野兽侵扰等作用，供人们在其内部进行生活和生产活动的建筑空间，如住宅、办公楼、商店、旅馆、厂房、仓库等。构筑物是指人们一般不直接在内进行生产和生活活动的工程实体或附属建筑设施，如烟囱、水塔、水井、道路、桥梁、隧道、水坝等。

（3）其他相关定着物。其他相关定着物是指附着或结合在土地或建筑物上不可分离的部分，从而成为土地或建筑物的附属物。相关定着物包括自然物体和人造物体。自然物体如花草树木、矿物等；人造物体如埋设在地下的水管、电线、暖气设施，建造在地上的围墙、假山、水池等。这些物体与土地或建筑物嵌合在一起，如果将其剥离则会破坏土地或建筑物的完整性，会使土地或建筑物的价值明显减损，一般随着土地或建筑物的转让而一并转让。如果物体仅是置于土地或建筑物的表面，则不属于其他土地附着物，如摆放在房屋内的家具、电器，停放在车库里的汽车，挂在墙上的画，在地上临时搭建的帐篷、戏台等。在现实估价中，这些附着物往往被视为土地或建筑物的组成部分。

2. 房地产的实物、权益和区位的含义

（1）房地产的实物是指看得见、摸得着的部分。对建筑物而言，实物是指外观、建筑结构、设施设备、装饰装修等，对土地而言，实物是指形状、地形、地势、地质、土壤、平整程度、基础设施完备程度等。房地产的实物状况对房地产价值有很大的影响，两宗权益状况相同的房地产，如果实物状况不同，价值也可能有很大的不同。

（2）房地产的权益是指无形的、不可触摸的部分，是依附在房地产实物上的权利和义务。房地产权益以房地产权利为基础。我国目前的房地产权利主要有所有权、建设用地使用权、宅基地使用权、土地承包经营权、地役权、抵押权和租赁权等。两宗实物状况相同的房地产，如果权益状况不同，价值就可能不同；反之，两宗权益状况相同的房地产,如果实物状况不同,价值也可能有很大的差异。

(3)房地产的区位是指房地产的空间位置。具体的一宗房地产的区位,是指该房地产与其他房地产或物体在空间方位和距离上的关系,包括位置、交通条件、外部配套设施、周围环境等。两宗实物和权益状况相同的房地产,如果区位不同,价格、价值也会有所不同,甚至差异很大。

1.1.2 房地产的存在形态

房地产虽然包括土地和建筑物两大部分,但并不意味着只有土地和建筑物合在一起时才被称为房地产,单纯的土地和单纯的建筑物也属于房地产。房地产有以下三种存在形态:土地、建筑物和房地。

1. 土地形态

土地作为房地产的一种存在形态,往往是指单纯的土地。在评估土地价值时,即使土地上有建筑物,也需要把土地作为独立的部分单独看待。如为确定划拨土地使用权进入市场需要补交土地使用权出让金时,就需要单独评估土地的价值。对有建筑物的土地,在估价中如何看待有建筑物的土地,通常有两种做法:一是无视建筑物的存在,将其设想为空地;二是考虑建筑物对土地价值的影响,如待拆迁房屋对该土地的价值会有减价的影响。

2. 建筑物形态

建筑物作为房地产的另一种存在形态,往往是指单纯的建筑物。尽管建筑物与土地不可分离,但在某些情形下需要把建筑物单独看待。如在房地产投保火灾险时评估其保险价值,就需要单独评估建筑物的价值。在估价时如何单独看待建筑物,通常有两种做法:一是无视土地的存在,将其设想为"空中楼阁";二是考虑土地的存在对建筑物价值的影响,如在较偏僻的地方建造商场,该商场因土地位置较差不能充分发挥效用而导致市场价值较低。

3. 房地形态

房地即房、地结合体,是指土地与建筑物结合在一起时的情形,是较为常见的房地产存在形态。此时不仅土地与建筑物在实物上是结合在一起的,而且在估价时也需要把它们作为整体看待。

1.2 房地产的特性与类型

1.2.1 房地产的特性

房地产自身具有特殊的属性,这导致房地产价值、房地产市场也具有特殊的属性。房地产的特性是以土地的特性为基础的,因此,学习房地产估价必须对房地产的特性尤其是土地的特性有全面、深入的了解。房地产的特性体现在以下几个方面。

1. 不可移动性

不可移动性也称为位置固定性，是房地产最重要的一个特性。土地上的土壤、砂石等虽然可以移动、搬走，但是作为立体空间和完整意义上的土地，其位置是固定的，不能移动。建筑物由于"定着"于土地之上，其位置通常也是固定的，不能移动。虽然有时为了道路建设和古建筑保护等，需要对建筑物实施整体"平移"，但是要清楚，被移动的建筑物与原土地分离后，作为房地产整体来说已经不再是原来的房地产，因为土地已经不再是原来的土地。况且，建筑物被移动的情况很少见，往往是不得已而为之。

由于不可移动，每宗房地产的日照、温度、湿度、交通、景观以及与重要场所（如市中心）的距离、外部配套设施、周围环境等，均处于相对稳定的状态，从而形成独有的自然地理位置和社会经济位置，使得房地产有区位优劣之分。值得注意的是，房地产的自然地理位置虽然固定不变，但其社会经济位置却是可以改变的。因为对外交通、外部配套设施等的变化，均可以影响房地产的社会经济位置。

房地产的不可移动性决定了任何一宗房地产只能就地开发、利用或消费，并且要受制于其所在的空间环境，如当地的制度政策、社会经济发展状况及邻里关系等。由于人们无法将房地产从低价地区搬到高价地区，所以房地产市场只能是地区性市场，而不是全国性市场，更不是全球性市场。

2. 独一无二性

独一无二性也称为独特性、个别性，是由房地产的不可移动性派生而来的。由于房地产在位置、朝向、地形、地势、周围环境、景观等方面各不相同，即使两宗房地产的物质实体一模一样，但实质上也是不相同的，可以说没有完全相同的两宗房地产。房地产的独一无二性，使得房地产之间不能彼此完全替代，房地产市场不能实现完全竞争，房地产价格千差万别。独一无二性使得房地产交易不适宜采取样品交易的方式。尽管购房者能够看到样板房、沙盘、售楼书、照片等，但还是要到交易对象所在地实地观察、感受或体验。由于房地产具有这一特性，因此要求房地产估价必须进行实地查勘。

3. 寿命长久性

寿命长久性也称为耐久性，对土地而言，也称为不可毁灭性、永续性。只要对土地进行适当的保护，土地的生产力或利用价值一般就不会丧失，能够一次又一次地被反复利用。建筑物虽然不像土地那样具有不可毁灭性，但其寿命通常可达数十年甚至上百年。在正常情况下，建筑物很少发生自然倒塌，通常是为了土地的更好利用或更高价值才会被拆除。

由于寿命长久，房地产可以为其拥有者带来持续不断的利益。但从我们国家来看，由于土地使用权是有期限的，因此，房地产的寿命受到土地使用权期限的制约。目前，建设用地使用权出让的最高年限，居住用地为70年，工业用地为50年，教育、科技、文化、卫生、体育用地为50年，商业、旅游、娱乐用地为40年，综合或者其他用地为

50 年。以出让方式取得建设用地使用权的，转让房地产后，受让人的使用期限不得超过原出让合同约定的使用期限减去已使用年限后的剩余期限。建设用地使用权期满，除住宅用地使用权自动续期外，其他建设用地使用权人未申请续期或者虽然申请续期但未获批准的，建设用地使用权由国家无偿收回。了解这一点对房地产估价有重要的意义，如坐落位置很好、建筑物状况也很好的房地产，可能由于土地使用期限较短而降低房地产的价值。

4. 供给有限性

土地是大自然的产物，不是人工生产建造的，而且地球表面积基本上是固定不变的，因此土地总量不能增加。土地的这种特性被称为有限性、不可再生性。人类可以改良土地、改变土地形态，甚至于在沿海地区通过"填海造地"扩大陆地面积，但这种"造地"的数量相对于现存的土地数量来说是微不足道的。

由于土地供给是有限的，导致土地上建筑物的数量也是有限的，尤其是好地段上的建筑物更是有限，这使得房地产具有独占性。一宗特定位置尤其是好位置的房地产被人占有以后，占有者可以获得生产或生活的场所，享受特定的光、热、空气、雨水和风景（如海水、阳光、沙滩），或者可以支配相关的自然资源和生产力。而他人无法拥有这些，除非支付相当的代价购买，这就是房地产价格产生的原因。随着人类社会的发展和人民生活水平的提高，社会对各类房地产用地的需求不断增加，于是产生了供给有限与需求增长之间的矛盾，最终导致土地价格不断上涨。

5. 价值较大性

与一般物品相比，房地产不仅单价高，而且总价大。从单价来看，每平方米土地或每平方米建筑面积房屋的价格，低则数千元，高则上万元甚至十几万元，繁华商业地段经常有"寸土寸金"之说。从总价来看，房地产不可以按照平方米之类的小单位零星消费，必须有一定的规模（如一定的面积），因此，可供利用的一块土地或一套住房的价值，比一件家具或一台电视机的价值要大得多。对普通居民来说，购买一套普通商品住宅通常需要花费其一生的积蓄。至于一幢别墅、一座商场的价值就更大了，通常为上百万元、上千万元甚至上亿元。

6. 用途多样性

用途多样性主要是空地所具有的特性。一块土地往往有多种用途，既可以用于农业生产，也可以用于工业、商业、住宅、交通运输、教育卫生等。在不同的用途中还可以选择不同的利用方式，如居住用途有普通住宅、高档公寓和别墅，有老年公寓、青年公寓和学生公寓，既可以建平房也可以建多层或高层建筑。房地产虽然具有用途多样性，但现实中房地产的用途并不是其拥有者可以随意决定的。房地产的利用一方面要符合城市规划等的规定，另一方面存在着不同用途之间的竞争和优选。在市场经济中，房地产拥有者往往将房地产用于可以获得更高收益的用途。从经济角度来看，选择土地利用方式的一般顺序是：商业、办公、居住、工业、耕地、牧地、森林、不毛荒地。

7. 相互影响性

相互影响性即经济学上所讲的"外部性"。由于土地是联结在一起的，不能移动和分割，房地产的用途、建筑高度、外观等状况通常会相互影响，因此，房地产的价值不仅与其本身的状况有关，还受周围房地产的用途和开发利用情况的影响。例如，在一幢住宅附近建花园、开辟绿地，或建造一个购物中心，会提高其价值，而在其附近建工厂或垃圾站，则会降低该住宅的价值。正是由于房地产具有相互影响性，产生了"相邻关系"，所以法律规定"不动产的相邻权利人应当按照有利生产、方便生活、团结互助、公平合理的原则，正确处理相邻关系"。

8. 易受限制性

由于房地产具有不可移动、相互影响的特性，并且是各种生产、生活活动都不可缺少的基础要素，关系民生及社会、经济稳定，所以世界上几乎所有的国家和地区，对房地产的利用、交易等都有一些限制，甚至是严格管制。政府对房地产的限制一般是通过4种特权来实现的：①管制权——政府为了保障公众安全、健康和一般福利，可以直接对房地产利用做出限制。例如，通过城市规划对土地用途、容积率、建筑高度、建筑密度、绿地率等做出规定，限制在居住区内建设某些工业或商业设施等。②征收或征用权——政府为了社会公共利益的需要，如修公路、建学校等，可以强制、有偿地取得单位和个人的房地产所有权或使用权，如土地征用、征收和房屋拆迁便属于这种情况。③征税权——政府为了增加财政收入等，可以对房地产征税或适当提高房地产税，只要这些税是公平征收的。④充公权——政府可以在房主死亡或消失而无继承人的情况下，无偿收回房地产。

9. 难以变现性

难以变现性也称为变现能力弱、流动性差。变现能力是指在没有过多损失的条件下，将非现金财产转换为现金的速度。凡是能够随时、迅速地转换为现金且没有损失或者损失较小的，称为变现能力强；反之，称为变现能力弱。房地产由于具有独一无二、价值较大、易受限制等特性，加上交易手续较复杂、交易税费较多等原因，使得同一宗房地产的买卖不会频繁发生。一宗房地产如果要出售，通常需要较长的时间才能找到合适的买者，讨价还价的时间一般也较长。当需要将房地产快速变现时，通常要以一定幅度的降价为代价才能实现；有时即使做了一定幅度的降价，在短期内也可能找不到买者。

10. 保值增值性

由于土地面积不能增加，所以在人口增加、城市基础设施不断完善的情况下，房地产的价值可以得到保持，甚至随着时间的推移而自然增值。

房地产通常具有保值功能，因为它能抵御通货膨胀的影响。如果出现通货膨胀，意味着货币贬值、购买力下降，即钱不值钱了。而房地产的增值速度能抵消货币的贬值速度。具体来说，就是能保证投资于房地产一段时间后所抽回的资金，完全能够购买到当初的投资额可以购买到的同等房地产。这主要是由于房地产和其他有形资产的重建成本不断上升，从而导致房地产价格上涨，而且房地产价格上涨的幅度不低于通货膨胀的幅度，即"水涨船高"。

房地产的自然增值同样来自房地产的价格上涨，主要包括：①外部经济，如政府进行道路建设、修建广场、公园，调整城市发展方向，改变城市格局等。②需求增加，如经济发展和人口增加带动房地产需求增加。③房地产使用管制改变，如将原工业用途改变为居住用途，增加容积率等。这些因素都可以引起房地产价格上涨，属于房地产的自然增值。

此外，引起房地产价格上涨的原因还有可能是房地产产权人对房地产进行投资改良，如更新设备、装饰装修、改进物业管理等，这是投资利润所要求的，不属于房地产保值增值的范围。

1.2.2 房地产的类型

房地产的类型可以按照不同的标准，根据不同的需要，从不同的角度进行划分。

1. 按房地产用途划分

根据房地产用途，将房地产分为以下 10 类。

（1）居住房地产：是指供家庭或个人居住使用的房地产，又可分为住宅和集体宿舍两类。住宅是指供家庭居住使用的房地产，可分为普通住宅、高档公寓、别墅等。集体宿舍可分为单身职工宿舍、学生宿舍等。

（2）商业房地产：是指供出售商品使用的房地产，如商场、商铺、购物中心、超级市场、批发市场等。

（3）办公房地产：是指供处理各种事务性工作使用的房地产，如办公用地、办公楼。办公楼又可分为商务办公楼（写字楼）和行政办公楼两类。

（4）旅馆房地产：是指供旅客住宿使用的房地产，如饭店、酒店、宾馆、旅店、招待所、度假村、疗养院、培训中心等。

（5）餐饮房地产：是指供顾客用餐使用的房地产，如酒楼、美食城、餐馆、快餐店等。

（6）体育和娱乐房地产：是指供人健身、消遣使用的房地产，如体育馆、体育场、保龄球馆、高尔夫球场、滑雪场、影剧院、游乐场、娱乐城、康乐中心等。

（7）工业房地产：是指供工业生产使用或直接为工业生产服务的房地产，如工业厂房、仓库等。

（8）农业房地产：是指供农业生产使用或直接为农业生产服务的房地产，如农地、农场、林场、牧场、果园、种子库、拖拉机站、饲养牲畜用房等。

（9）特殊用途房地产：如车站、机场、汽车加油站、博物馆、医院、学校、教堂、寺庙、墓地等。

（10）综合房地产：是指具有上述两种以上（含两种）用途的房地产，如商住楼等。

2. 按房地产开发程度划分

根据房地产开发程度，将房地产分为以下 5 类。

（1）生地：是指不具有城市基础设施的土地，如荒地、农地。

（2）毛地：是指具有一定城市基础设施，有地上物（如围墙、树木等）需要拆除或迁移但尚未拆除或迁移的土地。

（3）熟地：是指具有较完善的城市基础设施且场地平整，可以直接在其上进行房屋建设的土地。按照基础设施完备程度，可做如下划分：①"三通一平"的土地：指通路、通水、通电以及场地平整的土地；②"五通一平"的土地：指具备了道路、给水、排水、电力、通信等基础设施条件以及场地平整的土地；③"七通一平"的土地：指具备了道路、给水、排水、电力、通信、燃气、供热等基础设施条件以及场地平整的土地。

（4）在建工程：也称未完工程，是指处在某种开发建设阶段而尚未竣工的房地产。

（5）现房：是指已建造完成、可直接使用的房地产。按照新旧程度，可分为新房和旧房，其中新房可分为毛坯房、简装房和精装房。毛坯房是指建成后没有进行室内装饰装修的房屋。简装房是指室内装饰装修简单或很普通的房屋。精装房是指室内装饰装修精致或精美的房屋。

3. 按实物形态划分

根据实物形态，将房地产分为以下 9 类。

（1）土地：可分为有建筑物的土地和无建筑物的土地。

（2）建筑物：可分为已建成的建筑物和尚未建成的建筑物。已建成的建筑物又可分为新建筑物和旧建筑物。尚未建成的建筑物又可分为正在建造的建筑物和停缓建的建筑物。

（3）土地与建筑物的综合体：可分为土地与已建成的建筑物的综合体（即现房）和土地与尚未建成的建筑物的综合体（即在建工程或房地产开发项目）。

（4）房地产的局部：是指整幢房屋中的某层或某套房屋，或者是整宗土地中的某一部分土地。

（5）未来状况下的房地产：是指目前尚未建成而在将来建成的房屋及其占用范围内的土地，其中最常见的是期房。

（6）已灭失的房地产：例如已被拆除的房屋，已被火灾、地震等灾害完全损毁的房屋。

（7）现在状况下的房地产与过去状况下的房地产的差异部分：例如建筑物的装饰装修部分，房地产受损之后与受损之前的差异部分。

（8）以房地产为主的整体资产或含有其他资产的房地产：例如正在运营的、使用的酒店通常既包含土地、房屋等房地产，还包含家具、电器、机器设备等其他资产。

（9）整体资产中的房地产：例如一个企业中的土地或房屋。

4. 按是否产生收益划分

根据是否产生收益，将房地产分为以下 2 类。

（1）收益性房地产：是指能直接产生租赁收益或其他经济收益的房地产，如住宅、商店、写字楼、旅馆、餐馆、影剧院、游乐场、加油站、厂房、仓库、农地等。

（2）非收益性房地产：是指不能直接产生经济收益的房地产，如行政办公楼、学校、医院、图书馆、体育场馆、公园、军队营房等以公用、公益为目的的房地产等。

划分收益性与非收益性房地产可以帮助我们判断是否可以采取收益法进行估价。是否为收益性房地产，不是看该房地产目前是否正在产生经济收益，而是看该房地产是否具有直接产生经济收益的能力。例如，某套公寓目前尚未出租而空置着，但它仍属于收益性房地产，因为它具有产生收益的潜在能力，其收益可以通过其他相似公寓的收益取得。

5. 按经营使用方式划分

根据房地产经营使用方式，将房地产分为以下4类。

（1）销售房地产：如住宅、写字楼、商铺、标准厂房等。

（2）出租房地产：如商店、餐馆、住宅、写字楼等。

（3）自营房地产：如旅馆、汽车加油站、影剧院等。

（4）自用房地产：如行政办公楼、学校、特殊厂房等。

这种分类对于选用估价方法十分有用，例如，销售的房地产可以采用比较法估价，出租或自营的房地产可以采用收益法估价，自用的房地产可以采用成本法估价。当然，有的房地产如住宅既可以销售也可以出租或自用，适用的估价方法就有比较法、收益法以及成本法等多种估价方法。

1.3 房地产描述

对估价对象房地产的描述，可以分解为基本状况描述、区位状况描述、实物状况描述和权益状况描述四大部分。

1.3.1 房地产基本状况描述

对房地产基本状况的描述，应简要说明以下方面。

（1）名称：说明估价对象的名字。例如，估价对象为××项目用地、××商场、××大厦、××小区××楼（座、幢）××门（单元）××号住宅。

（2）坐落：说明估价对象的具体地点。例如，估价对象位于××市××区××路××号。

（3）四至：说明估价对象的四邻。例如，估价对象东至××，南至××，西至××，北至××。

（4）规模：说明估价对象的面积。对于建筑物，一般说明建筑面积或者套内建筑面积、使用面积等。此外，还要根据估价对象具体情况说明相关"数量"，如旅馆要说明客房数或床位数，餐馆要说明可容纳的用餐人数，影剧院要说明座位数等。

（5）用途：说明估价对象的规划用途、实际用途和预期用途。

（6）权属：对于土地，主要说明是国有土地还是集体土地，土地使用权是建设用地使用权、宅基地使用权还是土地承包经营权，还要说明土地权利人是谁；对于建设用地使用权，还要说明是出让的还是划拨的或者其他情形。对于房屋所有权，主要说明房屋所有权人。

1.3.2 房地产区位状况描述

房地产区位状况描述包括位置、交通、周围环境和景观、外部配套设施的描述。

1. 位置的描述

对房地产位置的描述，主要说明以下方面：

（1）坐落：说明估价对象具体地点，还应附上位置图。例如，估价对象位于××市××区××路××号。

（2）方位：说明估价对象在某个区域中的方向和位置。例如，估价对象位于××市中部，××路口东北角，××路西侧。

（3）距离：说明估价对象与重要场所的距离。例如，估价对象距离市中心××公里，距离火车站××公里，距离机场××公里。

（4）朝向：说明估价对象建筑物的正门或房间的窗户等正对着的方向，如"坐北朝南"。

（5）楼层：当估价对象为某幢房屋中的某层、某套时，要说明其所在的楼层。例如，估价对象位于××大厦地上12层。

2. 交通的描述

对房地产交通条件的描述，主要说明以下方面：

（1）道路状况：说明附近有几条道路，到达这些道路的距离，各条道路的路况，有无过路费、过桥费及收费标准。

（2）可利用的交通工具：说明附近公交线路的数量，到达公交站点的距离，公交班次的疏密等。例如，附近有××路公共汽车经过，距离公共汽车站约××米（步行约××分钟），平均每隔10分钟有一辆公共汽车通过。

（3）交通管制情况：说明是否为步行街、单行道，是否有某些车辆被限制通行、限制通行的时间、限制行车速度等情况。

（4）停车方便程度和收费标准：说明有无停车场、车位数量、到停车场的距离等。

3. 周围环境和景观的描述

对房地产周围环境和景观的描述，主要说明以下方面：

（1）自然环境：说明环境是否优美、整洁，有无空气污染、水污染等。对于住宅，需要说明周边有无高压输电线路、无线电发射塔、垃圾站等。

（2）人文环境：说明估价对象所在地区的声誉、居民特征、治安状况、相邻房地产的利用状况等。

（3）景观：例如有山景及水景的要加以说明。水景包括海景、江景、河景、湖景等。

4. 外部配套设施的描述

房地产外部配套设施包括基础设施和公共服务设施两方面。

（1）基础设施：说明道路、供水、排水、供电、供气、供热、通信等的完备程度。

（2）公共服务设施：说明教育、医疗卫生、文化、体育、商业服务、金融、邮电、社区服务、市政公用和行政管理等设施的完备程度。

1.3.3 房地产实物状况描述

对房地产实物状况的描述，一般分为土地实物状况和建筑物实物状况两大部分。

1. 土地实物状况的描述

对土地进行实物状况描述，主要说明以下方面：

（1）土地面积：通常以平方米（m^2）为单位，面积较大的多以公顷（hm^2）为单位。

（2）土地形状：通常用文字并附图来说明。土地均是封闭多边形，其文字上的描述如"形状规则""长方形""正方形""狭长"等。

（3）地形：说明是平地还是坡地等。

（4）地势：说明该宗土地与相邻土地及道路的高低关系、自然排水状况、被洪水淹没的可能性等。

（5）土壤：说明土壤是否受过污染，是否为垃圾填埋场，是否为化工厂原址等。

（6）地基（地质）：说明地基的承载力和稳定性，地下水位和水质，有无不良地质现象如崩塌、滑坡、泥石流等。

（7）土地条件：说明土地的开发程度，包括基础设施完备程度和场地平整程度，即通常所说的"三通一平""五通一平""七通一平"及其具体内容等。

（8）其他：如临街商业用地要说明其临街宽度、临街深度和宽深比。农用地要说明其排水和灌溉等。

2. 建筑物实物状况的描述

对建筑物进行实物状况描述，主要说明以下方面：

（1）建筑规模：根据建筑物的使用性质说明其面积、体积等。面积类别有多种，如房屋建筑面积、套内建筑面积、使用面积、居住面积、营业面积、可出租面积等。建筑面积和套内建筑面积的公式如下：

$$房屋建筑面积 = 套内建筑面积 + 分摊的共有建筑面积$$

$$套内建筑面积 = 套内房屋使用面积 + 套内墙体面积 + 套内阳台建筑面积$$

[**例 1-1**] 某套住宅总价为 120 万元，套内建筑面积为 $125m^2$，套内墙体面积为 $20m^2$，分摊的共有建筑面积为 $25m^2$。求该套住宅每平方米建筑面积的价格。

解：依据公式得出：

$$房屋建筑面积 = 套内建筑面积 + 分摊的共有建筑面积$$
$$= 125 + 25$$
$$= 150 \text{（m}^2\text{）}$$
$$该套住宅每平方米建筑面积价格 = 1\,200\,000 \div 150$$
$$= 8\,000 \text{（元/m}^2\text{）}$$

（2）层数和高度：说明建筑物的总层数和总高度。建筑物通常根据层数或总高度来划分。住宅按照层数划分：1～3 层为低层住宅，4～6 层为多层住宅，7～9 层为中高层住宅，10 层以上（含 10 层）为高层住宅；公共建筑及综合性建筑按照建筑总高度划分：总高度超过 24m 的为高层建筑；不论何种建筑物，建筑总高度超过 100m 的均称为超高层建筑。

（3）外观：是指建筑外立面风格等，应附外观照片来说明。

（4）建筑结构：指建筑物中由承重构件（基础、墙体、柱、梁、楼板、屋架等）组成的体系。一般分为钢结构、钢筋混凝土结构、砖混结构、砖木结构和简易结构。

（5）设施设备：说明给水、排水、采暖、通风与空调、燃气、电梯、电气等设施设备的配置情况及性能。

（6）装饰装修：说明是毛坯房还是装修房。如果有装饰装修，还要说明墙面、顶棚、地面、门窗等部位的装饰装修程度，所用材料及工程质量等。

（7）防水、保温、隔热、隔声、通风、采光、日照。

（8）层高和室内净高：层高是指上下两层楼面之间的垂直距离。室内净高是指地面至上部楼板底面之间的垂直距离。

（9）空间布局：说明空间分区以及各个空间的交通流线是否合理，并附房产平面图、户型图等来说明。

（10）年龄和设计使用年限：对于建筑物年龄，最好说明开工日期、竣工日期或建成年月。设计使用年限是指设计规定的建筑物的结构或构件，在正常情况下无须大修就可以按预定目的使用的时间。

（11）维护情况及完损程度：说明基础的稳固程度和沉降情况，地面、墙面、门窗的破损情况等。

（12）其他：说明可间接反映建筑物实物状况的有关情况，如建设单位等。对于在建工程或期房，还要说明其工程进度、预计竣工日期等。对于商业用房特别是临街铺面房，还要说明其面宽、进深和宽深比。

1.3.4 房地产权益状况描述

1．土地权益状况描述

土地权益状况描述包括以下内容：

（1）土地所有权状况：说明是国有土地还是集体土地。对于集体土地，说明土地所有权由谁行使，如"估价对象土地为农民集体所有，由××村民委员会代表集体行使所有权"。

（2）土地使用权状况：说明是建设用地使用权还是宅基地使用权，或者是土地承包经营权，权利人是谁。对于建设用地使用权，说明是通过出让方式还是划拨方式取得。对于出让的建设用地使用权，说明土地使用期限及其起止日期、剩余期限、可否续期。

（3）土地使用管制状况：说明是农用地、建设用地还是未利用地，城市规划对土地用途、容积率、建筑高度和建筑密度等的规定。

容积率是指一定地块内总建筑面积与建筑用地面积的比值，是反映和衡量地块开发强度的一项重要指标。用公式表示为

$$容积率 = \frac{总建筑面积}{建筑用地面积}$$

建筑密度又称建筑覆盖率，是指一定地块内所有建筑物的基底总面积占建筑用地面积的比率。用公式表示为

$$建筑密度 = \frac{建筑基底总面积}{建筑用地面积} \times 100\%$$

[例1-2] 某块土地总面积为100m²，其上建筑物的基底面积为60m²，建筑物的总建筑面积为400m²，则：

$$容积率 = \frac{400}{100} = 4$$

$$建筑密度 = \frac{60}{100} \times 100\% = 60\%$$

[例1-3] 某房地产的用地面积为2 000m²，城市规划规定的容积率为3，建筑密度为30%。求该房地产的建筑基底总面积和总建筑面积。

解：依据公式得出：

$$\begin{aligned}
建筑基底总面积 &= 建筑用地面积 \times 建筑密度 \\
&= 2\,000 \times 30\% \\
&= 600 \text{ (m}^2\text{)}
\end{aligned}$$

$$\begin{aligned}
总建筑面积 &= 建筑用地面积 \times 容积率 \\
&= 2\,000 \times 3 \\
&= 6\,000 \text{ (m}^2\text{)}
\end{aligned}$$

在一定地块内，如果各层建筑面积均相同，那么：

$$总建筑面积 = 土地总面积 \times 建筑密度 \times 建筑层数$$

则有：

$$容积率 = 建筑密度 \times 建筑层数$$

（4）目前使用状况：说明土地利用现状，如土地上是否有房屋、林木等定着物；有无出租或占用情形。对于已出租的，说明承租人、租赁期限、租金水平等。

（5）其他权利设立状况：说明是否设立了抵押权、地役权等。

（6）其他特殊状况说明：①是否达到了规定的转让条件；②是否属于不得抵押或者不得作为出资的财产；③有无拖欠建设工程价款；④是否被列入征收、征用范围；⑤是否被依法查封、采取财产保全措施等限制；⑥土地取得手续是否齐全；⑦土地所有权或土地使用权的归属是否有争议；⑧是否为临时用地；⑨是否为违法占地。

2. 建筑物权益状况的描述

对建筑物权益状况的描述，主要包括以下几方面：

（1）房屋所有权状况：说明房屋所有权人；房屋是单独所有、共有还是区分所有。

（2）出租或占用状况：说明有无出租、占用的情形。对于已出租的，说明承租人、租赁期限、租金水平等。

（3）其他权利设立状况：说明是否设立了抵押权、地役权等。

（4）其他特殊状况：说明是否达到了规定的转让条件；是否属于不得抵押的财产；有无拖欠建设工程价款等。

（5）其他：例如物业管理状况，包括物业服务企业、物业服务费标准、管理规约等。

房地产描述的案例，请参见第10章房地产估价案例中"估价对象描述与分析"。

本章小结

本章阐述了房地产的基础知识。房地产是"土地、建筑物和其他相关定着物，是实物、权益和区位的结合体"。房地产有三种基本存在形态，即土地、建筑物和房地。房地产具有十大特性，包括不可移动性、独一无二性、寿命长久性、供给有限性、价值较大性、用途多样性、相互影响性、易受限制性、难以变现性、保值增值性。房地产可以按照不同的标准和需要划分为不同的种类。房地产的描述可以分解为基本状况描述、区位状况描述、实物状况描述和权益状况描述四大部分。

实训题

选择自家或学校内某一宗房地产，描述其房地产状况。

模拟试题

一、单项选择题

*1. 下列对某宗房地产状况的描述中，属于房地产实物状况描述的是（　　）。

　　A. 建筑密度大小　　　B. 房型设计　　　C. 临路状况　　　D. 公共配套设施情况

2. 建筑容积率是指一定地块内建筑物的总建筑面积与（　　）的比值。
   A. 建筑物用地面积　　B. 建筑物基底面积　　C. 该块土地总面积　　D. 建筑物的总容积
3. （　　）也称建筑覆盖率，通常是指一定地块内所有建筑物的基底总面积与建筑用地面积的比率。
   A. 建筑容积率　　B. 建筑面积率　　C. 建筑拥挤度　　D. 建筑密度
4. 如果某一地块上每幢建筑物上下各层的建筑面积均相同，则必然会有：建筑容积率＝建筑密度×（　　）。
   A. 土地总面积　　B. 建筑总面积　　C. 建筑总层数　　D. 建筑基底总面积
5. 若商务写字楼目前尚未出租，因而并未产生经济效益，此宗商务楼属于（　　）。
   A. 收益性房地产　　B. 非收益性房地产　　C. 综合性房地产　　D. 保值增值性房地产
6. 下列不属于房地产区位因素的是（　　）。
   A. 交通　　B. 用途　　C. 环境　　D. 楼层
*7. 下列引起某套住宅价格上涨的因素中，属于该住宅价格自然增值因素的是（　　）。
   A. 对住宅本身进行投资改良
   B. 由于人口增长对住宅的需求增加
   C. 因通货膨胀导致住宅价格上涨
   D. 因人工成本上涨导致住宅重置成本提高
8. 按房地产用途划分，写字楼是（　　）。
   A. 居住房地产　　B. 商业房地产　　C. 办公房地产　　D. 旅馆房地产
9. 房屋建筑面积＝套内建筑面积＋（　　）。
   A. 使用面积
   B. 居住面积
   C. 分摊的共有建筑面积
   D. 可出租面积
*10. 某宗土地面积为 2 000m^2，城市规划规定的限制指标为：容积率3，建筑密度30%。在单位建筑面积所获得的利润相同的条件下，下列建设方案中最可行的是（　　）。
   A. 建筑物地面一层建筑面积为 800m^2，总建筑面积为 5 000m^2
   B. 建筑物地面一层建筑面积为 1 400m^2，总建筑面积为 5 000m^2
   C. 建筑物地面一层建筑面积为 600m^2，总建筑面积为 5 500m^2
   D. 建筑物地面一层建筑面积为 600m^2，总建筑面积为 2 500m^2

二、多项选择题

1. 房地产可以视为（　　）的结合体。
   A. 实物　　B. 价值　　C. 权益
   D. 效用　　E. 区位
2. 归纳起来，房地产有如下几种形态（　　）。
   A. 土地　　B. 权益　　C. 区位
   D. 建筑物　　E. 房地合成体
3. 房地产按其开发程度来划分，可以分为以下几类（　　）。
   A. 生地　　B. 毛地　　C. 熟地
   D. 在建工程　　E. 现房

4. 房地产是指（　　）。
   A. 土地　　　　　　B. 建筑物　　　　　　C. 其他相关定着物
   D. 电梯　　　　　　E. 中央空调

5. 对土地利用的限制，可以归纳为下列几方面（　　）。
   A. 土地所有权限制　　　　　　　　B. 土地使用管制
   C. 房地产相邻关系的限制　　　　　D. 土地权利设置及其行使的限制
   E. 土地征用的限制

6. 以下说法正确的是（　　）。
   A. 两宗实物状况相同的房地产，如果权益不同，其价值可能有很大不同
   B. 两宗权益状况相同的房地产，如果实物状况不同，其价值可能有很大不同
   C. 两宗实物和权益状况相同的房地产，其价值相同
   D. 房地产的实物和权益在价值决定中都很重要

7. 房地产由于具备下列（　　）条件，才真正需要估价。
   A. 独一无二性　　B. 数量有限性　　C. 价值高大性　　D. 保值增值性

*8. 房地产的独一无二特性导致了（　　）。
   A. 难以出现相同房地产的大量供给
   B. 房地产市场不能实现完全竞争
   C. 房地产交易难以采取样品交易的方式
   D. 房地产价格千差万别并容易受交易者个别因素的影响
   E. 房地产价值量大

*9. 房地产具有保值增值特性，真正的房地产自然增值是由（　　）引起的。
   A. 装饰装修改造　　　　　　　　B. 通货膨胀
   C. 需求增加导致稀缺性增加　　　D. 改进物业管理
   E. 周围环境改善

10. 政府对房地产的管制权是通过城市规划对（　　）做出规定以直接限制某些房地产的使用。
    A. 土地用途　　B. 建筑高度　　C. 容积率
    D. 建筑密度　　E. 绿地率

三、判断题

1. 房地产可指土地，也可指建筑物，还可指土地与建筑物的合成体，即它可能为土地，也可能为建筑物，还可能为土地与建筑物的合成体。（　　）

2. 房地产按经营使用方式来划分，可以分为出售型房地产、出租型房地产、自用型房地产、营业型房地产、收益型房地产、非收益型房地产等。（　　）

3. 房地产的独一无二性，派生出了其不可移动性，可以说没有两宗房地产是完全相同的。（　　）

4. "七通一平"的土地具备了通路、通水、排水、通电、通信、燃气、供热等基础设施条

件以及场地平整。 （　）
5. 房地产的特性主要取决于土地的特性，是以土地的特性为基础的。 （　）
6. 房地产的区位状况包括"朝向"与"楼层"。 （　）
7. "在建工程"与"期房"是两种不同形态的房地产。 （　）
8. 对房地产基本状况的描述，应说明名称、坐落、四至、规模、用途、权属等。 （　）
9. 房地产的物质实体好，价格就一定高。 （　）
10. 房地产的自然地理位置是固定不变的，但其社会经济位置却有可能改变。 （　）

四、计算题

1. 某块土地总面积为 $100m^2$，其上建筑物的基底面积为 $60m^2$，建筑物的总建筑面积为 $400m^2$，则容积率和建筑密度各为多少？
2. 某块土地总面积为 $200m^2$，地上建筑物各层建筑面积相同，建筑密度为 60%，建筑容积率为 6，求该建筑物共有多少层？总建筑面积为多少？
3. 某套住宅的套内建筑面积为 $145m^2$，套内使用面积为 $132m^2$，应分摊的公共部分建筑面积为 $9m^2$，按套内建筑面积计算的价格为 3 500 元 $/m^2$，该套住宅按建筑面积计算的价格是多少？

第 2 章

房地产价值与价格

本章介绍房地产价值与价格的关系、房地产价格的形成条件与特征,房地产价值与价格的种类以及房地产价格的影响因素等。

◎ 学习目标

1. 了解房地产价格的形成条件、特征,房地产价值与价格的种类。
2. 了解影响房地产价格的自身因素和外部因素。

📖 技能要求

能够正确分析影响房地产价格的主要因素。

2.1 房地产价值与价格概述

2.1.1 房地产价值与价格的关系

在第 1 章中,我们学习了什么是房地产,在具体的估价作业中房地产就是"估价对象"。那么,估价中的"价"是指价值还是价格?应当说,房地产估价本质上是评估房地产的价值。在经济学里,价值是凝结在商品中的一般的无差别的人类劳动,是内在的、客观的和相对稳定的;而价格是商品价值的货币表现,是外在的、实际发生的事实。在理论上是价值决定价格,但在实践中价值是通过价格被了解的,如同我们通过观察人的行为来了解人的心理活动一样。房地产估价要揭示房地产的内在价值,需要通过外在的价格来了解和探测。因此，学习房地产估价要对房地产的价值及价格有全面、正确的认知。

2.1.2 房地产价格形成的条件

一般认为，房地产的价格是和平地取得他人房地产所必须付出的代价——货币、实物或其他经济利益。房地产之所以有价格，是因为它们有用、稀缺，并且人们对它们有需求。房地产价格的形成需要具备3个条件：

（1）有用性。一种物品有用，是指它能够满足人们的某种需要，经济学上称为有使用价值。没有使用价值的物品不会被交换对方所接受，也就不能成为商品，不会有交换价值。由于房地产有居住等效用，人们就会产生占有的要求或欲望，愿意花钱去购买或租赁它，因而它具有价值及价格。

（2）稀缺性。物品的稀缺性是由于供给有限和需求增长之间的矛盾产生的。这里的稀缺是相对的，并非意味着它难以得到，而是它的数量不能够使每个人都能自由取用，必须付出代价才能得到。房地产显然是一种稀缺物品。房地产的稀缺性主要表现在房地产的供给量不能满足每个人的需要或欲望，是相对的稀缺，而不是绝对的缺乏。

（3）有效需求。有效需求是指有购买力支撑的需求。有购买欲望但无支付能力，或者有支付能力但不想购买，都不能使购买行为发生，不能使价格成为现实。因此，只有有效需求才是市场所考虑的需求。例如甲、乙两个家庭都需要一套 $90m^2$ 的住房，当面对一套 $90m^2$、总价100万元的住房时，甲家庭有支付能力而乙家庭没有支付能力，在这种情况下甲家庭对该住房的需求是有效需求，而乙家庭则不是。当然，房地产既是一种可以满足生产、生活需要的生产要素或消费品，又是一种可以带来租赁、增值等收益的投资品，因此，对房地产的需求不仅有使用性需求（或称消费需求），而且还有投资性需求和投机性需求。

2.1.3 房地产价格的特性

房地产价格具有普通商品的一般属性，表现在它是价值的货币表现，受供求关系的影响而有波动，按质论价等。但由于土地具有不同于一般物品的特殊属性，使得房地产的价格表现出独具的特性。房地产价格的特性主要表现在以下几方面。

1. 房地产价格与区位关系密切

房地产由于不可移动，其价格与区位密切相关。在其他状况相同的情况下，区位好的房地产价格较高；区位差的房地产价格较低。从一个城市来看，房地产价格总体上是从市中心向郊区递减。一些特殊的公共服务设施的存在，也会导致房地产价格高起，如好的中小学附近的住房价格、交通站点或交通沿线附近的房地产价格，也会明显高于其他位置的房地产价格。

2. 房地产价格实质上是房地产权益的价格

房地产是不动产，其物权的设立、变更、转让和消灭要依照法律规定进行登记，因此房地产在交易中可以转移的不是其实物，而是其所有权、建设用地使用权或其他权利。实物状况相同的房地产，如果权益状况不同，价格会有很大的差异。如果土地的剩余期限较短，或者权属有争议，则价格可能较低；反之，如果土地的剩余期限较长，产权清晰、完全，则价格可能较高。因此，从这种意义上讲，房地产价格实质上是房地产权益的价格。

3. 房地产同时有买卖价格和租赁价格

由于价值较大、寿命长久，房地产同时存在着买卖和租赁两种交易方式、两个市场。有的公寓、商铺、写字楼等类房地产，甚至以租赁为主。因此，房地产同时有两种价格：一是其本身价格，即买卖价格，通常简称价格；二是使用一定时间的价格，即租赁价格，通常简称租金。房地产的广义价格包括买卖价格和租赁价格；狭义价格仅指买卖价格。

4. 房地产价格容易受交易者的个别情况的影响

由于房地产具有独一无二、价值较大的特性，相似的房地产一般只有少数几个买者和卖者，所以房地产价格通常随交易的需要而个别形成，并容易受买卖双方的个别情况的影响，如双方的议价能力、卖方是否急需现金、买方的偏好等都可能影响成交价格。

5. 房地产价格形成的时间通常较长

由于房地产的个性差异较大，相互之间难以比较，加上价值较大，人们对房地产交易通常是很谨慎的，所以房地产交易价格一般难以在短时间内达成。

2.2 房地产价值与价格的种类

房地产价格和价值的种类繁多，名称也不一致。为了有助于比较和理解，下面按照彼此相关的原则，将常用的房地产价格或价值进行分组介绍。

2.2.1 成交价格、市场价格、理论价格和评估价值

1. 成交价格

成交价格也称为实际成交价，简称成交价，是指在成功的交易中买方支付和卖方接受的金额。成交价格也是个别价格，通常随着交易者对交易对象和市场行情的了解程度、出售或购买的动机或急迫程度、交易双方之间的关系、议价能力和技巧、卖方的价格策略等因素的不同而不同。成交价格可能是正常的，能反映真实的市场状况，也有可能是不正常的，不能反映真实的市场状况，因此成交价格可分为正常成交价格和非正常成交价格。正常成交价格是指不存在特殊交易情况下的成交价格；反之，则为非正常成交价格。所谓特殊交易，包括利害关系人之间、对交易对象或市场行情缺乏了解、被迫出售或被迫购买、人为哄抬价格、对交易对象有特殊的偏好、相邻房地产合并等的交易。

2. 市场价格

市场价格简称市场价、市价，是某种房地产在市场上的平均交易价格。一般商品的

市场价格，通常是其大量成交价格的平均价格，如其平均数或中位数、众数等。房地产由于具有独一无二性，没有相同房地产的大量成交价格，所以房地产的市场价格是以类似房地产的成交价格为基础测算的平均价格，在求取平均数之前要剔除偶然的和不正常的因素造成的价格偏差，并努力消除房地产之间状况不同造成的价格差异。

3. 理论价格

理论价格是在真实需求与真实供给相等的条件下形成的价格。在经济学里有许多词来表达它，如价值、内在价值、自然价值、真实价值等。在正常市场状况下，市场价格基本上围绕着理论价格而上下波动，不会偏离太远。但在市场参与者普遍不够理性的情况下，市场价格可能会较大幅度、较长时期偏离理论价格，如在投机性需求带领下或在非理性预期下可能形成不正常的过高价格。一般而言，成交价格围绕着市场价格上下波动，而市场价格又围绕着理论价格上下波动。

4. 评估价值

评估价值也称评估价格，简称评估值、评估价，是通过房地产估价活动得出的估价对象价值或价格。它本质上是对估价对象的某种特定价值或价格的一个估计值。评估价值可以根据估价方法的不同而有不同的称呼，如把采用比较法、收益法、成本法、假设开发法测算出的价值或价格，分别称为比较价值、收益价值、成本价值、开发价值。评估价值虽然不是事实价格，但与成交价格却有密切的关系，房地产交易当事人往往需要专业的估价机构为其提供价格参考依据，有时评估价值就是成交价格。

值得注意的是，由于估价师的专业知识、经验、职业道德等情况不同，不同的估价师对同一宗房地产得出的评估结果往往不同，但这种差异不应太大。从理论上讲，在为交易服务的估价中，一个良好的评估价值应等于正常成交价格，即等于市场价格。

2.2.2 市场价值和非市场价值

1. 市场价值

市场价值简称市值，市场价值是指估价对象经适当营销后，由熟悉情况、谨慎行事且不受强迫的交易双方，以公平交易方式在价值时点自愿进行交易的金额。市场价值的形成条件主要有5个：①适当营销，即估价对象以适当的方式在市场上进行了展示，展示的时间长度可能随着市场状况而变化，但足以使估价对象引起一定数量的潜在买者的注意。②熟悉情况，即买方和卖方都了解估价对象并熟悉市场行情，买方不是盲目地购买，卖方不是盲目地出售。③谨慎行事，即买方和卖方都是冷静、理性、谨慎的，没有感情用事。④不受强迫，即买方和卖方都是出于自发需要进行交易的，买方不是急于购买，卖方不是急于出售，同时买方不是被迫地从特定的卖方那里购买估价对象，卖方不是被迫地将估价对象卖给特定的买方。⑤公平交易，即买方和卖方都是出于自身利益的需要进行交易的，没有诸如亲友之间、母子公司之间、业主与租户之间等特殊的关系，不是关联交易。市场价值是多数估价项目需要评估的价值类型，是最基本、最重要、最常用的一种价值类型。

2. 非市场价值

非市场价值是指不符合市场价值形成中的一个或多个条件而形成的价格或金额，主要有投资价值、谨慎价值、快速变现价值、现状价值和残余价值。

（1）投资价值是指估价对象对某个特定单位或个人的价值。投资价值是对特定的投资者而言的，是建立在主观的、个人因素基础上的价值。投资价值因投资者的不同而不同，因为不同的投资者可能优势不同，风险偏好不同，对未来房地产市场的预期不同等，这些因素都会影响投资者对该房地产未来收益和风险等的估计，从而影响投资者对该房地产价值的估计。投资行为能够实现的基本条件是投资者评估的房地产的投资价值大于或等于该房地产的价格。当房地产的投资价值大于该房地产的价格时，说明值得投资；反之，则不值得投资。

（2）谨慎价值是指房地产在有不确定因素的情况下，遵循谨慎原则评估出的价值。如为防范房地产信贷风险而评估的房地产抵押价值即为谨慎价值。谨慎价值通常低于市场价值。

（3）快速变现价值是指估价对象在没有充足的时间进行营销情况下的价值。由于房地产是长期考虑形成的价格，如果在较短时间内快速变现，则最可能的价格就较低。例如卖者因某种原因急于将房地产脱手而要求评估的价值即为快速变现价值。快速变现价值通常低于市场价值。

（4）现状价值是指估价对象在某一特定时间的实际状况下的价值。实际状况包括当前的用途、规模和档次等。实际状况下房地产存在多种利用的可能，其现状价值也就有多种可能。如果估价对象是最高最佳利用，此时现状价值等于市场价值；如果不是最高最佳利用，此时现状价值低于市场价值。如果估价对象是合法利用，则现状价值一般低于市场价值；如果不是合法利用，其现状价值可能高于市场价值。例如，临街住宅楼的底层住宅擅自改为商铺，该底层住宅的现状为商业用途的价值，通常高于法定的居住用途的市场价值。

（5）残余价值是指估价对象在非继续利用情况下的价值。例如，某个针对特定品牌进行了特色装饰装修的餐厅，当不再作为该品牌的餐厅继续经营而出售时，则该特色装饰装修不仅不会增加该房地产的价值，反而会降低该房地产的价值，因为该特色装饰装修对该餐厅的买者没有用处。残余价值一般低于市场价值。

2.2.3　买卖价格、租赁价格、抵押价值、保险价值、计税价值和征收价值

1. 买卖价格

买卖价格也称销售价格，简称买卖价，是指房地产权利人采取买卖方式将其合法的房地产转移给其他人时所收取的金额。

2. 租赁价格

租赁价格通常称为租金，有时被称为租价，是房地产权利人将其房地产出租给他人

使用而收取的报酬。

3. 抵押价值

抵押价值是估价对象假定未设立法定优先受偿权下的价值减去注册房地产估价师知悉的法定优先受偿款后的价值。法定优先受偿款是假定在价值时点实现抵押权时，已存在的依法优先于本次抵押贷款受偿的款额，包括已抵押担保的债权数额、发包人拖欠承包人的建设工程价款、其他法定优先受偿款。抵押价值的计算公式如下：

$$抵押价值 = 未设立法定优先受偿权下的价值 - 法定优先受偿款$$
$$= 未设立法定优先受偿权下的价值 - 已抵押担保的债权数额 - 拖欠的建设工程价款 - 其他法定优先受偿款$$

如果将已抵押的房地产再次抵押，其抵押价值称为再次抵押价值。公式为

$$再次抵押价值 = 未设立法定优先受偿权下的价值 - \frac{已抵押贷款余额}{社会一般贷款成数} - 拖欠的建设工程价款 - 其他法定优先受偿款$$

[例 2-1] 某在建工程在假定未设立法定优先受偿权下的价值为 6 000 万元，房地产估价师知悉该项工程尚拖欠到期应付的工程款为 1 200 万元，同时还有一笔贷款成数为 50%、余额为 1 000 万元的抵押贷款，求该在建工程的再次抵押价值。

解：利用房地产再次抵押价值公式，得出：

$$在建工程再次抵押价值 = 6\,000 - \frac{1\,000}{50\%} - 1\,200 = 2\,800（万元）$$

4. 保险价值

保险价值是指为保险目的而评估的价值。它通常是在房地产投保时，为确定保险金额提供参考依据而评估的价值。评估保险价值时，估价对象的范围应视所投保的险种而定。

5. 计税价值

计税价值是指为征税目的而评估的价值。它通常为税务机关核定计税依据提供参考而评估的房地产价值。具体的计税价值多少，要视税收政策而定。

6. 征收价值

征收价值也被称为征收补偿价值，是为国家征收房地产确定补偿金额提供参考而评估的被征收房地产的价值。

2.2.4 完全产权价值、无租约限制价值、出租人权益价值和承租人权益价值

1. 完全产权价值

完全产权价值是房屋所有权和以出让方式取得的建设用地使用权在不受任何其他房地产权利等限制情况下的价值。

2. 无租约限制价值

无租约限制价值是房地产在不考虑租赁因素影响情况下的价值,即未出租部分和已出租部分均按市场租金确定租金收入所评估的价值。

3. 出租人权益价值

出租人权益价值也被称为有租约限制价值、带租约的价值,是出租人对自己的已出租房地产依法享有的权益的价值,即已出租部分在租赁期间按合同租金确定租金收入,未出租部分和已出租部分在租赁期间届满后按市场租金确定租金收入所评估的价值。

4. 承租人权益价值

承租人权益价值也被称为租赁权价值,是承租人对他人所有的已出租房地产依法享有的权益的价值,即按合同租金与市场租金的差额所评估的价值。

同一宗房地产,无租约限制价值 = 出租人权益价值 + 承租人权益价值。承租人权益价值计算请参见收益法 5.3.3 中的"成本节约资本化法"。

2.2.5 总价格、单位价格、楼面地价

这是一组按照房地产价格的表示单位划分的价格。

1. 总价格

总价格简称总价,是指某一宗或某一区域范围内的房地产整体的价格。总价格所涵盖的房地产范围很广,既可以是一宗土地的总价格,也可以是一宗建筑物的总价格,或是一宗房地的总价格,还可以是一个区域全部房地产的价格。房地产的总价格一般不能反映房地产价格水平的高低。

2. 单位价格

单位价格简称单价,是指分摊到单位面积的房地产价格。土地单价是指单位土地面积的土地价格,建筑物单价是指单位建筑面积的建筑物价格,房地单价是指单位建筑面积的房地价格。房地产的单位价格一般可以反映房地产价格水平的高低。

3. 楼面地价

楼面地价也被称为楼面价、楼板价,是一种特殊的土地单价,是指在一定地块内分摊到单位建筑面积上的土地价格,即

$$楼面地价 = \frac{土地总价}{总建筑面积}$$

由于总建筑面积 = 容积率 × 土地总面积,所以,楼面地价与土地单价、容积率的关系为

$$楼面地价 = \frac{土地单价}{容积率}$$

在现实生活中,认识楼面地价的作用十分重要。例如有 A、B 两块土地,A 土地的

单价是 600 元/m²，B 土地的单价是 500 元/m²，如果两块土地的其他条件完全相同，显然，B 土地价格比 A 土地价格低，明智的买者会优先购买 B 土地，但如果 A、B 两块土地的容积率不同，A 土地的容积率为 6，B 土地的容积率为 4，除此之外的其他条件都相同，这时仅靠土地单价难以判断两块土地的价格高低，需要用楼面地价来作比较。

通过计算得知 A 土地的楼面地价 =600÷6=100（元/m²），即 1m² 建筑面积分摊的土地价格是 100 元；B 土地的楼面地价 =500÷4=125（元/m²），即 1m² 建筑面积分摊的土地价格是 125 元。显然，B 的楼面地价高于 A 的楼面地价，懂得楼面地价意义的买者通常会购买 A 地而不会购买 B 地。

[例 2-2] 某宗土地上有一幢 8 层高、各层建筑面积相同的住宅楼，建筑密度为 50%。假设该住宅楼的总价为 2 000 万元，平均单价为 5 000 元/m²，楼面地价为 1 200 元/m²，求该宗土地的总价。

解：该住宅楼总面积 = 20 000 000 ÷ 5 000 = 4 000 m²
根据公式：

$$楼面地价 = \frac{土地总价}{总建筑面积}$$

得出该宗土地总价：

$$土地的总价 = 1\ 200 \times 4\ 000 = 480（万元）$$

2.2.6 名义价格和实际价格

1. 名义价格

是能直接观察到的、表面的价格。在不同的付款方式下，名义价格是在成交日期讲明，但不是在成交日期一次性付清的价格。

2. 实际价格

一般不能直接观察到，要在名义价格的基础上进行计算才能得到。在不同的付款方式下，实际价格是在成交日期一次性付清的价格，或者折现到成交日期一次性付清的价格。

[例 2-3] 一套建筑面积 100m²、单价 3 000 元/m²、总价 30 万元的住房，在买卖中的付款方式可能有下列几种：

（1）在成交日期一次性付清。

（2）以抵押贷款方式支付，如首期支付房价的 30%，余款向银行申请抵押贷款，贷款期限 15 年，贷款年利率 8%，按月等额偿还贷款本息。

（3）从成交日期起分期支付，如分三期支付，第一期于成交日期支付 10 万元，第二期于半年内支付 10 万元，第三期于一年内支付 10 万元。买方按照银行贷款利率向卖方支付利息。

（4）如果在成交日期一次性付清，则给予一定的折扣，如优惠5%。

（5）从成交日期起分期支付，如分三期支付，第一期于成交日期支付10万元，第二期于半年内支付10万元，第三期于一年内支付10万元。

（6）约定在成交日期后一年一次性付清。

在上述各种情况中，名义价格是一致的，均为单价3 000元/m²，总价30万元。在第1～3种付款方式下实际价格与名义价格相同，在第4～6种付款方式下实际价格与名义价格不同：

在第4种情况下，实际单价为3 000×（1-5%）=2 850（元/m²），实际总价为28.5万元。

在第5种情况下，假定年折现率为5%，则实际总价为：$10+\dfrac{10}{(1+5\%)^{0.5}}+\dfrac{10}{1+5\%}=29.28$（万元），实际单价为2 928元/m²。

在第6种情况下，假定年折现率为5%，则实际总价为$\dfrac{30}{1+5\%}=28.57$（万元），实际单价为2 857元/m²。

2.2.7 现房价格和期房价格

这是一组按照房地产存在时间划分的价格类型。

1. 现房价格

现房价格是以已经建成的建筑物为交易标的的房地产价格。

2. 期房价格

期房价格是以目前尚未建成而在将来建成的建筑物及其占用的土地为交易标的的房地产价格。

在同等品质下，期房价格低于现房价格。以可出租的公寓为例，买现房可以立即出租，能够取得现实的租金收入；买期房却不能立即出租，不能获取从期房到现房期间的租金收入，而且存在一定的交易风险，比如开发商未能按期交房，或者实际交付的房屋品质比预售时约定的差等，这些不利因素会使期房价格低于现房价格。期房价格与现房价格的关系是：

$$期房价格 = 现房价格 - 预计从期房达到现房期间现房出租的净收益的折现值 - 风险补偿$$

[**例2-4**] 某套商品住宅期房的面积为90m²，尚需10个月才能入住。类似商品住宅现房的市场价格为4 500元/m²，每月末的租赁净收益为2 500元/套。估计年折现率为10%，风险补偿为现房价格的2%。请计算该期房目前的市场价格。

解：该期房目前的市场价格V（单价）计算如下：

$$V = 4\,500 - \frac{2\,500}{10\%/12} \times \left[1 - \frac{1}{(1+10\%/12)^{10}}\right] \div 90 - 4\,500 \times 2\%$$

$$= 4\,144.54\,(元/m^2)$$

2.2.8 基准地价、标定地价和房屋重置价格

这是一组按照《中华人民共和国城市房地产管理法》规定应当定期确定并公布的房地产价格。

1. 基准地价

基准地价也称为城镇基准地价,是指在城镇规划区范围内,对现状利用条件下不同级别或不同均质地域的土地,按照商业、居住、工业等用途,分别评估确定的某一估价期日法定最高年期土地使用权区域平均价格。

2. 标定地价

标定地价是政府根据管理需要,评估某一宗地在正常土地市场条件下于某一估价期日的土地使用权价格。它是该类土地在该区域的标准指导价格。

3. 房屋重置价格

房屋重置价格是不同区域、不同用途、不同建筑结构、不同档次或等级的房屋,在某一基准日期开发建设所发生的必要支出及应当获得的利润。求取估价对象房屋价值时,可以通过对房屋重置价格进行比较、调整来求取。

2.2.9 市场调节价、政府指导价和政府定价

这是一组与政府对价格管制或干预的程度有关的价格。

1. 市场调节价

市场调节价是指由经营者自主制定,通过市场竞争形成的价格。对于实行市场调节价的房地产,因经营者可以自主制定价格,所以应依据市场供求状况进行估价。

2. 政府指导价

政府指导价是指由政府价格主管部门或者其他有关部门,按照定价权限和范围规定基准价及其浮动幅度,指导经营者制定的价格。对于实行政府指导价的房地产,因经营者应在政府指导价规定的幅度内制定价格,所以估价结果不得超出政府指导价规定的幅度。

3. 政府定价

政府定价是指由政府价格主管部门或者其他有关部门,按照定价权限和范围制定的价格。对于实行政府定价的房地产,因经营者应执行政府定价,所以估价结果应以政府定价为准。如在城镇住房制度改革中,出售公有住房的标准价、成本价就属于政府定价。

2.2.10 起价、标价和均价

1. 起价

起价是指所销售商品房的最低价。这个价格通常是楼层、朝向、户型最差的商品房价格,甚至是虚设的价格。

2. 标价

标价是商品房出售者在其"价目表"上标注出售的价格,即卖方的要价。

3. 均价

均价是所销售商品房的平均价格,包括标价的平均价格和成交价的平均价格,后者可以反映所销售商品房的总体水平。

2.2.11 土地价值、建筑物价值和房地价值

这是按照房地产的基本存在形态划分的几种价值。

1. 土地价值

土地价值简称地价,是土地自身的价值,不包含附着于该土地上的建筑物的价值。

2. 建筑物价值

建筑物价值是建筑物自身的价值,不包含该建筑物占用范围内的土地的价值。

3. 房地价值

房地价值也称房地混合价,等同于人们平常所说的房价,是建筑物及其占用范围内的土地的价值,或土地及附着于该土地上的建筑物的价值。对同一宗房地产而言,房地价值与土地价值及建筑物价值的关系为

$$房地价值 = 土地价值 + 建筑物价值$$

2.3 房地产价格的影响因素

房地产价格的高低是众多因素共同作用的结果,这些因素被称为房地产价格的影响因素。本节主要从房地产自身因素和房地产外部因素两大方面来介绍。

2.3.1 房地产自身因素

所谓房地产自身因素,是指房地产的区位因素、实物因素和权益因素。房地产自身因素直接关系到房地产价格的高低。

1. 房地产的区位因素

房地产的区位是指一宗房地产与其他物质实体在空间方位和距离上的关系。房地产的区位不同,价格会有很大的差异。尤其是城市土地,其价格的高低几乎为区位优劣所

左右。当房地产的区位由劣变为优时,房地产的价值会上升;反之,其价值会下降。在一般情况下,如果房地产处于经济活动的中心、要道的通口,或者所处地段行人较多、交通流量较大、环境较好、基础设施和公共服务设施较完备,此处房地产的价格一般较高;反之,价格一般较低。房地产的区位不仅包含自然地理位置,还包含社会经济位置。城市规划、交通和其他城市建设的改变,可能会使房地产的社会经济位置发生改变。房地产区位因素可分为位置、交通条件、周围环境和景观、外部配套设施等方面。

(1)位置。房地产的位置主要体现为方位、与相关场所的距离、朝向和楼层等。

1)方位。分析一宗房地产的方位,首先是看该宗房地产在某个较大区域中的位置,是位于城市的上风、上游地区还是下风、下游地区;其次是看该宗房地产在某个较小区域中的位置,是位于十字路口的哪个角、位于街道的哪一侧等。同一街道的商业房地产,位于向阳面与背阳面不同,价格会有所差异。

2)距离。房地产与相关场所的距离对其价格有较大影响。如与市中心、交通干线、购物中心、学校、医疗等重要场所的距离越近,房地产的价值越高;反之,则低。

3)朝向。住宅的朝向主要影响到采光和通风。一般认为"南方为上,东方次之,西又次之,北不良",因此,住宅最好是坐北朝南。当然,如果北向住宅面对的是美丽的山景、海景时,其价格往往比同楼层的其他朝向高。

4)楼层。楼层影响到采光、景观、噪声、便捷、安全等。住宅楼层的优劣通常是按照总楼层数和有无电梯来区分。一般而言,没有电梯的传统多层住宅的中间楼层较优,顶层和底层较劣。有电梯的中高层住宅,楼层越高,景观及空气质量越好,价格越高。对于商业用房而言,楼层更是重要因素,不同楼层之间价值差异很大。通常情况下位于底层的商业用房的价值要高于其他楼层的商业用房。

(2)交通条件。交通条件对房地产价格的影响,可分为道路状况、交通工具、交通管制情况等。对于居住房地产而言,交通条件主要指城市公共交通的通达程度,如估价对象附近是否有通行的公共汽车、电车、地铁等;而工业企业通常需要运进大量原材料及燃料,运出产品,需要满足相应的公路、铁路和水运等交通条件,例如需要与公路交通干线相邻,要有通航河道且有专用码头等。

(3)周围环境和景观。周围环境主要包括绿化环境、自然景观、空气质量、噪声程度、卫生条件等。不同房地产对周围环境的要求不同,如商业房地产要求周围环境繁华热闹,居住房地产要求周围环境优美幽静,商务办公房地产要求周围环境整洁气派等。此外,房地产所在地区的绿地率、容积率、建筑密度、建筑间距等对房地产价格也有影响。

(4)外部配套设施。外部配套设施对住宅价格的影响较大。其中生活服务设施包括商店、超市、菜市场、银行、邮局等;教育配套设施包括中小学和幼儿园、托儿所等。如果住宅周边有高质量的名校、医院、购物中心等,房地产的价格就高;反之,价格则低。

2. 房地产的实物因素

(1)土地的实物因素。土地的实物因素包括土地面积、土地形状、地势、地形、土壤、地基、土地开发程度等。

1）土地面积。两块位置相当的土地，如果面积相差较大，它们的单位价格会有差异。一般而言，土地面积过小则不利于经济使用，故单价较低；而土地面积过大，单价也可能较低。因为面积较大，总价较高，会减少购买者的数量。而且如果面积过大，通常还要拿出较多的土地用于道路等基础设施建设，从而会减少可利用土地的面积。

2）土地形状。土地形状是否规则，对地价也有影响。形状规则的土地主要是指正方形、长方形的土地。形状不规则的土地不能有效利用，其价格一般要低于形状规则的土地。

3）地势。在其他条件相同时，地势高的房地产价格高于地势低的房地产价格，因为地势低不仅易潮湿、积雨水，而且会影响建筑物的气势和可视性。气势和可视性对写字楼和商铺很重要。

4）地形。地面的平坦程度等会影响房地产的开发建设成本、利用价值及景观，从而影响其价格。土地平坦则价格高；反之，则低。但如果土地过于平缓，往往不利于地面水的汇集和排除。

5）土壤。如果土壤受到污染，则需要一定的处理费用，增加房地产的开发成本和消费成本，因而会降低地价或房价。

6）地基。指地基的承载力、稳定性、地下水位等。对于建设用地来说，地质坚实，承载力大，地价则高；反之，地价则低。

7）土地条件。一宗土地的周围基础设施完备程度和场地平整程度，对其价格的影响显而易见：完熟度高的地价高于完熟度低的地价。基础设施完熟程度依次为"三通一平""五通一平"和"七通一平"。

（2）建筑物实物因素。建筑物实物因素包括建筑规模、外观、建筑结构、设施设备、装饰装修、层高和室内净高、空间布局、防水保温、维修养护及完损程度等。

1）建筑规模。建筑物的面积、体积、开间、层高、净高等规模因素，影响建筑物的形象和使用性，对房地产价格有所影响。规模过小或过大，都会降低其价值。但要注意不同用途、不同地区，对建筑物规模的要求是不同的。比如住宅，在住宅单价较高的情况下，小面积的住宅总价低，买得起的人较多，其单价通常高于大面积的单价。层高或净高要有合适度，过低使人感觉压抑，不利于经营，会降低其价值；过高则会提高建筑成本，增加能源消耗，也会降低建筑物的价值。

2）外观。建筑物外观包括建筑高度、体量、造型、风格、色调等，对房地产价格尤其是商务办公房地产的价格影响较大。因为形象在商业活动中非常重要，而公司办公场所的形象则直接影响公司的形象，因此有良好外观形象的商务办公房地产会大大吸引实力强的企业。凡是建筑物外观新颖、优美，可给人以舒适的感觉，则价格高；反之，外观单调、呆板甚至令人压抑，则价格低。

3）建筑结构。由于不同结构建筑物的造价不同，稳固性和耐久性也不同，因此，不同结构的建筑物的价值会有所不同，特别是在地震多发地区更是如此。如钢筋混凝土结构、砖混结构、砖木结构的建筑物，价值一般是从高到低。

4）设施设备。建筑物的设施设备是否齐全、完好，对其价值有很大影响。住宅的给水、排水、供电、供气设施的完善程度，小区智能化程度，通信、网络等线路的完备程度，公用电梯的设置及质量等都会对住宅价格产生影响；写字楼的设施设备更加重要，设备设施是否齐备、是否高效运行都是影响商务办公房地产价值的重要因素。一般而言，设施设备齐全、完好建筑物价值则高；反之，价值则低。

5）装饰装修。对同类房地产而言，装修精度越高，价格越高。对于新建住宅而言，装饰装修对其价格会产生较大的影响。一些大型的综合商场、品牌经营商场等装饰装修在商业房地产的价值中往往占有很大分量；商务办公房地产大堂的外观、平面设计和灯光布置等往往是其特色的综合体现。当然，只有适合人们的需要的装饰装修，才会提高房地产价值。

6）层高和室内净高。层高或净高要有合适度：过低则使人感觉压抑，不利于经营，从而降低其价值；若超过合适的高度，建筑成本会提高，而且增加能源消耗，从而也会降低建筑物的价值。

7）空间布局。一般而言，房地产平面布置合理、交通联系方便、有利于使用的，价值则高；反之，价值则低。对住宅来说，空间布局要看功能分区是否合理、使用是否方便；对商业房地产要看是否有利于柜台、货架等的布置，是否有利于购物人流进出等。

8）建筑功能。建筑物应满足防水、保温、隔热、隔声、通风、采光、日照等要求。基本要求是，屋顶或楼板不漏水、外墙不渗雨；冬季能保温，夏季能隔热、防热；能阻隔声音在室内与室外之间、上下楼层之间、左右隔壁之间、室内各房间之间传递；能够使室内与室外之间空气流通，保持室内空气新鲜；白天室内明亮，室内有一定的空间能够获得一定时间的太阳光照射。

9）新旧程度。建筑物的新旧程度是一个综合性因素，包括建筑物的年龄、维护状况、完损程度、工程质量等。总的来说，建筑物越新，价值越高；反之，价值越低。

3. 房地产权益因素

一宗房地产所拥有的权益及其所受的限制，对其价值有重大影响。房地产权益因素包括房地产的权利状况、使用管制和相邻关系。

（1）房地产权利状况。房地产权利状况包括所有权、使用权、地役权、抵押权、租赁权等，这些权利是否完整、清晰，对房地产价值有一定影响。如某宗土地设置了地役权，供役地在给他人方便时，土地所有权人或土地使用权人有可能要遭受某些损失，在这种情况下，地役权的存在会降低该地的价值。

（2）房地产使用管制。房地产使用管制包括政府对农用地转为建设用地的管制、城市规划对土地用途、容积率、建筑高度、建筑密度、绿地率等的限制。使用管制对房地产价格尤其是土地价格有很大的影响。以城市规划对土地用途的限制为例，在城市发展已使郊区某些农用地很适宜转变为城市建设用地的情况下，如果政府规定只能维持现有的农业用途，则地价必然较低，而如果一旦允许改变用途，则地价会大幅度上涨。

（3）房地产相邻关系。房地产相邻关系是指房地产的相邻权利人依照法律法规或者按照当地习惯，相互之间应当提供必要的便利或者接受必要的限制而产生的权力和义务关系。相邻关系不仅要求房地产权利人应为相邻权利人提供必要的便利，如排水、通行等便利，而且不得损害相邻房地产和相邻权利人的权利，如不得妨碍相邻建筑物的通风、采光，不得危及相邻房地产的安全等，因此房地产相邻关系的存在对房地产价格有一定的影响。

2.3.2 房地产外部因素

房地产外部因素可分为人口因素、制度政策因素、经济因素、社会因素、国际因素、心理因素和其他因素等方面。

1. 人口因素

人口是决定住宅、商业等房地产需求量的一个基础因素，人口数量、人口结构、人口素质等状况对房地产价格有很大的影响。如果该地区人口数量增加、家庭数量增多、人们的文化教育水平和文明程度较高，则该地区的房地产价格会上涨；反之，则会下降。

2. 制度政策因素

制度政策因素包括房地产制度政策、税收制度政策、金融制度政策，还包括相关的规划和计划等。房地产制度政策包括房地产的所有制、使用制、交易管理制度及价格政策等；税收制度政策包括采取新开征、暂停征收、恢复征收、取消征收、提高或降低税率等；金融政策主要指房地产信贷政策，如控制房地产开发贷款，上调贷款利率，提高最低购房首付款比例等；相关的规划和计划包括国民经济和社会发展规划、城乡规划、土地利用规划和计划、住房相关规划和计划等。这些因素都会导致房地产的价格上涨或下降。

3. 经济因素

影响房地产价格的经济因素，主要有经济发展、居民收入、利率、汇率和物价等。

（1）经济发展。经济发展状况，影响到就业、居民收入等，对房地产价格有一定的影响。反映经济发展的一个重要指标是国内生产总值（GDP），GDP增长说明社会总需求增加，预示着投资活跃、生产发展，会带动对厂房、写字楼、商店、住宅等的需求增加，由此会引起房地产价格上涨，尤其是地价的上涨。

（2）居民收入。居民收入水平及其增长状况，对房地产特别是对住宅的价格有很大影响。通常，居民收入的增加意味着人们的生活水平将随之提高，其居住与活动所需要的空间会扩大，从而会增加对房地产的需求，导致房地产价格上涨。

（3）利率。利率的升降对房地产价格有一定的影响。但是从不同的角度看，利率的影响有所不同。从房地产供给的角度看，利率的上升或下降会增加或降低房地产开发的融资成本，进而会使房地产价格上涨或下降。从房地产需求的角度看，由于购买房地产特别是购买商品住宅通常要借助于贷款，所以利率的上升或下降会加重或减轻房地产购买者的贷款偿还负担，从而会减少或增加房地产需求，进而导致房地产价格下降或上涨。从房地产价值是房地产预期净收益的现值之和的角度看，由于房地产价值与折现率负相关，而折现率与利率正相关，所以利率上升会使房地产价格下降，利率下降会使房地产价格上涨。

从综合效应看，利率升降对房地产需求的影响大于对房地产供给的影响，从而房地产价格与利率负相关；利率上升，房地产价格下降；利率下降，房地产价格上涨。

（4）汇率。汇率是指一种货币折算成另一种货币的比率。在国际房地产投资中，汇率波动会影响房地产的投资收益。当预期某国的货币会升值时，就会吸引国外资金购买该国房地产，从而会导致其房地产价格上涨；相反，会导致其房地产价格下降。

（5）物价。通常情况下，房地产的价格随着物价的变动而变动。尤其是与建筑有关的"房地产投入要素"的价格上涨，会增加房地产的开发成本，从而引起房地产价格上涨。所谓"房地产投入要素"包括建筑材料、建筑构配件、建筑设备、建筑人工费等。从较长时期来看，房地产价格的上涨率高于一般物价的上涨率。

4. 社会因素

影响房地产价格的社会因素，主要有政治安定状况、社会治安状况、城市化和房地产投机等。政治不安定则意味着社会可能动荡，这会影响人们投资、置业的信心；社会治安状况不好意味着人们的生命财产缺乏保障，这会造成房地产价格的低落；城市化意味着人口不断向城镇地区集中，造成对城镇房地产的需求不断增加，从而会带动城镇房地产价格上涨。房地产投机是利用房地产价格在短期内的涨落变化而购买房地产获取差价利润的行为。房地产投机对房地产价格的影响可能出现三种情况：一是引起房地产价格上涨，二是引起房地产价格下跌，三是起着稳定房地产价格的作用。至于房地产投机具体会导致怎样的结果，还要看当时的多种条件，包括投机者的素质和心理等。

5. 国际因素

国际因素主要有世界经济状况、国际竞争状况、政治对立状况和军事冲突状况等。世界经济发展良好，一般有利于房地产价格上涨。特别是周边国家和地区的经济状况，对房地产价格有很大的影响；国际竞争激烈而采取低地价政策会降低房地产价格；国家之间发生政治对立，难免出现经济封锁、冻结贷款、终止往来等，这些情况一般会导致房地产价格下跌；发生军事冲突，则该地区的房地产价格会陡然下落，受到战争威胁或者影响的地区，房地产价格也会有所下降。

6. 心理因素

心理因素对房地产价格的影响有时是不可忽视的。影响房地产价格的心理因素主要有：①购买或出售房地产时的心态；②个人的欣赏趣味或偏好；③时尚风气；④跟风或从众心理；⑤讲究风水或吉祥号码；等等。有时房地产购买者出于自身特殊的考虑，不惜代价购买房地产，会使房地产的成交价格远高于正常的市场价格。

本章小结

本章阐述了房地产价值与价格的相关知识。房地产的价格是价值的货币表现，其形成条件为房地产的有用性、稀缺性和有效需求。房地产价格的特性包括：价格与区位关系密切；是房地产权益的价格，同时有买卖价格和租赁价格；价格形成过程较长，容易受交易者个别情况的影响，等等。房地产价值与价格种类较多。影响房地产价格的因素有自身因素和外部因素。自身因素包括区位因素、实物因素与权益因素；外部因素包括人口因素、制度政策因素、经济因素、社会因素、国际因素、心理因素等。

实训题

调查、了解学校或自家附近房地产的价格，并分析其主要影响因素。

模拟试题

一、单项选择题

1. 下列关于房地产价格的说法中，错误的是（　　）。
   A. 房地产价格实质上是房地产权益价格　　B. 房地产价格同时有买卖价格和租赁价格
   C. 房地产价格容易受交易者个别情况的影响　D. 房地产价格形成的时间通常较短

2. 对于同一估价对象和同一价值时点，下列价值类型中评估值最大的一般是（　　）。
   A. 市场价值　　　B. 谨慎价值　　　C. 残余价值　　　D. 快速变现价值

3. 现有甲、乙、丙三块土地可供选择，土地单价分别是：甲为 1 000 元 /m²，乙为 800 元 /m²，丙为 500 元 /m²，而其容积率分别为 6、4、2，如上述三块土地的其他条件均相同，则正常情况下应该选择（　　）。
   A. 甲　　　　　B. 乙　　　　　C. 丙　　　　　D. 任意一块

4. （　　）是能直接观察到的表面的价格。
   A. 租赁价格　　　B. 名义价格　　　C. 实际价格　　　D. 评估价格

5. 楼面地价是指均摊到单位建筑面积上的（　　）。
   A. 楼层价格　　　B. 建筑物价格　　　C. 土地价格　　　D. 总价格

6. 在下列非市场价值中，（　　）因投资者的不同而不同。
   A. 快速变现价值　　B. 谨慎价值　　　C. 在用价值
   D. 投资价值　　　E. 残余价值

*7. 在影响房地产价格的各种因素中，"城市化"属于（　　）。
   A. 社会因素　　　B. 环境因素　　　C. 人口因素　　　D. 行政因素

8. 影响房地产价格的因素众多。同一个影响房地产价格变动的因素，对不同类型房地产，其影响的方向（　　）。
   A. 一定相同　　　B. 一定不同　　　C. 可能不同　　　D. 完全无关

9. 楼面地价与土地总价、总建筑面积三者之间的关系为（　　）。
   A. 楼面地价＝土地总价×总建筑面积　　B. 楼面地价＝土地总价÷总建筑面积

C. 楼面地价 = 总建筑面积 × 土地总价   D. 楼面地价 = 总建筑面积 ÷ 土地总价

10. （　　）是多数估价项目需要评估的价值类型，是最基本、最重要、最常用的一种价值类型。

　　A. 投资价值　　　B. 市场价值　　　C. 在用价值　　　D. 非市场价值

二、多项选择题

1. 楼面地价应该是（　　）二者之比值。

　　A. 建筑容积率与土地单价　　　　B. 总建筑面积与土地总价

　　C. 土地单价与建筑容积率　　　　D. 土地总价与总建筑面积

　　E. 土地单价与建筑覆盖率

2. 居住用途的房地产的位置优劣主要看（　　）。

　　A. 临街状态　　B. 周围环境状态　　C. 交通是否方便　　D. 安宁程度

*3. 影响房地产价格的区位因素有（　　）等。

　　A. 建筑规模　　　B. 临路状况　　　C. 楼层

　　D. 建筑容积率　　E. 繁华程度

4. 房地产价格的特点主要有下列几个方面（　　）。

　　A. 房地产价格是在长期考虑下形成的　　B. 房地产价格是在市场上形成的

　　C. 房地产价格的实质是房地产权益的价格　　D. 房地产价格通常是个别形成的

　　E. 房地产价格受区位影响很大

5. 房地产之所以会有价格，需要具备以下几个条件（　　）。

　　A. 有效供给　　　B. 有效需求　　　C. 有用性

　　D. 稀缺性　　　　E. 经济性

6. 下面关于行政因素的说法正确的是（　　）。

　　A. 征收持有房地产税，会造成房地产价格低落

　　B. 实行交通管制会降低房地产价格

　　C. 规定土地用途，就某一土地而言，有可能会降低地价

　　D. 征收土地交易税或增值税会抬高房地产价格

7. 影响房地产价格的心理因素一般包括（　　）等。

　　A. 买方或卖方的心态　　　　B. 时尚风气

　　C. 个人的欣赏趣味与偏好　　D. 接近名家住宅的心理

　　E. 讲究风水或吉祥号码

8. 工业房地产的区位影响因素主要考虑（　　）。

　　A. 临街状况　　　　　　　　B. 动力是否易于取得

　　C. 废料处理是否方便　　　　D. 接近大自然

　　E. 产品原料的获取方便程度

9. 从大的方面来说，影响房地产价格的因素包括（　　）。

　　A. 自身因素　　　B. 时间因素　　　C. 外部因素　　　D. 成本因素

10. 所谓房地产自身因素，是指构成房地产的（　　）。
   A. 区位因素　　　　B. 实物因素　　　　C. 权益因素　　　　D. 物质结构

三、判断题

1. 房地产的自然地理位置虽然固定不变，但其社会经济位置却会发生变化，这种变化可能是由于城市规划的修改、交通改道及其他方面的建设所引起的。（　　）
2. 因为房地产投机对房地产市场有不利的影响，所以它只会导致房价上涨。（　　）
3. 理论价格并不是现实价格，评估价格才是现实价格。（　　）
4. 对住宅而言，朝向是一个重要的区位因素。（　　）
5. 房地产价格实质上是房地产权益的价格。（　　）
6. 在房地产自身因素中，房地产面积越大，单价越高。（　　）
7. 在同等品质下，期房价格高于现房价格。（　　）
8. 房地产价格与风向的关系在城市中比较突出，在上风地区房地产价格一般比较低，在下风地区房地产价格一般比较高。（　　）
9. 在现实估价中，所需要评估的房地产价值并不一定是公开的市场价值。（　　）
10. 通常情况下，位于底层的商业用房的价值要高于其他楼层的商业用房。（　　）

四、计算题

1. 某房地产现房价格为 4 000 元 /m²，预计从期房达到现房的两年时间内现房出租的租金收入为每年 300 元 /m²（年末收取），出租运营费用为每年 50 元 /m²。假设折现率为 5%，风险补偿为 200 元 /m²，试计算该房地产的期房价格。
2. 某宗土地上有一幢 8 层高、各层建筑面积相同的住宅楼，建筑密度为 50%。假设该住宅楼的总价为 2 000 万元，平均单价为 5 000 元 /m²，楼面地价为 1 200 元 /m²，试求该宗土地的总价。
3. 某商品住宅在建工程的总建筑面积为 50 000 m²，开发商曾将该在建工程抵押贷款，目前该笔贷款余额为 260 万元。开发商目前支付给施工单位的工程款比施工单位的实际收入少 200 万元。该在建工程未设立法定优先受偿权下的价值为 2 000 万元。当地同类在建工程的抵押贷款成数一般为 65%。请求取该在建工程的再次抵押价值。

第 3 章

房地产估价概述

本章介绍有关房地产估价的基础知识,包括房地产估价的含义、估价特点,估价的必要性、估价要素、估价师职业道德以及估价原则。

◎ 学习目标

1. 了解房地产估价的含义、特点及估价的必要性。
2. 熟悉估价要素、估价原则及估价师的职业道德。

3.1 关于房地产估价的认知

3.1.1 房地产估价的含义

现今社会,房地产已经成为人们交易和投资的主要对象,房地产价值和价格普遍受到关注,房地产估价也就成为人们有兴趣了解和掌握的一门学科。房地产估价,通俗的理解就是估计房地产的价值或价格,这是任何人都可以做的。比如你有一处房产要卖,你通常会先估计一下房屋的价格,然后再将其投放市场。这种意义上的房地产估价,不妨称为非专业房地产估价。然而,要想获得客观合理、具有公信力的估价结果,则需要专业的房地产估价。专业房地产估价只能由具有房地产估价资质的专业机构和专业人员来完成。

从专业估价的角度讲,房地产估价可以这样表述:房地产估价机构接受他人委托,选派注册房地产估价师对房地产的价值或价格进行分析、测算和判断,并提供相关专业意见的活动。与非专业的估价相比，专业的估价具有以下特点：

（1）由专业人员和专业机构完成。专业估价机构是指具备足够数量的专业估价人员等条件，专门从事有关估价活动的单位。专业估价人员是指具有估价专业知识和经验，专门从事有关估价活动的个人。

（2）提供专业意见。专业估价提供的意见不是用直觉或者仅凭经验得出的，而是按照严谨的程序，采用科学的方法，经过审慎的分析、测算和判断得出的，比较客观合理。

（3）具有公信力。专业估价由于是专业估价机构和专业估价人员完成的，估价结果较客观合理，所以具有证明效力，能使人们信服、认可或接受。

（4）实行有偿服务。专业估价是接受他人委托而提供的一种有偿服务，要向委托人收取一定的费用。

（5）承担法律责任。专业估价机构和专业估价人员要对其提供的估价结果负责，违反有关规定的，不仅会被责令限期改正，还会依法受到行政处罚，承担民事赔偿责任，甚至被追究刑事责任。

3.1.2 房地产估价的特点

为了进一步理解和把握房地产估价的内涵，还要对房地产估价有以下认识。

1. 房地产估价本质上是评估房地产的价值而不是价格

从理论上来讲，价值与价格是有着严格区分的，价值是物的内在所值，而价格是价值的外在表现。既然房地产估价是通过估价师的专业行为把房地产的内在所值表达出来，被评估的只能是房地产的价值而不是价格。另外，国际通行的估价理论的研究对象也是直指房地产的价值及其相关权益。由于历史原因，中国在恢复房地产估价业务时采取了"价格评估"的称谓，而未采取"价值评估"的称谓。可谓习惯成自然，人们在多数场合，还是习惯于称"价格"而非"价值"，二者通常交换使用。

2. 房地产估价应是模拟市场定价而不是代替市场定价

房地产估价是估价师模拟大多数市场参与者的定价思维和行为，在充分认识房地产价格形成机制和过程的基础上，深入调查房地产市场行情，通过科学的分析、测算和判断活动，把客观存在的房地产价值揭示出来。换句话说，房地产估价是基于房地产价值本来就存在，估价师只是运用自己的专业知识和经验去"发现"或"探测"房地产价值，而不是去"发明"或"创造"房地产价值。

3. 房地产估价是提供价值意见而不是作价格保证

人们通常认为，估价机构和估价师评估出的估价结果差不多应是在市场上可以实现的，或者至少"八九不离十"，否则就是估价失误。实际上，估价是估价师以专家的身份发表对估价对象价值或价格的专业意见，而不是在市场上可实现价格的保证。但这不能被误解为估价机构和估价师可以随意发表意见，并且可以不负任何责任。无论任何性质的估价，估价机构和估价师都应认真对待，勤勉尽责地去完成。

估价可分为鉴证性估价和咨询性估价。鉴证性估价也称公证性估价、证据性估价，是为委托人向第三方证明或说服第三方而提供的估价，如为证券发行、房地产抵押贷款、房地产司法拍卖等提供参考依据的估价，通常属于鉴定性估价；咨询性估价也称参考性估价，是为委托人自己使用而提供的估价，如为委托人购买房地产确定出价提供参考的估价，通常属于咨询性估价。鉴定性估价承担的法律责任一般要大于咨询性估价承担的法律责任。

4. 房地产估价难免有误差，但误差应在合理范围内

人们通常会认为不同的估价师对同一估价对象的评估价值应相同，为交易提供参考依据的评估价值应采用事后的实际成交价格来检验是否正确。但在实际估价业务中，不同的估价师对同一估价对象在同一时间的同种价值或价格进行评估，得出的评估价值往往有所不同，而且与实际成交价格常常有差异，甚至差异较大，这就产生了估价准确性的问题。

对估价准确性问题的认识，主要包括下列几点：①即使都是合格的估价师，也不可能得出完全相同的评估价值，因为估价师掌握的信息不可能完全相同，只能得出近似的评估值。②所有评估价值都有一定程度的误差，即评估价值＝真实价值＋误差。估价对象的真实价值只是理论上存在，实际中不可得知，因此评估价值有误差是不可避免的。③应允许估价有较大的误差，但误差又要适度。在英国和其他英联邦国家，在估价委托人起诉估价师的诉讼中，法官使用的误差范围通常是 ±10%，有时放宽到 ±15%，对于难度很大的估价业务甚至放宽到 ±20%。如果评估价值超出了误差范围，即可认为估价师有"专业疏忽"。④估价鉴定中一般不轻易直接评判一个评估价值的对与错及其误差大小，而是通过检查估价师和估价机构在履行估价程序方面是否有疏漏，以及估价依据是否准确、估价方法是否适用、估价参数是否合理等，间接地对估价结果予以肯定或否定。

5. 房地产估价既是科学又是艺术

从事估价工作仅有理论知识还不够，还必须有实践经验。因为房地产市场是地区性市场，各地的房地产市场行情和价格影响因素可能不同，而且影响房地产价格的因素众多，其中许多因素对房地产价格的影响难以准确把握和科学量化，因此房地产价值或价格不是简单地套用某些数学公式或数学模型就能够计算出的。针对不同的估价对象，如何选用适合的估价方法，如何对估价结果进行调整、分析和判断，体现了估价师对估价理论和方法的掌握程度以及对房地产估价的实务操作能力。因此，可以说房地产估价既是科学又是艺术。

3.1.3 房地产估价的必要性

1. 房地产估价有理论上的必要性

任何资产或商品在交易中都需要衡量和确定价格，但并不是所有的资产都需要专业的估价，只有同时具备"独一无二"和"价值量大"两个特性的资产才需要专业估价。房地产不仅具有不可移动、独一无二和价值量大等特性，而且房地产市场是典型的"不完全市场"，难以形成一般人容易识别的适当价格，需要估价师进行"替代"市场的估价工作，因此房地产估价是必要的。房地产估价有助于将房地产价格导向正常化，促进房地产公平交易，建立合理的房地产市场秩序。

2. 房地产估价有大量的现实需求

随着房地产市场的发展和人们财产保护意识的增强，对房地产估价的现实需求逐渐增多。需要房地产估价的情形主要体现在以下方面：

（1）国有建设用地使用权出让。国有建设用地使用权出让有招标、拍卖、挂牌和协议等方式。无论哪种出让方式，都需要对拟出让地块进行估价，为出让人确定出让底价提供参考依据，或者为受让人确定报价提供参考依据。

（2）房地产转让和租赁。由于房地产价值量大，如果转让价格和租金偏离正常市场价格，就会使某一方遭受较大损失。为此，交易当事人往往需要房地产估价为其确定转让价格、租金等提供参考依据。

（3）房地产抵押贷款。房地产抵押是指债务人或者第三方不转移房地产的占有，将该房地产作为债权的担保，当债务人不履行到期债务时，债权人有权依法将该房地产变卖，用所得价款优先受偿。为了知道房地产的抵押价值，债权人需要房地产估价，为其确定抵押贷款额度提供价值参考。

（4）房地产征收、征用补偿。尽管征收、征用是为了公共利益的需要，具有一定的强制性，但必须依法给予合理的补偿，维护被征收人的合法权益。而确定征收、征用的补偿金额，就需要房地产估价提供参考依据。

（5）房地产分割。作为家庭财产的实物形态，房地产一般不宜实物分割，而适宜采取折价或拍卖、变卖的方式，将所得价款进行分割，这就需要房地产估价机构对房屋进行估价。

（6）房地产损害赔偿。发生房地产损害的类型很多，如建筑物妨碍相邻建筑物通风、采光的；使他人房地产受到污染的；因工程质量缺陷造成房地产价值损失的；等等。各种类型的房地产损害均需要房地产估价为其确定赔偿金额提供参考依据。

（7）房地产争议调处和司法鉴定。在房地产强制拍卖、变卖、抵债、征收、损害赔偿等活动中，经常发生有关当事人对房地产价格、补偿金额等有异议的情况，这就需要权威、公正的房地产估价，为当事人提供相关的参考依据。

（8）房地产税收。有关房地产的税种很多，如房地产税、土地增值税、契税等，这些税收的计税依据通常是房地产价值或租金，因此需要房地产估价提供相关服务。

（9）房地产保险。房地产保险对房地产估价的需要，一是在投保时需要评估保险价值，为确定保险金额提供参考依据；二是在保险事故发生后需要评估所遭受的损失，为确定赔偿金额提供参考依据。

（10）房地产行政管理。房地产行政管理不仅包括房地产的实物管理而且包括房地产的价值管理，了解房地产的价值量及其增值或贬值的情况，这就需要房地产估价为其提供服务。

（11）企业有关的经济行为。企业发生有关的经济行为如合并、分立、改制、上市、对外投资、资产重组、产权转让、租赁、清算，等等，往往需要对企业整体资产或者其中的房地产进行估价，为有关决策提供参考依据。

（12）其他方面的需要。对房地产估价的需要还包括许多其他方面，如房地产证券化需要的估价，办理出国移民提供财产证明需要的估价，在房地产征收等赔偿活动中当事人对补偿结果有异议而进行的复核或鉴定，房地产开发经营过程中需要的估价，建设用地使用权期间届满需要的估价，等等。

3.2 房地产估价要素

房地产估价活动的开展，需要具备基本的必要因素和条件，这些必要因素和条件，通常被称为估价要素。

1. 估价当事人

估价当事人是与房地产估价活动有直接关系的单位和个人，包括房地产估价机构、注册房地产估价师和估价委托人。

（1）房地产估价机构。房地产估价机构是指依法设立并取得房地产估价机构资质，从事房地产估价活动的中介服务机构。目前，中国规定房地产估价机构应当由自然人出资，以有限责任公司或者合伙企业形式设立；法定代表人是注册后从事房地产估价工作3年以上的房地产估价师；资质等级由高到低分为一级、二级、三级和暂定期内的三级；不同资质等级的房地产估价机构应当在资质等级许可的业务范围内从事估价业务，但不受地域范围的限制；房地产估价报告应当由房地产估价机构出具。

（2）注册房地产估价师。房地产估价师是指通过全国房地产估价师职业资格考试或资格认定、资格互认，取得房地产估价师职业资格的人员。其中，经过执业注册，从事房地产估价活动的房地产估价师，称为注册房地产估价师。一名合格的估价师应具有房地产估价的扎实的理论知识、丰富的实践经验和良好的职业道德。

具有扎实的理论知识和丰富的实践经验，是对估价专业胜任能力的要求；具有良好的职业道德，是对估价行为规范的要求。仅有理论知识而缺乏实践经验，难以得出符合实际的估价结果；仅有实践经验而缺乏理论知识，会只知其然而不知其所以然，难以对价值或价格做出科学深入的分析和解释。即使理论知识和实践经验都具有，但如果没有良好的职业道德，那么估价结果难以客观、公平、合理。

（3）估价委托人。估价委托人是指委托房地产估价机构为其提供估价服务的单位和个人。委托人委托估价、取得估价报告的目的可能是给自己使用，如人民法院委托的司法拍卖估价报告是人民法院自己用于确定拍卖保留价；也可能是给特定的第三方使用的，如借款人委托的抵押估价报告是借款人提供给贷款人（如商业银行）使用的；还可能是给不特定的第三方使用，如上市公司委托的关联交易估价报告是上市公司披露给社会公众使用的。

2. 估价目的

估价目的是估价委托人对估价报告的预期用途。通俗地说，估价目的是委托人欲将估价报告做什么用，是为了满足何种需要。例如，是为房地产买卖方确定有关价格提供参考依据，还是为商业银行等债权人确定房地产抵押价值提供参考依据，或者是为确定拆迁补偿金额提供参考依据等。任何估价项目都有估价目的，它来源于委托人的真实估价需要。一个估价项目通常只有一个估价目的。不同的估价目的将影响估价结果，因为估价目的不同，估价对象的范围、价值时点、价值类型、估价依据、估价方法以及估价应考虑的因素都可能不同。估价目的还限制了估价报告的用途，针对某种估价目的得出的估价结果，不能用于与其不相符的其他用途。

3. 估价对象

估价对象是所估价的房地产等财产或相关权益。现实中的估价对象是丰富多彩、复杂多样的。不仅房屋、土地、建筑物为常见的估价对象，在建房地产、期房、已经灭失的房地产、房地产及其附属财产、以房地产为主的整体资产等都可能成为估价对象。

4. 价值时点

价值时点是所评估的估价对象价值或价格对应某一特定的时间。由于同一估价对象在不同的时间会有不同的价值或价格，所以必须指明是估价对象在哪个时间内的价值或价格，这个时间就是价值时点。价值时点不是可以随意确定的，应根据估价目的来确定。它可能是现在、过去或将来的某个时间，通常为某个日期，一般用公历年、月、日表示。

5. 价值类型

价值类型是所评估的估价对象价值或价格，包括价值或价格的名称、定义或内涵。同一估价对象可以有不同类型的价值，即同一估价对象的价值不是唯一的。价值类型主要有市场价值、投资价值、谨慎价值、快速变现价值、现状价值和残余价值。其中，市场价值是最基本、最常用的价值类型。

6. 估价依据

估价依据是作为估价的前提或基础的文件、标准和资料。它主要包括三个方面的文件、资料：一是有关法律、法规、政策和标准等，如《物权法》《城市房地产管理法》《土地管理法》，以及《房地产估价规范》《房地产抵押估价指导意见》等。二是估价委托书和委托人提供的估价所需的资料，如估价对象的面积、用途、权属证明、历史成交价格、运营收入和费用以及有关会计报表等资料。三是房地产估价机构、注册房地产估价师掌握和搜集的估价所需资料。

7. 估价假设

估价假设是针对估价对象状况等估价前提所做的必要、合理且有依据的假定，包括一般假设、未定事项假设、背离事实假设、不相一致假设和依据不足假设。估价假设的作用一方面是规避估价风险，保护估价师和估价机构；另一方面是告知、提醒估价报告的使用者在使用估价报告时注意有关事项，保护估价报告使用者。

8.估价原则

估价原则是估价活动所依据的法则或标准。估价原则主要包括独立、客观、公正原则；合法原则；价值时点原则；替代原则；最高最佳利用原则。估价原则可以使不同的估价师对估价的基本前提具有一致性认知，对同一估价对象在同一估价目的、同一价值时点的评估价值趋于相同或近似。

9.估价程序

估价程序是完成估价项目所需做的各项工作的先后次序。估价程序包括：①受理估价委托；②确定估价基本事项；③制订估价作业方案；④搜集估价所需资料；⑤实地查勘估价对象；⑥选用估价方法进行测算；⑦确定估价结果；⑧撰写估价报告；⑨审核估价报告；⑩交付估价报告；⑪估价资料归档。

10.估价方法

估价方法是测算估价对象价值或价格所采用的方法，包括比较法、收益法、成本法、假设开发法等。每种估价方法都有其适用的估价对象和条件，可以同时运用，相互补充。

11.估价结果

估价结果是通过房地产估价活动得出的估价对象价值或价格及提供的相关专业意见。由于估价结果通常对委托人很重要，委托人可能对估价结果有所期望，甚至设法进行干预。但因估价工作的客观公正性质，估价师和估价机构不能在未估价之前征求委托人对估价结果的意见，也不能在完成估价之前与他们讨论估价结果，因为这些都有可能影响估价独立、客观、公正地进行，更不得为承揽估价业务而迎合委托人的高估或低估要求。

3.3 估价师职业道德

房地产估价师的职业道德是指房地产估价师在房地产估价活动中应当遵循的道德规范和行为规范。它要求房地产估价师以良好的思想、态度、作风和行为去从事房地产估价工作。房地产估价师如果没有良好的职业道德，不仅评估出的价值难以客观公正，会损害估价利害关系人的合法权益，会借着专业估价的外衣扰乱市场秩序，甚至会与估价委托人"合谋"坑害第三方的合法权益。例如，与借款人合谋高估房地产价值骗取贷款；与征收人合谋低估被征收房屋的房地产价值损害被征收人的合法权益；与拍卖机构合谋低估拍卖房地产的价值损害被执行人的合法权益等。因此，房地产估价师具有良好的职业道德是十分重要的。估价师和估价机构应遵守以下八项职责，这是基本的职业道德。

1.诚实估价

房地产估价师和房地产估价机构应正直诚实，不得作任何虚假的估价，不得按估价委托人或其他单位、个人的要求高估或低估，也不得按预先设定的价值或价格进行估价。

2. 回避制度

房地产估价师和房地产估价机构应回避与自己、近亲属、关联方及其他利害关系人有利害关系或与估价对象有利益关系的估价义务。

3. 胜任能力

房地产估价师和房地产估价机构不得承接超出自己专业胜任能力的估价业务，对于部分超出自己专业胜任能力的工作，应聘请具有相应专业胜任能力的专业人员或专业机构提供帮助，并应在估价报告中说明。

4. 尽职调查

房地产估价师和房地产估价机构对估价委托人提供的估价所依据的资料应进行审慎检查，应搜集合法、真实、准确、完整的估价所需的资料，并应对估价对象进行认真的实地查勘。

5. 保守秘密

房地产估价师和房地产估价机构应保守在执业活动中知悉的国家秘密、当事人的商业秘密和技术秘密，不得泄露个人隐私；应妥善保管估价委托人提供的资料，未经估价委托人同意，不得擅自将其公开或泄露给他人。

6. 告知义务

房地产估价师和房地产估价机构在估价假设等重大估价事项上，应向估价委托人详细说明，使估价委托人清楚了解估价的限制条件及估价报告、估价结果的使用限制。

7. 维护形象

房地产估价师和房地产估价机构应维护自己的良好社会形象和房地产估价行业声誉，不得采取迎合估价委托人或估价利害关系人不当要求、恶性低收费、给予回扣、贬低同行、虚假宣传等不正当手段承揽估价业务，不得索贿、受贿或谋取估价委托合同约定费用之外的其他利益。

8. 不得借名

房地产估价师和房地产估价机构不得允许其他个人和单位以自己的名义从事房地产估价业务，不得以估价者身份在非自己估价的房地产估价报告上签名、盖章，不得超出本机构的估价业务范围，不得以其他房地产估价师、房地产估价机构的名义从事房地产估价业务。

3.4 估价原则

房地产估价是一项错综复杂的经济活动，具有很强的技术性和专业性。为了保证估价结果的客观、公正，人们在房地产估价的反复实践和理论探索中，逐渐认识了房地产价格形成和运动的客观规律，总结出了一些简明扼要的估价法则或标准，即房地产估价原则。每一位从事房地产价格评估的专业人员要学习这些原则，并以此作为价格评估的指南。

3.4.1 独立、客观、公正原则

独立、客观、公正原则要求估价师站在中立的立场上，实事求是、公平正直地评估出对各方估价利害关系人均是公平合理的价值或价格。这是房地产估价的基本原则，也是房地产估价的最高行为准则。具体地说，"独立"是要求估价机构和估价师在估价中不应受任何单位和个人的干扰，应当凭借自己的专业知识、经验和应有的职业道德进行估价。"客观"是要求房地产估价师在估价中不应带着自己的好恶、情感和偏见，应按照事物的本来面目、实事求是地进行估价。"公正"是要求估价机构和估价师在估价中不应偏袒相关当事人中的任何一方，应当坚持原则、公平正直地进行估价。

房地产估价之所以要遵循独立、客观、公正原则，是因为评估出的价值如果不公平合理，必然损害某一方的利益，也有损于估价师、估价机构以至整个估价行业的社会声誉和公信力。例如，以房地产抵押贷款为目的的估价，如果评估价值比客观合理价值高，则借款人受益，而贷款人的风险增加，甚至影响金融安全。为了保障估价机构和估价师能够独立、客观、公正地估价，一是要求估价机构不依附于他人、具有独立的法人地位；二是要求估价机构和估价师与委托人没有利害关系，与估价对象没有利益关系；三是要求估价机构和估价师不受外部因素的干扰，不屈从于外部压力。除此之外，为评估出公平合理的价值，估价人员还必须具有良好的职业道德，了解房地产供求状况和影响房地产价格的各种因素，遵循科学严谨的估价程序，不断丰富估价经验，提高估价水平。

3.4.2 合法原则

合法原则要求估价结果是在依法判定的估价对象状况下的价值或价格。依法是指不仅要依据有关法律、行政法规，还要依据有关地方政府规章和政策，以及估价对象的不动产登记簿、权属证书、有关批文和合同等。房地产估价之所以要遵循合法原则，是因为房地产状况不同，评估价值会有所不同。但是，估价对象的状况不是委托人或估价师可以随意假定的，甚至不是根据估价对象的实际状况确定的，而必须是依法判定的。例如，依法判定某块土地是集体土地，就要按集体土地评估其价值，而不能作为国有土地来估价；依法判定某建筑物是临时建筑，就要按临时建筑来估价，而不能作为永久性建筑来估价。从理论上来讲，任何状况的房地产都可以成为估价对象，并不仅限于合法状况的房地产，但非合法状况的房地产的评估价值可能等于或小于零，在这种情况下人们就不会委托估价了。因此，评估价值要与依法判定的房地产状况相匹配。

就实物状况来说，依法判定的估价对象状况通常是估价对象实际状况，但也可能不是实际状况，而是按照有关合同、招标文件等约定的状况或者根据估价目的设定的状况。例如，在国有建设用地使用权招标出让估价中，拟招标出让的土地实际状况为"三通一平"的土地，但招标人在招标文件中承诺将向中标人提供"七通一平"的土地，这种情况下的估价对象状况应为"七通一平"的土地。因此，依法判定的估价对象状况应视具体情况而定。

就权益状况来说，依法判定的估价对象权益包括权利的类型及归属、权利的使用、权利的处分等。权利的类型及归属应以不动产登记簿、权属证书以及有关合同等为依据。权利的使用应以土地用途管制、规划条件等使用管制为依据。权利的处分应以法律法规、政策或合同等允许的处分方式为依据。

合法原则还要求房地产估价应当采用国家有关估价技术标准；估价机构应当具有房地产估价资质；估价人员应当是注册房地产估价师等。

3.4.3　价值时点原则

价值时点原则要求估价结果是根据估价目的确定的某一特定时间的价值或价格。由于房地产市场是不断变化的，房地产价值也应随之变化。另外，房地产本身也随着时间的推移而发生改变，如建筑物变得陈旧过时，周围环境发生改变等。因此，在不同的时间，同一宗房地产往往会有不同的价值。如果没有了对应的时间，价值也就失去了意义。这就要求，房地产估价结果具有很强的时间性，每一个价值都要对应着一个特定的时间，这个特定时间就是价值时点。价值时点一般用公历的年、月、日来表示。

确立价值时点原则的意义在于：价值时点不仅说明评估价值对应的时间，还表示评估价值的时间界限。因为政府有关房地产的法律、法规、政策、估价标准等的发布、变更、实施日期等，均有可能影响估价对象的价值。因此，在估价时是采用法律法规等发布之前还是之后的，就应根据价值时点来确定。另外，运用比较法评估房地产价值时，选用的可比实例的成交日期通常与价值时点不同，需要把可比实例的成交价格调整到价值时点上。

在实际估价中，既可以将估价作业期内的某个日期确定为价值时点，也可以将估价人员实地查勘估价对象期间的某个日期定为价值时点，还可以将过去或未来的某个日期定为价值时点。在具体的房地产估价项目中，价值时点是由估价目的决定的。不论是何种估价目的，估价所依据的市场状况始终是价值时点的状况，但估价对象状况不一定是价值时点的状况。价值时点、估价对象状况、房地产市场状况的关系如表 3-1 所示。

表 3-1　价值时点、估价对象状况、房地产市场状况的关系

价值时点	估价对象状况	房地产市场状况
过去（回顾性估价）	过去	过去
现在	过去	现在
现在	现在	现在
现在	未来	现在
未来（预测性估价）	未来	未来

表中的各种情形举例说明如下：

（1）价值时点为过去，估价对象状况为过去状况的估价。此种情形大多出现在房地产纠纷案件中，特别是对估价结果有异议而引起的复核或鉴定估价。例如，某宗房地产被人民法院强制拍卖后，被执行人认为人民法院委托的估价机构评估的估价结果过低，

引发对该估价结果的争论。衡量该估价结果是否过低,应将房地产市场状况、估价对象状况还原到原来的价值时点,否则就无法检验估价结果是否合理。

(2) 价值时点为现在,估价对象状况为过去状况的估价。此情形大多出现在房地产损害赔偿和保险理赔案件中。例如,投保火灾险的建筑物被火烧毁后,评估其损失价值或损失程度时,通常是估计损毁后的状况恢复到损毁前的状况所需的必要费用。

(3) 价值时点为现在,估价对象状况为现在状况的估价。此种情形是估价中数量最多、最常见的,如房地产转让估价、抵押估价、房屋征收评估、司法拍卖估价以及在建工程估价。

(4) 价值时点为现在,估价对象状况为未来状况的估价。此情形大多出现在期房价值评估中。例如在城市房屋拆迁补偿时,采取房屋产权调换的补偿方式,而且所调换的房屋为期房,评估该调换期房的市场价格就属于这种情况。

(5) 价值时点为将来,估价对象状况为未来状况的估价。此种情形大多出现在房地产市场预测、为房地产投资分析提供价值参考依据的情况下,特别是预测房地产在未来开发完成后的价值。在假设开发法中,预测估价对象开发完成后的价值就属于这种情况。

3.4.4 替代原则

替代原则要求估价结果与估价对象的类似房地产在同等条件下的价值或价格偏差应在合理范围内。根据经济学原理,同一种商品在同一个市场上具有相同的市场价格。一般而言,任何经济主体在市场上的行为,都要以最小的代价取得最大的效益。因此,如果市场上有两个以上效用相同的商品存在,理性的买者会选择价格最低的;反之,如果市场上有两个以上价格相同的类似商品存在,则理性的买者会选择效用最大的。为了使产品能够销售出去,卖者之间会展开价格竞争,导致效用相同的商品形成相同的市场价格。

房地产价格的形成也符合这一规律,只是由于房地产的独一无二性,使得完全相同的房地产几乎没有,但在同一个市场上存在效用相近的房地产,其价格应当是接近的。在现实的房地产交易中,理性的买卖双方,都会将其拟买或拟卖的房地产与类似房地产进行比较,而买者不会接受过高的价格,卖者也不会接受过低的价格,导致同一市场上的类似房地产,价格相互牵掣,相互接近。利用替代原则,我们可以利用与估价对象效用相近的房地产的已知价格推算出估价对象的未知价格;再把估价结果放到市场中去衡量,当估价结果没有不合理地偏离类似房地产在同等条件下的正常价格时,估价结果就是客观合理的。

替代原则对于具体的房地产估价工作,指明了下列两点:①如果存在着一定数量的与估价对象类似的房地产并已知它们的价格时,则可以通过这些相似的房地产的价格推算出估价对象的价格。②不能孤立地思考估价对象的价值,应考虑相似的房地产的价格牵掣,不同区位、不同档次的房地产的评估价值应有合理的"价差",尤其是较好的房地产的评估价值不应低于较差的房地产的评估价值。

3.4.5 最高最佳利用原则

最高最佳利用原则要求估价结果是在估价对象最高最佳利用状况下的价值或价格。最高最佳利用是房地产在法律上允许、技术上可能、财务上可行并使价值最大的合理、可能的利用，包括最佳的用途、规模、档次等。

在现实经济活动中，由于竞争和优选的关系，每个房地产拥有者都试图发挥房地产的最大潜力，取得最大的经济利益。因此，寻找估价对象最高最佳利用的方法，是先尽可能地设想出估价对象的各种潜在的利用，然后从下列4个方面依序筛选：

（1）法律上是否允许。对于每种潜在的利用，首先检查它是否为法律法规、政策和出让合同等所允许。如果是不允许的，则应被淘汰。

（2）技术上是否可能。对于法律上允许的每种利用，要检查它在技术上是否能够实现，包括建筑材料性能、施工技术手段等能否满足要求。如果是不能实现的，则应被淘汰。

（3）经济上是否可行。对于法律上允许且技术上可能的每种利用，还要进行经济可行性检验。经济可行性检验的一般做法，是针对每种利用，首先预测它未来的收入和支出流量，然后将未来的收入和支出流量用现值表示，再将这两者进行比较。只有收入现值大于或等于支出现值的利用才具有经济可行性，否则应被淘汰。

（4）价值是否最大化。在所有具有经济可行性的利用中，能够使估价对象的价值达到最大的利用，便是最高最佳利用。

经济学原理有助于我们学习最高最佳利用原则，如收益递减规律、均衡原理和适合原理。

收益递减规律是阐述在一种投入量变动而其他投入量固定的情况下的投入产出关系，又称为报酬递减规律。表述如下：假定仅有一种投入量是可变的，其他的投入量保持不变，则随着该种可变投入量的增加，在开始时产出量的增加有可能是递增的；但当这种可变投入量继续增加达到某一点以后，产出量的增加会越来越小，即会出现递减现象。收益递减规律可以帮助估价人员确定最佳集约度和最佳规模。

对一宗土地来说，收益递减规律表现为当人们对该土地的利用强度（如容积率、建筑规模、建筑高度、建筑层数）超过一定限度后，收益开始下降。例如，"超出某一点以外就要引起报酬递减的趋势，已经见之于办公大楼的建筑。在美国中西部某城市所做出的这样一种研究，证明在一块（160×172 ft）价值150万元的地面上，一座5层大楼的投资利润是4.36%；一座10层大楼的投资利润是6%；15层的是6.82%，20层是7.05%，25层是6.72%，30层是5.65%。这种办公大楼的收益递减点就是在刚超过20层的那一点。换言之，20层是这座大厦的经济高度，因为进一步增加支出劳力和资本所带来的报酬将会相对减少"。⊖

均衡原理是以估价对象的各个组成部分是否搭配适当来判定估价对象是否为最高最佳利用。从建筑物和土地两大组成部分来看，建筑物与土地相比较，如果规模过大或过

⊖ 伊利，莫尔豪斯. 土地经济学原理[M]. 滕维藻，译. 北京：商务印书馆，1982.

小，或者档次过高或过低，则建筑物与土地的搭配不当，该房地产的效用便不能得到有效发挥，从而会降低该房地产的价值。例如，某宗土地上有建筑物，但该建筑物已破旧不堪，此时对买者来说，空地的价值要高于有建筑物的土地的价值。因为买者取得该土地后，还要花代价拆除地上的建筑物，所以该建筑物的存在不仅不能增加土地的价值，反而降低了土地的价值。此时，对该土地进行估价就需要做减价调整。

[例 3-1] 某宗房地产的土地面积为 $360m^2$，建筑面积为 $270m^2$，建筑物的外观和设施设备均已陈旧过时，有待拆除重建。测算建筑物拆除费用和残值分别为每平方米建筑面积 300 元和 50 元。请计算该房地产相对于空地的减价额。

解：该房地产相对于空地的减价额 =（300-50）×270
= 67 500（元）

适合原理是以估价对象与其外部环境是否协调，来判定估价对象是否为最高最佳利用。它可以帮助确定估价对象的最佳用途。例如，品牌服装专卖店开设在日用零售商店集中的地区就是不协调的，这样的服装专卖店不一定能获得较高的收益，这种利用方式就不是最高最佳利用。

适合原理加上均衡原理以及收益递减规律，即当估价对象与其外部环境相协调，同时其各个组成部分又搭配适当时，便为最高最佳利用。

根据最高最佳利用原则进行估价时，要做出某种选择与判断。如果估价对象未做某种利用，则应选择城市规划允许的最大收益用途。当估价对象已做了某种使用，应对估价前提做出下列之一的判断和选择，并在估价报告中说明。

（1）维持现状前提。认为对现有房地产维持现状、继续利用最为有利时，应以维持现状为前提进行估价。

（2）装修改造前提。认为对现有房地产进行装修改造最为有利时，应以装修改造为前提进行估价。

（3）转换用途前提。认为转换现有房地产的用途最为有利时，应以转换用途为前提进行估价。

（4）重新开发前提。认为对现有房地产进行重新开发利用最为有利时，应以重新开发利用为前提进行估价。

（5）上述情形的某种组合，最常见的是转换用途与装修改造的组合。

3.4.6 谨慎原则

谨慎原则要求在影响估价对象价值或价格的因素存在不确定性的情况下对其做出判断时，应充分考虑导致估价对象价值或价格偏低的一面，慎重考虑导致估价对象价值或价格偏高的一面。谨慎原则是评估房地产抵押价值应遵循的一项原则。当面临不确定因素时，估价师对该因素估计态度的不同可以导致抵押价值的不同。比如采取乐观的估计可能导致抵押价值偏高，保守的估计可能导致抵押价值偏低，而居中的估计可能导致抵押价值中等，遵循谨慎原则时就应当采取保守值估计。例如，运用收益法评估收益性房地产的抵押价值，遵循谨慎原则应采用较低的收益估计值；而一般的房地产价值评估应采用中等的收益估计值。

《房地产抵押估价指导意见》针对不同的估价方法，提出了遵循谨慎原则的要求：

（1）在运用比较法估价时，不应选取成交价格明显高于市场价格的交易实例作为可比实例，并应对可比实例进行必要的实地查看。

（2）在运用收益法估价时，不应高估收入或者低估运营费用，选取的报酬率或者资本化率不应偏低。

（3）在运用成本法估价时，不应高估土地取得成本、开发成本、有关税费和利润，不应低估折旧。

（4）在运用假设开发法估价时，不应高估未来开发完成后的价值，不应低估后续开发建设的必要支出及应得利润。

本章小结

本章阐述了房地产估价的基础知识。房地产估价是指房地产估价机构接受他人委托，选派注册房地产估价师对房地产的价值或价格进行分析、测算和判断并提供相关专业意见的活动。估价要素包括估价当事人、估价目的、估价对象、价值时点、价值类型、估价依据、估价假设、估价原则、估价程序、估价方法、估价结果等。估价师的职业道德包括诚实估价、回避制度、胜任能力、尽职调查、保守秘密、告知义务、维护形象、不得借名等。估价原则包括独立、客观、公正原则，合法原则，价值时点原则，替代原则，最高最佳利用原则，谨慎原则。

模拟试题

一、单项选择题

1. 房地产估价中，遵循独立、客观、公正原则的核心是估价机构和估价人员应当站在（　　）的立场上，评估出一个对各方当事人来说都是公平合理的价值。
   A. 委托人　　　　　　　　　　　　B. 估价报告预期使用者
   C. 管理部门　　　　　　　　　　　D. 中立

2. 一宗估价对象房地产的估价结果的期望用途被称为（　　）。
   A. 估价原则　　　B. 估价依据　　　C. 估价方法　　　D. 估价目的

3. 一个估价项目中的估价目的，本质上是由（　　）决定的。
   A. 估价机构　　　　　　　　　　　B. 估价师
   C. 估价委托人的实际需要　　　　　D. 估价报告的使用者

4. 如果附近有若干相近效用的房地产有成交价格，则可以依据（　　），由这些相近效用的房地产的成交价格推算出估价对象房地产的价格。
   A. 合法原则　　　B. 替代原则　　　C. 公平原则　　　D. 最高最佳利用原则

5. (　　) 是房地产估价人员在进行房地产价格评估时的时间界限。
   A. 估价作业日期　　　B. 价值时点　　　C. 估价目的　　　D. 估价程序
*6. 某宗房地产规划用途为商业，现状为超市，年净收益为18万元，预计改为服装店后的年净收益为20万元，除此无其他更好的用途，则根据(　　)应按服装店用途进行估价。
   A. 合法原则　　　B. 最高最佳使用原则　　　C. 价值时点原则　　　D. 替代原则
*7. 下列关于房地产估价特点的表述中，错误的是(　　)。
   A. 房地产估价是模拟市场定价而不是替代市场定价
   B. 房地产估价是提供价值意见而不是作价格保证
   C. 房地产估价会有误差而且不能有误差范围限制
   D. 房地产估价是评估房地产的价值而不是价格
*8. 房地产估价从某种意义上讲是(　　)房地产的价值。
   A. 发明　　　B. 发现　　　C. 创造　　　D. 稳定
*9. 不同的房地产估价师对同一估价对象在同一估价目的、同一价值时点下的评估价值通常不完全相同，这主要是因为(　　)。
   A. 掌握的有关信息不同
   B. 做出的估价师声明不同
   C. 估价对象状况不同
   D. 委托人不同
*10. 回顾性房地产估价，其估价对象状况和房地产市场状况常见的关系是(　　)。
   A. 估价对象状况为过去，房地产市场状况为现在
   B. 估价对象状况为现在，房地产市场状况为现在
   C. 估价对象状况为过去，房地产市场状况为过去
   D. 估价对象状况为现在，房地产市场状况为过去

二、多项选择题

*1. 关于专业房地产估价的说法，正确的有(　　)。
   A. 应由专业机构和专业人员完成　　　B. 应经过审慎判断并提供专业意见
   C. 出具的结果具有证明效力　　　D. 应收取一定的服务费用
   E. 咨询性估价无须承担法律责任
*2. 下列房地产抵押估价活动中，符合估价行为规范的有(　　)。
   A. 估价师向某银行成功介绍借款人并回避该房地产抵押估价业务
   B. 估价师要求估价委托人提供房地产权证复印件，同时查验原件
   C. 估价师按贷款银行要求对报酬率进行取值
   D. 估价师委托工程造价咨询机构对估价对象的建安成本进行核算，并在估价报告中说明
   E. 估价师在提供估价报告之前征求贷款银行对估价结果的意见
3. 价值时点应根据估价目的来确定，它可能是(　　)的某个时间，一般用公历的年、月、日来表示。
   A. 现在　　　B. 过去　　　C. 将来　　　D. 不一定

4. 在具体的房地产估价作业中应当遵循的估价原则主要有下列几项（　　）。
   A. 独立、客观、公正原则　　　　　　B. 合法原则
   C. 替代原则　　　　　　　　　　　　D. 价值时点原则
   E. 最高最佳利用原则

5. 最高最佳利用原则要求房地产估价应以估价对象的最高最佳利用状态为前提。最高最佳利用是指（　　），经过充分合理的论证，能使估价对象的价值达到最大化的一种最可能的利用。
   A. 法律上许可　　　B. 技术上可能　　　C. 经济上可行
   D. 社会上认可　　　E. 质量上合格

*6. 在下列房地产特性中，决定房地产需要专业估价的特性有（　　）。
   A. 独一无二　　　B. 寿命长久　　　C. 供给有限　　　D. 价值量大

7. 倘若估价对象房地产已经作了某种用途状况的使用，则在估价时应根据最高最佳利用原则对估价前提作下列之一的判断和选择，并应在估价报告中予以必要的说明。这些相关的前提有（　　）等。
   A. 转换用途前提　　　B. 重新利用前提　　　C. 保持现状前提
   D. 装修改造前提　　　E. 客户更换前提

*8. 下列房地产估价活动中，不符合职业道德行为的有（　　）。
   A. 某估价机构承接了该机构某股东财产的司法鉴定评估
   B. 某估价机构在承接估价业务时，涉及特殊构筑物估价，主动聘请有关专家提供帮助
   C. 某估价机构把在估价工作中需要了解的估价委托人的商业资料提供给房地产估价行业组织检查
   D. 估价委托人对估价结果提出了明确要求，由于时间紧，加上估价业务简单，某估价机构按其要求完成了估价
   E. 某估价师临时接到出差任务，实际负责估价业务的估价人员以该估价师名义在估价报告上签字后提交估价报告

*9. 下列关于明确房地产价值时点的表述中，正确的有（　　）。
   A. 对当前的价值进行评估，一般以实地查勘估价对象期间或估价作业期内的某个日期为价值时点
   B. 城市房屋拆迁估价，价值时点一般为房屋拆迁许可证颁发之日
   C. 分期实施的房屋拆迁，应以房屋拆迁公告之日为价值时点
   D. 房地产估价人员可以假定价值时点

10. 合法原则要求房地产估价应以估价对象的合法权益为前提，对（　　）要依法判定。
    A. 权利类型及归属　　B. 权利使用　　　C. 权利处分　　　D. 权利分配

三、判断题

1. 房地产估价是模拟市场定价而不是替代市场定价。　　　　　　　　　　（　　）

2. 房地产估价的合法原则,就是要求房地产价格评估机构及房地产估价人员必须具备合法的评估资格,否则不得进行房地产估价活动。( )
3. 所谓价值时点,即是指房地产估价人员在进行房地产估价活动时的作业时间。( )
4. 房地产估价师对于超出自己专业胜任能力的工作部分,应当主动聘请具有专业胜任能力的估价师或者有关专家提供专业帮助。( )
5. 房地产估价的委托人必须是房地产的所有者或使用者。( )
6. 谨慎原则是评估房地产抵押价值时应遵循的一项原则。( )
7. 对于房地产的估价,总的要求是独立、客观、公正,这应该作为房地产估价的最高原则来看待。( )
8. 明确价值时点,是要明确所评估的房地产价值是指将来哪个具体时间上的价值。( )
9. 某注册房地产估价师拟购买 A 市 C 区的一套多层住房,该估价师根据自己对该套住房实物、权益、区位等的勘查、分析,运用适当方法对该套住房进行了估价,并最终以接近于该估价值的价格成交。该估价师对该住房的估价是专业房地产估价。( )
10. 所谓替代原则,就是要求房地产估价结果不得不合理偏离与估价对象房地产类似的房地产在同等条件下的正常价格。( )

第二部分

估价方法

第4章　比较法
第5章　收益法
第6章　成本法
第7章　假设开发法
第8章　其他估价方法

第4章

比 较 法

比较法是房地产估价的三种基本方法之一,也是最常用、最普遍的估价方法。本章介绍比较法的基本原理及比较法估价的具体内容。

学习目标

1. 了解比较法的含义、适用的估价对象及需要具备的条件。了解收集交易实例、选取可比实例、建立比较基础的相关内容。

2. 熟悉交易情况修正、市场状况调整、房地产状况调整的公式与计算方法。

技能要求

能够运用比较法测算房地产的价值或价格。

4.1 比较法的基本原理

4.1.1 比较法的含义

比较法是选取一定数量的可比实例,将它们与估价对象进行比较,根据其间的差异对可比实例成交价格进行适当处理后得到估价对象价值的方法。比较法的本质是以房地产的市场价格为导向来求取房地产的价值或价格。由于该方法是利用实际发生、经过市场"检验"的类似房地产的成交价格来求取估价对象的价值或价格,所以它是一种最直接、最有说服力的估价方法,其测算结果易于被人们理解、认可或接受。

比较法的理论依据是房地产价格形成的替代原理，即在同一个房地产市场上相似的房地产有相近的价格，房地产的未知价格（价值）可以通过类似房地产的已知价格来求取。

4.1.2 比较法适用的估价对象与需要具备的条件

1. 比较法适用的估价对象

比较法适用的估价对象是同类房地产数量较多、有较多交易且具有一定可比性的房地产，例如住宅、写字楼、商铺、标准厂房、房地产开发用地等。以下房地产难以采用比较法估价：①数量很少的房地产，如特殊厂房、机场、码头、博物馆、教堂、寺庙、古建筑等。②很少发生交易的房地产，如学校、医院、行政办公楼等。③可比性差的房地产，如在建工程等。

比较法的原理和技术也可用于其他估价方法中，如可用于收益法中市场租金、经营收入、运营费用、空置率、入住率、报酬率的求取，还可用于成本法和假设开发法中重置成本、开发完成后的价值、开发经营期等的求取。

2. 比较法需要具备的条件

比较法估价需要在价值时点的近期有较多类似房地产的交易。房地产市场不够活跃或者类似房地产交易较少的地区，难以采用比较法估价。在房地产市场总体上比较活跃的地区，某些情况下比较法也可能不适用，如由于某些原因导致在一段较长时间很少发生房地产交易。运用比较法估价还需要估价人员掌握扎实的估价理论知识，具有丰富的估价经验，对当地房地产市场行情、交易习惯等有较深入的了解，这样才能正确地运用比较法。如果类似房地产交易实例较少，或者房地产市场发育不完善，或者估价人员的专业知识、经验、技能有限，就难以采用比较法估价。

4.1.3 比较法估价的操作步骤

运用比较法估价一般分为以下步骤：①收集交易实例，即收集大量真实成交的房地产信息；②选取可比实例，即从收集的交易实例中选取符合一定条件的交易实例；③建立比较基础，即对可比实例的成交价格进行换算处理，使可比实例成交价格与估价对象价值或价格之间口径一致、相互可比；④进行交易情况修正，即对可比实例的成交价格进行修正，把可比实例中实际可能是非正常的成交价格处理成正常价格；⑤进行市场状况调整，即对可比实例的成交价格进行调整，把可比实例从其市场状况下的价格调整为估价对象市场状况下的价格；⑥进行房地产状况调整，即对可比实例的成交价格进一步调整，把可比实例从其房地产状况下的价格调整为估价对象房地产状况下的价格；⑦计算比较价值，即将多个可比实例的成交价格经过处理得到的比较价值综合为一个比较价值。

4.2 收集交易实例

运用比较法估价，首先必须拥有大量真实、可靠的市场交易实例。交易实例是真实成交的房地产等财产或相关权益及有关信息,包括交易对象基本状况、交易双方基本情况、交易方式、成交日期、成交价格、付款方式、融资条件、交易税费负担、交易目的等。只有拥有了大量的房地产交易实例,并从中选择出符合一定数量和质量要求的可比实例,才能保障评估出的估价对象价值或价格更加准确而不会出现较大误差。因此,估价机构和估价师应努力收集较多的交易实例。

4.2.1 收集交易实例的途径

收集交易实例及相关参考资料的途径主要如下:
(1)走访房地产交易当事人或其四邻,了解其房地产成交价格及有关交易情况。
(2)访问房地产经纪人、律师、注册会计师等,了解成交价格及有关交易情况。
(3)查阅政府有关部门的房地产价格资料,如成交价格资料、交易登记资料、土地使用权的出让资料、基准地价、标定地价和房屋重置价格资料等。
(4)向专业房地产信息机构购买房地产价格资料。
(5)查阅网站、报刊上的房地产出售、出租信息,参加房地产交易展示会,与房地产业主、开发企业、经纪人员等房地产出售人或其代理人洽谈,获取房地产的要价、标价、挂牌价、报价等资料,了解房地产市场价格行情。
(6)同行之间相互提供。估价机构和估价师之间可以建立某种协作关系,相互提供所收集的交易实例和经手的估价案例资料。

4.2.2 收集交易实例的要求

收集到信息真实、准确、完整的交易实例,是提高估价精度的一个基本保障。收集的交易实例信息一般包括以下内容:
(1)交易对象基本状况,如名称、坐落、范围、规模、用途、权属以及土地形状、土地使用期限、建筑物竣工日期、建筑结构、周围环境等。
(2)交易双方基本情况,如卖方和买方的名称及之间的关系等。
(3)交易方式,如买卖、租赁,买卖中又如协议、招标、拍卖、挂牌等。
(4)成交日期。
(5)成交价格,包括总价、单价及计价方式(是按建筑面积计价还是按套内建筑面积、使用面积计价)。
(6)付款方式,如一次性付款、分期付款、贷款方式付款。
(7)融资条件,如首付款比例、贷款利率、贷款期限等。
(8)交易税费负担,如买卖双方是依照规定或按照当地习惯各自缴纳自己应缴纳的税费,还是全部税费由买方负担或由卖方负担等。
(9)交易目的,如卖方为何而卖,买方为何而买,以及是否有急卖或急买等特殊交易情况。

为避免遗漏重要的信息并保证信息统一和规范,最好事先将房地产分为居住、商业、办公、旅馆、餐饮、体育和娱乐、工业、农业等不同类型，分别针对这些类型的房地产将需要收集的信息制成表格。此表格可命名为"房地产交易实例调查表"，收集实例时按表填写。对于交易实例的每项内容，都应查证核实，确保真实可靠。为保证有足够的交易实例可供选用，应当建立房地产交易实例库，将交易实例制作成卡片或存入计算机中，实行分类保存，便于查找和调用。房地产交易实例调查表如表4-1所示。

表 4-1 房地产交易实例调查表

交易对象基本状况	名称				
	坐落				
	范围				
	规模				
	用途				
	权属				
交易基本情况	卖方				
	买方				
	成交日期				
	成交价格	总价		单价	
	付款方式				
交易情况说明					
交易对象状况说明	区位状况说明				
	实物状况说明				
	权益状况说明				
位置示意图		外观图片		其他图片	

调查人员：　　　　　　　调查日期：　　年　　月　　日

4.3 选取可比实例

在比较法中，用来比较的类似房地产是否恰当，直接影响估价对象价格的准确性，因此，估价时应选取适合估价对象的、符合一定要求的可比实例。可比实例是交易实例中交易方式适合估价目的，成交日期接近价值时点、成交价格为正常价格或可修正为正常价格的估价对象的类似房地产。可比实例应从交易实例中选取且不得少于3个，一般在3～5个之间。选取的可比实例应符合下列要求。

1. 可比实例应与估价对象的房地产类似

选取的可比实例房地产应是与估价对象类似的房地产，具体应满足下列要求：

（1）与估价对象的区位相近。具体来说，可比实例与估价对象应处于同一地区，或者处于具有同一供求范围的类似地区。如果估价对象是某个住宅小区内的一套普通商品住房，则选取的可比实例最好也是同一小区内的交易实例；如果同一小区内没有合适的交易实例，则应选取类似小区内的交易实例。

（2）与估价对象的用途相同。房地产大类用途一般分为：①居住房地产；②商业房地产；③办公房地产；④旅馆房地产；⑤工业房地产；⑥农业房地产等。小类用途是在大类基础上再细分，例如居住房地产可细分为普通住宅、高档公寓、豪华别墅等。可比实例与估价对象必须保证在大类用途上相同，若能做到小类用途相同则更好。

（3）与估价对象的规模相当。例如估价对象为一宗土地，则选取的可比实例的土地面积应与该宗土地的面积相差不多，既不能过大也不能过小。选取的可比实例规模一般应在估价对象规模的 0.5～2 范围内，即

$$0.5 \leq \frac{可比实例规模}{估价对象规模} \leq 2$$

（4）与估价对象的建筑结构相同。这里的建筑结构相同主要指大类建筑结构相同。大类建筑结构一般分为：①钢结构；②钢筋混凝土结构；③砖混结构；④砖木结构；⑤简易结构。小类建筑结构是在大类建筑结构的基础上再细分，如砖木结构分为砖木一等、砖木二等。如果可比实例能做到小类建筑结构也相同则更好。

（5）与估价对象的档次相当。档次是指按一定的标准分成的不同等级。例如，宾馆划分为五星级、四星级、三星级等；写字楼划分为甲级、乙级等。这里的档次相当主要指在装饰装修、设备（如电梯、空调、智能化）、周围环境等方面的齐全程度、优劣程度应相当。

（6）与估价对象的权利性质相同。只有交易实例的权利性质与估价对象的权利性质相同才能作为可比实例。例如：估价对象是出让土地使用权的房地产，则应选取出让土地使用权的房地产交易实例，而不应当选取划拨土地使用权的房地产交易实例。

（7）存在形态相同。在选取可比实例时，估价对象为房地的，应选取类似的房地交易实例；估价对象为土地的，应选取类似的土地交易实例；估价对象为建筑物的，应选取类似的建筑物交易实例。如果估价对象为单独的土地或单独的建筑物，但缺少相应的交易实例，却有类似的房地交易实例时，可将此房地交易实例的成交价格予以分解，提取出与估价对象同类型的土地或建筑物的价格，将提取出的部分作为可比实例。

2. 可比实例的成交日期接近价值时点

这里要求的"接近"应视房地产市场状况而定。如果房地产市场较平稳，则较早的交易实例仍然有参考价值，可选为可比实例；但如果房地产市场变化较快，则只有近期发生的交易实例才有说服力，才可选为可比实例。可比实例的成交日期与价值时点相差不宜超过 1 年、不得超过 2 年。

3. 可比实例的交易方式应适合估价目的

房地产的交易方式主要有买卖和租赁等，其中又可分为协议招标、拍卖、挂牌等。如果是为买卖目的估价，则应选取买卖实例为可比实例；如果是为租赁目的估价，则应选取租赁实例为可比实例。在实际估价中，如果为抵押、折价、变卖、房屋征收补偿等目的估价，通常也选取买卖交易实例为可比实例。

4. 可比实例的成交价格为正常价格或可修正为正常价格

所谓正常价格,是指在公开的房地产市场上,交易双方均充分了解市场信息,以平等自愿方式达成的价格。选取可比实例时,应当首选正常价格的交易实例。如果市场上正常交易实例较少,不得不选择非正常交易实例时,也应选取交易情况明了,而且可以修正为正常价格的交易实例作为可比实例。

4.4 建立比较基础

选取可比实例后,应建立比较基础,即对可比实例的成交价格进行标准化处理。标准化处理后的价格、估价对象价值或价格与这些成交价格之间应口径一致、相互可比,为后续的修正和调整建立一个共同的基础。建立比较基础一般包括统一财产范围、统一付款方式、统一融资条件、统一计价单位和统一税费负担等内容。

4.4.1 统一财产范围

统一财产范围,是对可比实例与估价对象的财产范围进行对比,消除因财产范围不同而造成的价格差异。财产范围不同的情况主要有以下几种:

(1)带有债权债务的房地产。例如,估价对象是不带债权债务的房地产,而选取的交易实例或者设立了抵押权,或者拖欠建设工程价款,或者由买方代卖方支付欠缴的水电费、燃气费、通信费、供暖费等,在这种情况下,一般是统一到不带债权债务的房地产范围。可利用以下公式进行换算处理:

$$不带债权债务的房地产价格 = 带有债权债务的房地产价格 - 债权 + 债务$$

(2)含有房地产以外资产的房地产。例如,估价对象是"纯粹"的房地产,选取的交易实例是有附赠家具、家用电器等的房地产。在这种情况下,一般是统一到"纯粹"的房地产范围。可利用以下公式进行换算处理:

$$房地产价格 = 含有房地产以外的资产的价格 - 房地产以外的资产的价值$$

(3)实物范围不同的房地产。例如,估价对象为土地,选取的交易实例是房地交易实例;估价对象是不带车位的公寓,选取的交易实例是带车位的公寓;在这种情况下,一般是统一到估价对象的房地产范围,补充可比实例缺少的实物范围,扣除可比实例多出的实物范围,相应地对可比实例的成交价格进行加价或减价处理。

4.4.2 统一付款方式

统一付款方式,是将可比实例不是在成交日期一次性付清方式下的价格,调整为在成交日期一次性付清方式下的价格。由于房地产的价值量大,有时需要采用分期付款的方式支付成交价格,这便产生名义价格和实际价格。为了便于比较,通常以一次付清的实际价格为基准。如果可比实例的成交价格是分期付款的名义价格,则需要将其折算为一次付清的实际价格。

[**例 4-1**] 某宗房地产的交易总价款为 40 万元,其中首期付款 20%,余款于半年后支付。假设月利率为 0.5%,则将其折算为在成交日期一次付清的价格为

$$40 \times 20\% + \frac{40 \times (1-20\%)}{(1+0.5\%)^6} = 39.06（万元）$$

4.4.3 统一融资条件

统一融资条件是将可比实例放在非常规融资条件下的价格,调整为在正常融资条件下的价格。融资条件的不同,是指首付款比例、贷款利率、贷款期限等的不同。

4.4.4 统一计价单位

统一计价单位,包括统一价格单位、币种、货币单位、面积内涵和计量单位。

（1）统一价格表示单位。为了使可比实例与估价对象之间具有可比性,价格应统一采用单价形式,如单位建筑面积价格、单位体积价格等。

（2）统一币种和货币单位。如果可比实例与估价对象的价格之间存在币种差异,需要换算为同一币种,通常以人民币表示。按照使用习惯,通常采用"元"为货币单位。

（3）统一面积内涵和计量单位。如果房地产价格的面积内涵不同,有的按建筑面积计价,有的按套内建筑面积计价,有的按使用面积计价,应统一为相同的面积内涵,通常换算为建筑面积；如果可比实例与估价对象的计量单位不同,如平方米、公顷、亩、平方英尺、坪等,应统一为相同的计量单位,通常换算为平方米。换算关系如下：

1 公顷 = 10 000 平方米 = 15 亩
1 亩 = 666.67 平方米
1 平方英尺 = 0.092 903 04 平方米
1 坪 = 3.305 79 平方米

[**例 4-2**] 收集到 A、B 两宗交易实例。A 交易实例的建筑面积为 200m^2,成交总价 160 万元人民币,分 3 期付款,首期付 32 万元人民币,第二期于半年后付 64 万元人民币,余款 64 万元人民币于 1 年后付清；B 交易实例的使用面积 2 500 ft^2,成交总价 40 万美元,于成交时一次付清。如果选取此两宗交易实例为可比实例,请建立价格比较基础。

解：建立价格比较基础,通常将可比实例的价格统一到"一次性付款、元人民币/平方米建筑面积"的形式。下面分别对 A、B 实例进行价格换算。

1. 对 A 实例进行价格换算：

（1）将分期付款总额转换为一次性付款总额。假设当时人民币的年利率为 8%,则：

$$A \text{ 总价} = 32 + \frac{64}{(1+8\%)^{0.5}} + \frac{64}{1+8\%}$$
$$= 152.84 \text{（万元）}$$

（2）将总价变为单价：

$$A \text{ 单价} = \frac{152.84 \times 10\,000}{200}$$
$$= 7\,642 \text{（元人民币 / 平方米建筑面积）}$$

2. 对 B 实例进行价格换算：

通过调查得知该类房地产的使用面积占建筑面积的 75%；B 实例成交时的市场汇率为 1 美元等于 6.159 2 元人民币，则

（1）将美元总价换算成人民币总价：

$$B \text{ 总价} = 40 \times 6.159\,2$$
$$= 246.368 \text{（万元）}$$

（2）将面积换算成平方米建筑面积：

$$B \text{ 面积} = \frac{2\,500 \times 0.092\,903\,04}{0.75}$$
$$= 309.68 \text{（平方米建筑面积）}$$

（3）换算成单价：

$$B \text{ 单价} = \frac{246.368 \times 10\,000}{309.68}$$
$$= 7\,955.57 \text{（元人民币 / 平方米建筑面积）}$$

4.4.5 统一税费负担

在房地产交易中需要缴纳一些税费。根据税法及中央和地方政府的有关规定，有的税费应由卖方缴纳，如营业税、城市维护建设税、教育费附加税、所得税、土地增值税；有的税费应由买方缴纳，如契税、补缴出让金；有的税费则由买卖双方缴纳或负担，如印花税、交易手续费。交易税费正常负担下的价格是指在买卖双方各自缴纳自己应缴纳的交易税费下的价格，即在此价格下，卖方缴纳卖方应缴纳的税费，买方缴纳买方应缴纳的税费。统一税费负担是将可比实例在交易税费非正常负担下的价格调整为交易税费正常负担下的价格。调整的公式为

正常负担下的价格 − 应由卖方缴纳的税费 = 卖方实得金额
正常负担下的价格 + 应由买方缴纳的税费 = 买方实付金额
买方实付金额 − 卖方实得金额 = 应由买卖双方缴纳的税费

如果卖方、买方应缴纳的税费是正常负担价格的一定比率，即

应由卖方缴纳的税费 = 正常负担下的价格 × 应由卖方缴纳的税费比率

应由买方缴纳的税费 = 正常负担下的价格 × 应由买方缴纳的税费比率

$$正常负担下的价格 = \frac{卖方实得金额}{1-应由卖方缴纳的税费比率}$$

$$正常负担下的价格 = \frac{买方实付金额}{1+应由买方缴纳的税费比率}$$

[例 4-3] 一宗房地产的正常成交价格为 8 000 元 $/m^2$，卖方应缴纳的税费为正常成交价格的 7%，买方应缴纳的税费为正常成交价格的 5%，则：

$$卖方实得金额 = 8\ 000 - 8\ 000 \times 7\%$$
$$= 7\ 440 (元/m^2)$$
$$买方实付金额 = 8\ 000 + 8\ 000 \times 5\%$$
$$= 8\ 400 (元/m^2)$$

[例 4-4] 某宗房地产交易，买卖双方在合同中写明，买方付给卖方 7 300 元 $/m^2$。据悉，该地区房地产买卖中应由卖方缴纳的税费为正常成交价格的 7%，应由买方缴纳的税费为正常成交价格的 5%。请计算在下列两种情况下该宗房地产交易的正常成交价格：①税费均由买方负担；②税费均由卖方负担。

解： 设正常成交价格为 V，则：

税费均由买方负担的情况下，运用公式：

$$V = \frac{卖方实得金额}{1-应由卖方缴纳的税费比率}$$
$$= \frac{7\ 300}{1-7\%}$$
$$= 7\ 849.46 (元/m^2)$$

税费均由卖方负担的情况下，运用公式：

$$V = \frac{买方实付金额}{1+应由买方缴纳的税费比率}$$
$$= \frac{7\ 300}{1+5\%}$$
$$= 6\ 952.38 (元/m^2)$$

4.5 比较因素的修正与调整

由于比较法是将可比实例与估价对象进行比较、分析进而预测估价对象房地产的市

场价值,因此,比较分析技术是估价的基础。比较分析的关键在于分析、测评影响房地产价值的主要因素,包括交易情况、市场状况和房地产状况等方面。

4.5.1 交易情况修正

交易情况修正是使可比实例的非正常成交价格成为正常价格的处理。由于可比实例的成交价格是实际发生的,成交价格可能是正常的,也可能是不正常的,而要求评估的估价对象价值或价格一般是正常合理的,所以可比实例的成交价格如果是不正常的,就需要对其进行交易情况修正。经过交易情况修正后,就可以将可比实例不正常的价格转换为正常价格。

1. 造成成交价格不正常的因素

造成可比实例成交价格不正常的因素复杂多样,归纳起来主要有以下几方面:

(1)交易双方有利害关系。如亲友之间、公司与其员工之间的房地产交易,成交价格通常低于正常市场价格。

(2)被迫出售或被迫购买的交易。包括急于出售、急于购买的交易,如因还债、出国而急于出售房地产;被强迫出售、被强迫购买的交易,如司法拍卖。被迫出售的成交价格往往偏低,而被迫购买的成交价格往往偏高。

(3)交易当事人对市场行情缺乏了解。如果买方不了解交易对象或市场行情,盲目购买,成交价格往往偏高;如果卖方不了解交易对象或市场,盲目出售,成交价格往往偏低。

(4)交易当事人有特别动机或偏好。如当事人对所买卖的房地产有特别的爱好、感情或动机,这种情况下的成交价格往往是偏高的。

(5)受非理性因素影响的交易,如拍卖、招标等方式容易受现场气氛、情绪的影响往往使成交价格失常。

(6)相邻房地产合并交易。形状不规则或面积、规模过小的房地产如果与相邻房地产合并后,效用通常会增加,所以,相邻房地产合并交易的成交价格往往高于正常市场价格。

有上述特殊交易情况的交易实例一般不宜选为可比实例,但当可供选择的交易实例较少而不得不选用时,则应对其进行交易情况修正。

2. 交易情况修正的方法

交易情况修正的方法主要有金额修正和百分比修正。

(1)金额修正是采用金额对可比实例的成交价格进行交易情况修正,其一般公式为

$$可比实例成交价格 \pm 交易情况修正金额 = 可比实例正常价格$$

(2)百分比修正是采用百分比对可比实例的成交价格进行交易情况修正,其一般公式为

$$可比实例成交价格 \times 交易情况修正系数 = 可比实例正常价格$$

公式中，交易情况修正系数应以正常价格为基准来确定。假设可比实例的成交价格比其正常市场价格高低的百分率为 $\pm S\%$（高时为 $+S\%$；低时为 $-S\%$），则：

$$可比实例正常价格 \times (1 \pm S\%) = 可比实例成交价格$$

故有：

$$可比实例成交价格 \times \frac{1}{1 \pm S\%} = 可比实例正常价格$$

或者：

$$可比实例成交价格 \times \frac{100}{100 \pm S} = 可比实例正常价格$$

上式中，$\frac{1}{1 \pm S\%}$ 或 $\frac{100}{100 \pm S}$ 是交易情况修正系数。如果可比实例的成交价格为 1 100 元 $/m^2$，比其正常价格高 10%，则正常价格应为 1 100÷（1+10%）=1 000（元 $/m^2$）。

[例 4-5] 为评估某写字楼的正常市场价格，在该写字楼附近地区调查选取了甲、乙、丙三宗类似的写字楼交易实例作为可比实例。其中甲实例的成交价格为 7 000 元 /m^2，该交易是亲友之间的交易，成交价格比正常成交价格低 2%；乙实例的成交价格为 7 800 元人民币 /m^2，该交易是邻近房地产合并交易，成交价格比正常成交价格高 5%；丙实例的成交价格为 7 200 元人民币 /m^2，交易情况正常。请计算三个交易实例修正后的正常市场价格。

解：设三个可比实例的正常市场价格分别为 $V_甲$、$V_乙$ 和 $V_丙$，利用公式：

$$可比实例的成交价格 \times 交易情况修正系数 = 可比实例正常市场价格$$

得出：

$$V_甲 = 7\,000 \times \frac{100}{100-2} = 7\,142.86 （元 /m^2）$$

$$V_乙 = 7\,800 \times \frac{100}{100+5} = 7\,428.57 （元 /m^2）$$

$$V_丙 = 7\,200 \times \frac{100}{100} = 7\,200 （元 /m^2）$$

4.5.2 市场状况调整

市场状况调整也被称为交易日期调整，是使可比实例在其成交日期的价格成为在价值时点的价格的处理。经过市场状况调整后，就将可比实例在其成交日期时的价格转换为在价值时点的价格。

市场状况调整通常采用百分比调整，一般公式为

可比实例在成交日期的价格 × 市场状况调整系数 = 可比实例在价值时点的价格

上式中，市场状况调整系数应以成交日期时的价格为基准来确定。假设从成交日期到价值时点，可比实例价格涨跌的百分率为 ±T%（上涨为 +T%；下跌为 −T%），则：

可比实例在成交日期的价格 ×（1±T%）= 可比实例在价值时点的价格

上式中，（1±T%）是市场状况调整系数。

市场状况调整的具体方法，主要有价格指数法和价格变动率法，如图 4-1 所示。可采用当地同类房地产的价格指数或价格变动率，价格指数或价格变动率的来源应真实、可靠。

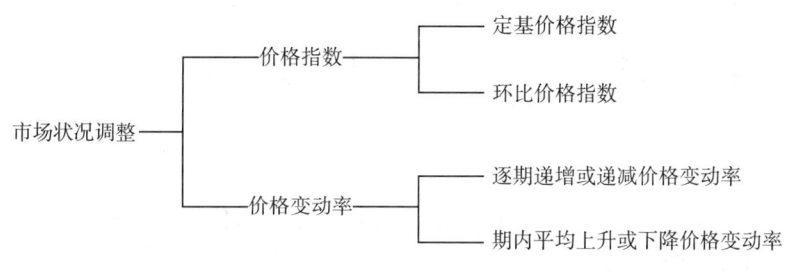

图 4-1　市场状况调整的方法

1. 价格指数法

价格指数有定基价格指数和环比价格指数，二者的主要区别在于选择基期的不同：定基价格指数以某个固定时期作为基期，而环比价格指数以上一个时期为基期。定基价格指数和环比价格指数的编制原理如表 4-2 所示。

表 4-2　价格指数编制原理

时间	价格	定基价格指数	环比价格指数
1	p_1	p_1/p_1	p_1/p_0
2	p_2	p_2/p_1	p_2/p_1
⋮	⋮	⋮	⋮
$n-1$	p_{n-1}	p_{n-1}/p_1	p_{n-1}/p_{n-2}
n	p_n	p_n/p_1	p_n/p_{n-1}

（1）采用定基价格指数进行市场状况调整的公式为

可比实例在成交日期的价格 × $\dfrac{价值时点的定基价格指数}{成交日期的定基价格指数}$ = 可比实例在价值时点的价格

[例 4-6] 某地区某类房地产 2021 年 4 月 1 日至 10 月 1 日的市场价格指数分别为 110.6、110.0、109.7、109.5、108.9、108.5、108.3（以 2020 年 1 月 1 日为 100）。某宗房地产在 2021 年 6 月 1 日的价格为 7 600 元 /m²，对其市场状况进行调整，调整到 2021 年 10 月 1 日的价格为

$$7\,600 \times \frac{108.3}{109.7} = 7\,503\,(元/m^2)$$

（2）采用环比价格指数进行市场状况调整的公式为

可比实例在成交日期的价格 × 成交日期的下一时期的环比价格指数 × 再下一时期的环比价格指数 ×⋯× 价值时点的环比价格指数 = 可比实例在价值时点的价格

[例4-7] 某地区某类房地产2021年4月1日至10月1日的价格指数分别为99.6、98.7、97.5、98.0、99.2、101.5、101.8（均以上个月为100）。某宗房地产在2021年6月1日的价格为5 000元/m²，对其进行市场状况调整，调整到2021年10月1日的价格为

$$5\,000 \times \frac{98.0}{100} \times \frac{99.2}{100} \times \frac{101.5}{100} \times \frac{101.8}{100} = 5\,022.52\,(元/m^2)$$

2. 价格变动率法

房地产价格变动率有两种，一种是逐期递增或递减的价格变动率，另一种是期内平均上升或下降的价格变动率。

（1）采用逐期递增或递减的价格变动率进行市场状况调整的公式为

可比实例在成交日期的价格 × (1± 价格变动率)^{期数} = 可比实例在价值时点的价格

[例4-8] 评估某宗房地产2021年9月1日的价格，选取了下列可比实例：成交价格6 000元/m²，成交日期为2021年3月1日。据调查获知，该类房地产价格在2021年3月1日至2021年9月1日期间平均每月比上月上涨1.5%。对该可比实例进行市场状况调整，调整到2021年9月1日的价格为

$$6\,000 \times (1+1.5\%)^6 = 6\,560.66\,(元/m^2)$$

（2）采用期内平均上升或下降的价格变动率进行市场状况调整的公式为

可比实例在成交日期的价格 × (1± 价格变动率 × 期数) = 可比实例在价值时点的价格

[例4-9] 评估某宗房地产2021年9月1日的价格，选取了下列可比实例：成交价格6 000元/m²，成交日期2021年3月1日。据调查获知，该类房地产价格自2021年1月1日以来平均每月上涨1.5%。对该可比实例进行市场状况调整，调整到2021年9月1日的价格为

$$6\,000 \times (1+1.5\% \times 6) = 6\,540\,(元/m^2)$$

[例4-10] 某宗可比实例房地产2021年1月30日的价格为1 000美元/m²，自2021年1月1日以来，该类房地产以人民币为基准的价格变动，平均每月比上月上涨0.2%。假设人民币与美元的市场汇率2021年1月30日为1美元=6.839 196 8元人民币，2021年

9月30日为1美元=6.829 0元人民币。对该可比实例进行市场状况调整，调整到2021年9月30日的价格为

$$1\,000 \times 6.839\,196\,8 \times (1+0.2\%)^8 = 6\,949.39 \text{（元人民币/m}^2\text{）}$$

[例4-11] 某宗可比实例房地产2021年1月30日的价格为1 000美元/m²，该类房地产以美元为基准的价格变动，平均每月比上月下降0.5%。假设人民币与美元的市场汇率2021年1月30日为1美元=6.839 196 8元人民币，2021年9月30日为1美元=6.829 0元人民币。将该可比实例的价格调整到2021年9月30日的价格为

$$1\,000 \times (1-0.5\%)^8 \times 6.829\,0 = 6\,560.57 \text{（元人民币/m}^2\text{）}$$

[例4-12] 为评估某写字楼2021年10月1日的正常市场价格，在该写字楼附近地区调查选取了甲、乙、丙三宗类似的写字楼交易实例作为可比实例，其成交价格和成交日期如表4-3所示。

表4-3 可比实例成交价格及成交日期

	可比实例甲	可比实例乙	可比实例丙
成交价格	7 000元/m²	7 800元/m²	7 200元/m²
成交日期	2021年1月1日	2021年7月1日	2021年5月1日

经调查得知该类写字楼的市场价格从2021年1月1日至2021年10月1日平均每月比上月上涨0.5%。请将甲、乙、丙三个可比实例在其成交日期的价格调整到价值时点，即2021年10月1日。

解： 采用逐期递增递减的价格变动率进行市场状况调整，公式为

可比实例在成交日期的价格 × (1± 价格变动率)^期数 = 可比实例在价值时点的价格

得出：

$$V_\text{甲} = 7\,000 \times (1+0.5\%)^9 = 7\,321.37 \text{（元/m}^2\text{）}$$
$$V_\text{乙} = 7\,800 \times (1+0.5\%)^3 = 7\,917.59 \text{（元/m}^2\text{）}$$
$$V_\text{丙} = 7\,200 \times (1+0.5\%)^5 = 7\,381.81 \text{（元/m}^2\text{）}$$

值得注意的是，用于市场状况调整的价格指数或价格变动率，应为当地同类房地产的价格指数或价格变动率，而不是一般物价的价格指数或价格变动率，并且所选用的价格指数或价格变动率的来源应真实、可靠。

4.5.3 房地产状况调整

房地产状况调整是使可比实例在自身状况下的价格成为在估价对象状况下的价格的处理。由于房地产价值和价格还取决于其自身状况的优劣，所以需要先将可比实例状况与估价对象状况进行比较，如果二者有所不同，还需要对可比实例成交价格进行房地产

状况调整,减少因可比实例与估价对象状况不同而造成的价格差异。经过房地产状况调整后,将可比实例房地产价格转变成了在估价对象房地产状况下的价格。

1. 房地产状况调整的内容

房地产状况调整包括区位状况调整、实物状况调整和权益状况调整。

(1)区位状况调整。区位状况调整是将可比实例在自身区位状况下的价格调整为在估价对象区位状况下的价格。调整的内容包括位置、交通条件、周围环境和景观、外部配套设施等影响房地产价格的区位因素。单套住宅的区位状况调整内容还应包括所处楼幢、楼层和朝向。

(2)实物状况调整。实物状况调整是将可比实例在自身实物状况下的价格调整为在估价对象实物状况下的价格。调整的内容包括面积、形状、地形、地势、地质条件、开发程度等影响房地产价格的因素。建筑物实物状况调整的内容包括建筑规模、建筑结构、设施设备、装饰装修、空间布局、建筑功能、外观、新旧程度等影响房地产价格的因素。

(3)权益状况调整。权益状况调整是将可比实例在自身权益状况下的价格调整为在估价对象权益状况下的价格。调整的内容包括规划条件(如容积率)、土地使用期限、共有情况、用益物权设立情况、担保物设立情况、租赁或占用情况、拖欠税费情况、查封等形式限制权利情况、权属清晰情况等影响房地产价格的因素。

2. 房地产状况调整的思路和步骤

房地产状况调整的基本思路是:以估价对象状况为基准,将可比实例状况与估价对象状况进行直接比较;或者设定一种"标准房地产",以该标准房地产状况为基准,将可比实例状况与估价对象状况进行间接比较。如果可比实例状况优于估价对象状况,则对可比实例的成交价格进行减价调整;反之,如果可比实例状况劣于估价对象状况,则对可比实例的成交价格进行加价调整。

房地产状况调整的一般步骤如下:①确定对估价对象价格有影响的各种比较因素,包括区位因素、实物因素和权益因素;②将可比实例与估价对象的比较因素逐项进行比较,找出它们之间的差异程度;③将可比实例状况与估价对象状况之间的差异程度转换为价格差异程度;④根据价格差异程度对可比实例的成交价格进行调整。

3. 房地产状况调整的方法

房地产状况调整的方法主要有金额调整和百分比调整。

(1)金额调整是采用金额对可比实例成交价格进行房地产状况调整,基本公式为

可比实例在自身状况下的价格 ± 房地产状况调整金额 = 可比实例在估价对象状况下的价格

(2)百分比调整是采用百分比对可比实例成交价格进行的调整,一般公式为

可比实例在自身状况下的价格 × 房地产状况调整系数 = 可比实例在估价对象状况下的价格

上式中,房地产状况调整系数应以估价对象的房地产状况为基准来确定。假设可比实例在其房地产状况下的价格比在估价对象房地产状况下的价格高低的百分率为 $\pm R\%$

(高时为 +R%，低时为 −R%)，则公式为

$$可比实例在自身状况下的价格 \times \frac{1}{1 \pm R\%} = 可比实例在估价对象状况下的价格$$

或者

$$可比实例在自身状况下的价格 \times \frac{100}{100 \pm R} = 可比实例在估价对象状况下的价格$$

上式中，$\frac{1}{1 \pm R\%}$ 或 $\frac{100}{100 \pm R}$ 是房地产状况调整系数。

百分比调整又具体分为直接比较调整与间接比较调整。

1) 直接比较调整：以估价对象状况为基准，将可比实例与估价对象进行比较，根据其间的差异对可比实例成交价格进行的调整。直接比较调整的表达式为

$$可比实例在自身状况下的价格 \times \frac{100}{(\quad)} = 可比实例在估价对象状况下的价格$$

上式括号内应填写的数字，为可比实例房地产状况相对于估价对象房地产状况所得的分数。

2) 间接比较调整：选定或设定标准房地产，将估价对象状况和可比实例状况分别与标准房地产状况进行比较，根据其间的差异对可比实例成交价格进行的调整。间接比较调整的表达式为

$$可比实例在自身状况下的价格 \times \frac{100}{(\quad)} \times \frac{(\quad)}{100} = 可比实例在估价对象状况下的价格$$

上式中，$\frac{100}{(\quad)}$ 为标准化调整系数，分母括号内的数字，为可比实例相对于标准房地产的得分；$\frac{(\quad)}{100}$ 为房地产状况调整系数，分子括号内的数字，为估价对象相对于标准房地产的得分。

直接比较调整与间接比较调整的区别见表 4-4。

表 4-4 房地产状况比较表

房地产状况		因素 1	因素 2	因素 3	…	因素 n	综合
权重		f_1	f_2	f_3	…	f_n	1
间接法	标准状况	100	100	100	…	100	100
	估价对象						
直接法	估价对象	100	100	100	…	100	100
可比实例 A							
可比实例 B							
可比实例 C							

[**例 4-13**] 为评估某写字楼的正常市场价格,在该写字楼附近地区调查选取了甲、乙、丙三宗类似的写字楼交易实例作为可比实例,其成交价格及房地产状况如表 4-5 所示。

表 4-5 可比实例成交价格及房地产状况

	可比实例甲	可比实例乙	可比实例丙
成交价格	7 000 元 /m²	7 800 元 /m²	7 200 元 /m²
房地产状况	−7%	+2%	−4%

表中房地产状况正(负)值表示可比实例的房地产状况优(劣)于估价对象的房地产状况而导致的价格差异幅度。请将三宗可比实例的价格调整为在估价对象房地产状况下的价格。

解:采用直接法进行房地产状况调整,公式为

$$可比实例在自身状况下的价格 \times \frac{100}{(\quad)} = 可比实例在估价对象状况下的价格$$

得出:

$$V_{甲} = 7\ 000 \times \frac{100}{100-7} = 7\ 526.88\ (元/m^2)$$

$$V_{乙} = 7\ 800 \times \frac{100}{100+2} = 7\ 647.06\ (元/m^2)$$

$$V_{丙} = 7\ 200 \times \frac{100}{100-4} = 7\ 500\ (元/m^2)$$

此外,房地产状况调整方法还有总价调整、单价调整、加法调整和减法调整等,在实际估价中,通常要根据估价对象和可比实例的具体情况,采用适用的方法予以调整。

[**例 4-14**] 估价对象是一套旧住宅,该住宅位于一幢 20 世纪 90 年代建造、砖混结构、无电梯、总层数为 6 层的住宅楼的 4 层。为评估该住宅的价值,我们选取了甲、乙、丙三个可比实例。其中,甲可比实例位于一幢同类 6 层住宅楼的 5 层,成交价格为 5 800 元 /m²;乙可比实例位于一幢同类 5 层住宅楼的 4 层,成交价格为 6 200 元 /m²;丙可比实例位于一幢同类 5 层住宅楼的 5 层,成交价格为 5 400 元 /m²。假设通过对估价对象所在地同类 5 层、6 层住宅楼中的住宅成交价格进行大量调查及统计分析,得到以一层为基准的不同楼层住宅市场价格差异系数,如表 4-6 所示,并得到 6 层住宅楼的一层住宅市场价格为 5 层住宅楼的一层住宅市场价格的 98%。请对三个可比实例的成交价格进行楼层调整。

表 4-6 5 层、6 层普通住宅楼不同楼层的市场价格差异系数

楼层	5 层住宅楼	6 层住宅楼
1	100%(0%)	100%(0%)
2	105%(5%)	105%(5%)

(续)

楼层	5层住宅楼	6层住宅楼
3	110%（10%）	110%（10%）
4	105%（5%）	110%（10%）
5	95%（-5%）	100%（0%）
6		90%（-10%）

解：对可比实例的成交价格进行楼层调整如下：

$$V_{甲} = 5\,800 \times \frac{110\%}{100\%}$$
$$= 6\,380.00（元/m^2）$$

$$V_{乙} = 6\,200 \times \frac{110\%}{105\%} \times \frac{98\%}{100\%}$$
$$= 6\,365.33（元/m^2）$$

$$V_{丙} = 5\,400 \times \frac{110\%}{95\%} \times \frac{98\%}{100\%}$$
$$= 6\,127.58（元/m^2）$$

4.6 计算比较价值

4.6.1 计算单个可比实例的比较价值

由上述内容可知，比较法估价需要进行交易情况、市场状况、房地产状况三方面的修正和调整。经过交易情况修正，把可比实例非正常的成交价格修正为正常市场价格；经过市场状况调整，把可比实例在其成交日期的价格调整为在价值时点的价格；经过房地产状况调整，把可比实例在其自身状况下的价格调整为在估价对象房地产状况下的价格。经过这三大方面的修正和调整之后，就把可比实例的成交价格转换成了估价对象的价值或价格。将上述三大方面的修正和调整综合在一起，就形成了下列综合公式。

1. 金额修正与调整下的公式

比较价值 = 可比实例成交价格 ± 交易情况修正金额 ± 市场状况调整金额 ± 房地产状况调整金额

2. 百分比修正与调整下的加法公式

比较价值 = 可比实例成交价格×(1+交易情况修正系数+
市场状况调整系数+房地产状况调整系数)

3. 百分比修正与调整下的乘法公式

比较价值 = 可比实例成交价格×交易情况修正系数×市场状况调整系数×
房地产状况调整系数

百分比修正与调整下的乘法公式分为直接比较修正与调整和间接比较修正与调整两种公式。

（1）直接比较修正与调整公式：

比较价值 = 可比实例成交价格 × 交易情况修正系数 × 市场状况调整系数 × 房地产状况调整系数

$$= 可比实例成交价格 \times \frac{100}{(\ )} \times \frac{(\ )}{100} \times \frac{100}{(\ )}$$

$$= 可比实例成交价格 \times \frac{正常价格}{实际成交价格} \times \frac{价值时点价格}{成交日期价格} \times \frac{对象状况价格}{实例状况价格}$$

上式中，交易情况修正系数的分子为100，表示以正常价格为基准；市场状况调整系数的分母为100，表示以成交日期时的价格为基准；房地产状况调整系数的分子为100，表示以估价对象的房地产状况为基准。

（2）间接比较修正与调整公式：

比较价值 = 可比实例成交价格 × 交易情况修正系数 × 市场状况调整系数 × 标准化调整系数 × 房地产状况调整系数

$$= 可比实例成交价格 \times \frac{100}{(\ )} \times \frac{(\ )}{100} \times \frac{100}{(\ )} \times \frac{(\ )}{100}$$

$$= 可比实例成交价格 \times \frac{正常价格}{实际成交价格} \times \frac{价值时点价格}{成交日期价格} \times \frac{标准状况价格}{实例状况价格} \times \frac{对象状况价格}{标准状况价格}$$

上式中，标准化调整系数的分子为100，表示以标准房地产的状况为基准，分母是可比实例房地产相对于标准房地产所得的分数；房地产状况调整系数的分母为100，表示以标准房地产的状况为基准，分子是估价对象房地产相对于标准房地产所得的分数。

4.6.2 计算最终的比较价值

每个可比实例的成交价格经过上述各项修正、调整之后，得出相应的比较价值，最后将这些比较价值综合处理成一个最终的比较价值，作为比较法的最终测算结果。综合处理的方法有下列4种。

1. 求取平均数

求取平均数可以取简单算术平均数和加权算术平均数。如有三个可比实例的比较价值分别为 8 200 元/m^2、8 600 元/m^2 和 9 300 元/m^2，如果采用简单算术平均数得出的价格为（8 200 + 8 600 + 9 300）÷ 3 = 8 700 元/m^2；如果赋予三个价格的权数分别为 0.5、

0.3、0.2，则采用加权算术平均数得出的价格为 8 200×0.5 + 8 600×0.3 + 9 300×0.2= 8 540 元 / m²。

2. 求取中位数

求取中位数是把修正、调整出的各个价格按照高、低顺序排列，当项数为奇数时，位于中间位置的价格为中位数；当项数为偶数时，位于中间位置的两个价格的简单算术平均数为中位数。例如一组价格为 6 600、6 650、6 800、6 860、7 950，则其中位数为 6 800；一组价格为 6 200、6 300、6 400、6 600、6 750、6 800，则其中位数为（6 400 + 6 600）÷ 2 = 6 500。

3. 求取众数

众数是一组数值中出现频数最多的数值。例如一组价格为 7 200、7 600、7 300、7 600、7 300、7 600，则其众数为 7 600。

4. 其他方法

还可以采用其他的方法将多个价格综合成一个最终价格，如分别去掉一个最高价格和一个最低价格，将余下的价格求取简单算术平均数。

[**例 4-15**] 为评估某写字楼 2021 年 10 月 1 日的市场价值，在该写字楼附近地区调查选取了甲、乙、丙三宗类似的写字楼交易实例作为可比实例。经过分析判断，将有关比较因素资料整理，如表 4-7 所示。

表 4-7　可比实例价格修正和调整

	可比实例甲	可比实例乙	可比实例丙
成交价格	7 000 元 /m²	7 800 元 /m²	7 200 元 /m²
成交日期	2021 年 1 月 1 日	2021 年 7 月 1 日	2021 年 5 月 1 日
交易情况	−2%	+5%	0
房地产状况	−7%	+2%	−4%

表中交易情况正（负）值表示可比实例的成交价格高（低）于正常市场价格的幅度；房地产状况正（负）值表示可比实例的房地产状况优（劣）于估价对象的房地产状况而导致的价格差异幅度。该类写字楼的市场价格从 2021 年 1 月 1 日至 2021 年 10 月 1 日平均每月比上月上升 0.5%。请测算该写字楼 2021 年 10 月 1 日的市场价值。

解：（1）设三个可比实例的比较价值分别为 $V_甲$、$V_乙$ 和 $V_丙$，利用公式：

比较价值 = 可比实例成交价格 × 交易情况修正系数 × 市场状况调整系数 × 房地产状况调整系数

得出：

$$V_甲 = 7\ 000 \times \frac{100}{100-2} \times (1+0.5\%)^9 \times \frac{100}{100-7} = 8\ 033.11\ (元 / m^2)$$

$$V_{\text{乙}}=7\,800\times\frac{100}{100+5}\times(1+0.5\%)^3\times\frac{100}{100+2}=7\,392.70\,（元/m^2）$$

$$V_{\text{丙}}=7\,200\times\frac{100}{100}\times(1+0.5\%)^5\times\frac{100}{100-4}=7\,689.38\,（元/m^2）$$

（2）求取上述三个比较价值的简单算术平均数作为估价对象的市场价值：

估价对象市场价值（单价）=（8 033.11+7 392.70+7 689.38）÷3=7 705.06（元/m²）

[例 4-16] 为评估某商品住宅 2021 年 10 月 30 日的市场价值，在该住宅附近调查选取了 A、B、C 三宗类似住宅的交易实例作为可比实例，有关资料如下：

（1）可比实例的成交价格和成交日期如表 4-8 所示。

表 4-8　可比实例成交价格及成交日期

	可比实例 A	可比实例 B	可比实例 C
成交价格	8 700 元/m²	9 200 元/m²	8 500 元/m²
成交日期	2021 年 5 月 30 日	2021 年 8 月 30 日	2021 年 9 月 30 日

（2）交易情况的分析判断结果如表 4-9 所示（以正常价格为基准，正值表示成交价格高于其正常价格的幅度，负值表示成交价格低于其正常价格的幅度）。

表 4-9　可比实例交易情况分析判断结果

	可比实例 A	可比实例 B	可比实例 C
交易情况	-2%	0	+1%

（3）该类住宅 2021 年 4 月至 10 月的定基价格指数如表 4-10 所示。

表 4-10　同类房地产价格变动情况

价格指数	月份						
	4	5	6	7	8	9	10
	100	92.4	98.3	98.6	100.3	109.0	106.8

（4）房地产状况的比较判断结果如表 4-11 所示。

表 4-11　房地产状况的比较判断结果

房地产状况	权重	估价对象	可比实例 A	可比实例 B	可比实例 C
区位状况	0.5	100	110	100	90
实物状况	0.3	100	100	110	100
权益状况	0.2	100	100	100	95

请利用上述资料测算该商品住宅 2021 年 10 月 30 日的市场价值。

解：（1）求取可比实例 A、B、C 的比较价值（单价）：

比较价值 = 可比实例成交价格 × 交易情况修正系数 × 市场状况调整系数 × 房地产状况调整系数

得出：

$$V_A = 8\,700 \times \frac{100}{100-2} \times \frac{106.8}{92.4} \times \frac{100}{110 \times 0.5 + 100 \times 0.3 + 100 \times 0.2}$$
$$= 9\,772.44\,(元/m^2)$$

$$V_B = 9\,200 \times \frac{100}{100} \times \frac{106.8}{100.3} \times \frac{100}{100 \times 0.5 + 110 \times 0.3 + 100 \times 0.2}$$
$$= 9\,510.88\,(元/m^2)$$

$$V_C = 8\,500 \times \frac{100}{101} \times \frac{106.8}{109.0} \times \frac{100}{90 \times 0.5 + 100 \times 0.3 + 95 \times 0.2}$$
$$= 8\,772.32\,(元/m^2)$$

（2）求取三个比较价值的简单算术平均数作为估价对象的市场价值：

$$估价对象的市场价值（单价）= (9\,772.44 + 9\,510.88 + 8\,772.32) \div 3$$
$$= 9\,351.88\,(元/m^2)$$

4.7 比较法应用举例

估价对象是位于××市××区××路××号的××在建商住大厦，地下2层车库，地上31层，地上在建商住楼已基本竣工，目前在装饰改造中。土地性质为出让，土地面积为2 404m²，用途为商住，土地使用权剩余年限为58.2年；估价对象于2016年基本完成主体工程，可销售住宅建筑面积为17 093.818 9m²，后停工至今，现处于装饰装修改造中，计划2021年6月建成并交付使用。需要评估该在建工程于2021年1月12日的住宅市场价值。估价过程如下：

（1）选择估价方法。鉴于估价对象所在地区房地产市场发育充分，区域内类似房地产的市场交易案例较多，所以选用比较法进行估价。

（2）选取可比实例。针对估价对象的功能及特点，对与估价对象在同一区域内的类似住宅进行了市场调查和比较分析，从中选取了三个可比实例，详见表4-12。

表4-12 可比实例情况分析

比较因素		估价对象	实例A	实例B	实例C
坐落位置		××区××路××号	××区××路××街	××区××中路	××区××路
楼盘名称		文富大厦	德雅轩	东越雅居	幸福立方
价格内涵	楼面均价	—	18 200	20 000	21 000
	单位	元/m²	元/m²	元/m²	元/m²
	付款方式	正常	正常	正常	正常
交易情况	交易情况	—	正常	正常	正常
	类型	一手房	一手房	一手房	一手房
市场状况	交易日期	2021年1月12日	2020年12月	2021年1月	2021年1月

(续)

比较因素		估价对象	实例 A	实例 B	实例 C
区域状况说明	区域繁华程度	区域繁华程度较高	区域繁华程度较估价对象差	区域繁华程度与估价对象相当	区域繁华程度与估价对象相当
	交通便捷程度	临大路，交通较便捷较好	临小路，交通较估价对象差	临大路，交通与估价对象相当	临大路，交通与估价对象相当
	公共设施配套完善程度	周边各项配套完善	周边各项配套完善	周边各项配套完善	周边各项配套完善
	区域环境	区域环境较好	较估价对象稍差	较估价对象差	与估价对象相当
	城市规划	居住、商业区	居住、商业区	居住、商业区	居住、商业区
权益状况说明	用途	住宅	住宅	住宅	住宅
	使用年限	停工多年，剩余53.10年	新房，高于估价对象	新房，高于估价对象	停工多年，与估价对象相当
	房产类型	商品房	商品房	商品房	商品房
实物状况说明	楼盘形象	曾停工多年，楼盘形象一般	楼盘形象较估价对象稍好	楼盘形象较估价对象稍好	曾停工多年，楼盘形象一般
	有无电梯	带电梯	带电梯	带电梯	带电梯
	景观	可望江景，景观较好	景观较差	景观较估价对象略差	景观较估价对象略差
	装修	毛坯	带中档装修	带中档装修	带中档装修
	布局户型	房型不规整，整体布局一般	房型规整，整体布局较估价对象好	房型规整，整体布局较估价对象好	房型规整，整体布局较估价对象好
	朝向及采光通风	采光率高，通风好	采光通风受限，采光通风差	采光通风较估价对象略差	采光通风较估价对象稍差
	噪声	临××路，噪声较小	临内街，噪声较小	临××高架，噪声较大	临××路，噪声较小

（3）编制比较因素条件指数表。根据估价对象和可比实例各种因素具体情况，编制比较因素条件指数表，详见表 4-13。

表 4-13　比较因素条件指数表

比较因素			估价对象	实例 A	实例 B	实例 C
成交价格（元/m²）			—	18 200	20 000	21 000
交易情况		交易情况	100	100	100	100
		类型	100	100	100	100
市场状况			100	100	100	100
区域状况		区域繁华程度	100	97	100	100
		交通便捷程度	100	98	100	100
		公共设施配套完善程度	100	100	100	100
		区域环境	100	99	98	100
		城市规划	100	100	100	100
		小计	100	94	98	100

(续)

	比较因素	估价对象	实例A	实例B	实例C
权益状况说明	用途	100	100	100	100
	使用年限	100	101	101	100
	房产类型	100	100	100	100
	小计	100	101	101	100
实物状况	楼盘形象	100	101	101	100
	有无电梯	100	100	100	100
	景观	100	96	97	97
	装修	100	104	104	104
	布局户型	100	101	101	101
	朝向及采光通风	100	97	98	99
	噪声	100	100	98	100
	小计	100	99	99	101

注：比较因素条件指数中"小计"的计算方法，以实物状况为例：A 指数 =100+（1-4+4+1-3）= 99，B 指数 =100+（1-3+4+1-2-2）= 99，C 指数 =100+（-3+4+1-1）=101。

（4）比较因素修正系数确定。比较因素修正系数确定详见表 4-14。

表 4-14 比较因素修正系数表

比较因素		实例A	实例B	实例C
成交价格（元 / m²）		18 200	20 000	21 000
交易情况	交易情况	100/100	100/100	100/100
	类型	100/100	100/100	100/100
市场状况调整系数		100/100	100/100	100/100
区域状况调整系数		100/94	100/98	100/100
权益状况调整系数		100/101	100/101	100/100
实物状况调整系数		100/99	100/99	100/101
比较价值（元 / m²）		19 364	20 410	20 792

（5）求取修正后的比较价值。经过比较分析，认为三个比较价值修正后的结果较符合客观情况，故以三者的算术平均数确定为估价对象的市场价值：

估价对象的市场价值（单价）=（19 364+20 410+20 792）÷ 3
= 20 189（元 / m²）(取整)

估价对象总价 = 17 093.818 9 × 20 189 = 34 510.711（万元）

本章小结

本章阐述了比较法的基本原理及具体的估价方法。比较法是根据与估价对象相似的房地产的成交价格来求取估价对象价值或价格的方法，其理论依据是替代原理。运用比较法估价时，首先要从现实房地产市场中收集大量交易实例。其次，从收集的针对估价对象、估价目的的交易实例中选取一定数量、符合一定条件的可比实例。然后，对这些可比实例的成交价格进行换算、修正和调整。换算就是建立价格可比基础，把各个可比实例的成交价格处理成口径一致、相互可比的价格；修正是指交易情况修正，调整是指市场状况调整和房地产状况调整。经过修正调整，将可比实例房地产价格转变成正常情况下的、在价值时点的、在估价对象房地产状况下的价格。常用的百分比修正与调整公式为

$$\text{比较价值} = \text{可比实例成交价格} \times \text{交易情况修正系数} \times \text{市场状况调整系数} \times \text{房地产状况调整系数}$$

最后，采用平均数、中位数等方法，把经过处理得到的多个比较价值综合成一个比较价值，即测算出了估价对象的价值或价格。

实训题

1. 收集房地产交易实例，填写交易实例调查表。
2. 以组为单位，选取学校附近某一宗房地产，运用比较法测算其市场价值。

模拟试题

一、单项选择题

1. 下列哪一种情况会导致房地产的价格偏高（　　）。
   A. 政府协议出让土地　　　　　　　B. 购买相邻房地产
   C. 卖方不了解行情　　　　　　　　D. 设立抵押的房地产

*2. 在比较法选择可比实例的过程中，可比实例的规模应与估价对象的规模相当，选取的可比实例规模一般应在估价对象规模的（　　）范围之内。
   A. 0.5～2.0　　　B. 1.5～2.0　　　C. 0.5～1.5　　　D. 1.0～1.5

*3. 在某宗房地产估价中，三个可比实例房地产对应的比准单价分别是 6 800 元/m²、6 700/m² 和 6 300 元/m²，根据可比性综合评估得到的三个可比实例对应的比准单价的权重分别是 0.3、0.5 和 0.2。如果分别采用加权算术平均法和中位数法测算最终的比准单价，则前者与后者的差值是（　　）元/m²。
   A. -100　　　B. -50　　　C. 50　　　D. 100

4. 可比实例房地产所处地区与估价对象房地产所处的地区应该相同或是（　　）。
   A. 同处于一个公平竞争的地区　　　B. 同处于一个市场经济比较发达的地区
   C. 同处在同一供求范围内的类似地区　D. 一同处于一个经济发展比较稳定的地区

*5. 某宗房地产交易，买卖双方约定：买方付给卖方 2 385 元/m²，买卖中涉及的税费均由买方负担。据悉，该地区房地产买卖中应由卖方缴纳的税费为正常成交价格的 6.8%，应由买方缴纳的税费为正常成交价格的 3.9%。若买卖双方又重新约定买卖中涉及的税费改由卖方负担，并在原价格基础上相应调整买方付给卖方的价格，则调整后买方应付给卖方的价格约为（　　）元/m²。
   A. 2 139　　　B. 2 146　　　C. 2 651　　　D. 2 659

*6. 某房地产在2021年3月的价格为2 009元/m²，现要调整为2021年9月的价格。已知该类房地产2021年3月至9月的价格指数分别为：99.4、94.8、96.6、105.1、109.3、112.7和118.3（均以上月为基数100），则该房地产2021年9月的价格为（   ）元/m²。
   A. 2 700.8   B. 2 800.1   C. 2 800.8   D. 2 817.7

*7. 现需评估某宗房地产2021年10月末的价格，选取的可比实例成交价格为2 500元/m²，成交日期为2021年1月末，该类地产自2020年7月末至2021年6月末每月价格递增1%，2021年6月末至2021年10月末平均每月比上月价格上涨20元/m²。该可比实例在2021年10月末的价格为（   ）。
   A. 2 648元/m²   B. 2 688元/m²   C. 2 708元/m²   D. 2 734元/m²

*8. 在比较法中，对房地产状况进行间接比较调整，其中可比实例的房地产状况优于标准房地产状况，得102分；估价对象的房地产状况劣于标准房地产状况，得97分，则房地产状况修正系数为（   ）。
   A. 0.95   B. 0.99   C. 1.01   D. 1.05

9. 假如可比实例房地产与估价对象房地产本身有若干差异，则在评估时，在进行交易情况修正和市场状况调整后，还需要进行关于（   ）的调整。
   A. 市场状况   B. 经济状况   C. 物价状况   D. 房地产状况

*10. 某套住宅建筑面积为100m²，套内建筑面积为92m²，使用面积为80m²，使用面积的价格为3 000元/m²，则该住宅建筑面积的价格为（   ）元/m²。
   A. 2 400   B. 2 580   C. 2 607   D. 2 760

二、多项选择题

1. 在下列的几种提法中，正确的有（   ）。
   A. 交易实例一定是可比实例   B. 交易实例不一定是可比实例
   C. 可比实例一定是交易实例   D. 可比实例不一定是交易实例
   E. 可比实例与交易实例相同

2. 所谓类似房地产，一般是指在（   ）等几个方面与估价对象房地产是相同或相类似的。
   A. 所处地区   B. 房产用途   C. 使用年限
   D. 建筑结构   E. 建筑高度

3. 比较法中关于房地产状况调整，可以分为（   ）等项。
   A. 实物状况调整   B. 区位状况调整
   C. 交易状况调整   D. 市场状况调整
   E. 权益状况调整

4. 比较法中区位状况调整的内容包括（   ）等项。
   A. 交通便捷程度   B. 繁华程度
   C. 建筑规模   D. 平面布置
   E. 环境景观

*5. 比较法中权益状况调整的内容包括（　　）。
   A. 土地使用期限　　　　　　　　B. 容积率
   C. 土地开发程度　　　　　　　　D. 房屋空间布局
   E. 地役权设立

6. 当两宗相邻的房地产合并交易时，房地产的价格常会受到（　　）的影响。
   A. 地理位置　　　　　　　　　　B. 土地形状
   C. 土地面积　　　　　　　　　　D. 建筑规模
   E. 土地使用期限

7. 用比较法对房地产进行估价时，需要进行（　　）的调整。
   A. 交易过程　　　　　　　　　　B. 交易情况
   C. 市场状况　　　　　　　　　　D. 交易价格
   E. 房地产状况

*8. 运用比较法时，估价人员根据基本要求选取可比实例后，需要建立价格比较基础，主要包括（　　）等。
   A. 统一采用总价　　　　　　　　B. 统一采用单价
   C. 统一币种和货币单位　　　　　D. 统一面积内涵和大小
   E. 统一付款方式

*9. 在考虑房地产交易的不同负担状况时，房地产正常的成交价格等于（　　）。
   A. 卖方实际得到的价格/（1－应由卖方缴纳的税费比率）
   B. 卖方实际得到的价格－应由卖方负担的税费
   C. 买方实际付出的价格－应由买方负担的税费
   D. 应由卖方负担的税费/应由卖方缴纳的税费比率
   E. 买方实际付出的价格/（1－应由买方缴纳的税费比率）

*10. 比较法中实物状况比较和调整的内容包括（　　）。
   A. 环境　　　　　　　B. 地形地势　　　　　　C. 外部配套设施
   D. 内部基础设施完备程度　　　　E. 装饰装修

三、判断题

1. 在比较法估价中，用于作为比较的可比实例的房地产价格既可以是单价也可以是总价，不是一定要化为单价。（　　）

2. 在比较法估价中，统一中外货币单价时，均应采用成交当时的市场汇率来进行换算。（　　）

*3. 可比实例有债权债务而估价对象没有，统一财产范围时，应将可比实例带债权债务条件下的成交价格减去债务加上债权，统一为不带债权债务的价格。（　　）

4. 在房地产交易情况修正中，一般是采用正常价格较可比实例房地产的成交价格高多少或低多少的说法。（　　）

5. 采用期内平均上升或下降的价格变动率进行市场状况调整的公式为：可比实例在成交日期时的价格×（1+价格变动率×期数）=在价值时点的价格。（　　）

*6. 比较法估价中，可比实例的成交价格应当是正常市场价格。（　　）

7. 在选择可比实例时，可比实例房地产所处的地区应该与估价对象房地产所处的地区完全相同。（　　）

8. 比较法中的房地产状况调整可以分为区位状况调整、实物状况调整和权益状况调整。（　　）

*9. 在估价中选择4个可比实例，甲成交价格4 800元/m²，建筑面积100m²，首次付清24万元，其余半年后支付16万元，一年后支付8万元；乙成交价格5 000元/m²，建筑面积120m²，首付24万元，半年后付清余款36万元；丙成交价格4 700元/m²，建筑面积90m²，成交时一次性付清；丁成交价格4 760元/m²，建筑面积110m²，成交时支付20万元，一年后付清余款32.36万元。已知折现率10%，这4个可比实例的单价由高到低的排列顺序是丙乙甲丁。（　　）

*10. 某宗可比实例房地产2006年1月30日的价格为500美元/m²，该类房地产以美元为基准的价格变动平均每月比上月下降0.7%，假设人民币与美元的市场汇率2006年1月30日为1美元=7.98元人民币，2006年9月30日为1美元=7.95元人民币，则将该可比实例调整为2006年9月30日的价格约为3 758元人民币/m²。（　　）

四、计算题

1. 某宗房地产交易的成交价格为90万元人民币，其中首期支付30%，余款在一年后一次性付清。该房地产公摊面积为建筑面积的10%，套内建筑面积为100m²，假定折现率为6%，则该房地产按照建筑面积计算的实际单价是多少？

2. 某宗房地产的正常成交价格为8 000元/m²，该地区房地产买卖中应由卖方交纳的税费为正常成交价格的7%，买方应交纳的税费为正常成交价格的5%，则成交该宗房地产时卖方实际得到的价格是多少？买方实际付出的价格又是多少？

3. 为评估某住宅2021年10月1日的正常市场价格，在其附近收集的某可比实例的有关资料如下：成交价格为7 500元/m²，成交日期为2021年5月1日，成交价格比正常价格低2%，房地产状况调整系数为1.087，已知从2021年5月1日到10月1日该类住宅价格平均每月比上月上涨1%，请对该可比实例成交价格进行修正和调整。

4. 某房地产估价师拟采用比较法评估某宗房地产价格，从众多交易实例中选取了A、B、C三宗可比实例，有关可比实例的资料如表4-15所示。

表4-15　可比实例相关资料

	可比实例A	可比实例B	可比实例C
建筑面积	530m²	800m²	9 687.6 ft²
成交价格	240万元人民币	48万美元	385万元人民币
成交日期	2020年12月1日	2021年6月1日	2021年2月1日

(续)

	可比实例 A	可比实例 B	可比实例 C
交易情况	−5%	0	0
状况因素	0	+2%	+5%

经调查已知：可比实例 B、C 的付款方式均为一次性付清；可比实例 A 为分期付款：首期付款 96 万元，第一年末付款 72 万元，其间月利率为 1%，第二年末又付款 72 万元，其间月利率为 1.05%。假设 2021 年 6 月 1 日美元与人民币的市场汇率为 1：6.826。自从 2020 年 12 月 1 日以来，该地区该类房地产以人民币为基准的价格变动率逐月上涨 1.2%。请根据上述资料，评估该宗房地产在 2021 年 8 月 1 日的正常单价（若需计算平均值时，可采用简单算术平均值）。

第 5 章

收 益 法

收益法是房地产估价的三种基本方法之一，有着深厚的理论基础，是收益性房地产常用的估价方法。本章介绍收益法的基本原理、收益法的两种估价方法及具体估价内容。

◎ 学习目标

1. 了解收益法的含义、理论依据与适用的估价对象。了解净收益、报酬率的求取方法。了解投资组合技术与剩余技术。

2. 熟悉报酬资本化法、直接资本化法的主要公式与应用方法。

▢ 技能要求

能够运用收益法测算房地产的价值或价格。

5.1 收益法的基本原理

5.1.1 收益法的含义

收益法是预测估价对象的未来收益，利用报酬率或资本化率、收益乘数将未来的收益转换为价值得到估价对象价值或价格的方法。根据将未来收益转换为价值的方式不同，收益法分为报酬资本化法和直接资本化法。报酬资本化法是一种现金流量折现法，即房地产的价值或价格等于其未来各期净收益的现值之和，具体是指预测估价对象未来各年净收益，利用报酬率将其折现到价值时点后相加得到估价对象价值或价格的方法。直接资本化法是预测估价对象未来第一年的收益，将其除以资本化率或乘以收益乘数得到估价对象价值或价格的方法。收益法的本质是以房地产的预期未来收益为导向来求取房地产的价值或价格。

5.1.2 收益法的理论依据

收益法的理论依据是预期原理，该原理说明房地产未来的预期收益是决定房地产当前价值的重要因素。其基本思想可以粗略地表述如下：由于房地产寿命长久，使收益性房地产不仅现在能够获得收益，而且可以在未来持续不断地、年复一年地获取收益，即产生房地产的"年收益系列"。投资者购买收益性房地产的目的，不是购买房地产本身，而是购买房地产未来所能产生的"年收益系列"。投资者以现在的一笔资金去换取未来的一系列资金，这个价值转化的过程就是资本化过程，这笔资金我们称为房地产的价格。正如美国经济学家伊利所言："把预期的土地年收益系列资本化而成为一笔价值基金，这在经济学上就称为土地的资本价值，在流行词汇中则称为土地售价。"[⊖]

由于房地产价值的实质是房地产预期收益的资本化，则预期收益的多少便决定了价值的高低。对于投资者来说，将一定量的资金用于购买房地产所获取的收益，与将其存入银行所获取的利息应大体相当，即

$$某笔资金 \times 利率 = 利息$$

相当于：

$$房地产价值 \times 利率 = 房地产的收益$$

于是：

$$房地产价值 = \frac{房地产的收益}{利率}$$

例如，某人拥有的房地产每年可产生 2 万元的收益，同时此人有 40 万元资金以 5%的年利率存入银行，每年可得到 2 万元的利息，则对该人来说，这宗房地产与 40 万元的资金等价，即价值 40 万元。

可以把收益法原理表述如下：如果将价值时点视为现在，那么现在购买一宗有一定收益期的房地产，预示着在未来的收益期内可以不断地获取净收益。如果现有一笔资金可与未来一系列净收益的现值之和等值，则这笔资金就是该房地产的价值。

收益性房地产价值的高低主要取决于 3 个因素，即未来净收益的大小、获取净收益的期限长短以及获取净收益的可靠程度。未来净收益越大，获取期限越长，可靠性越高，房地产的价值就越高；反之，价值就越低。

5.1.3 收益法适用的估价对象和条件

收益法适用的估价对象是收益性房地产，包括住宅、写字楼、商店、旅馆、餐馆、

⊖ 伊利，莫尔豪斯.土地经济学原理[M].滕维藻，译.北京：商务印书馆，1982.

游乐场、影剧院、停车场、汽车加油站、标准厂房、仓库、农地等。这些估价对象不限于目前是否有收益，只要其类似房地产有收益即可。例如，估价对象为自用或空置的住宅，虽然目前没有收益，但因类似住宅出租的情形很多，可以将该住宅设想为出租，因此可以运用收益法估价。即先根据类似住宅的有关资料，采用比较法求取该住宅的租金水平、空置率和运营费用等，再利用收益法估价。收益法一般不适用于行政办公楼、学校、公园等公用、公益性房地产。

收益法估价需要具备的条件是房地产未来的收益和风险都能够较准确地预测。对未来收益和风险的预测通常是基于过去的经验和对现实的认识做出的，必须以广泛、深入的房地产市场调查研究为基础。

5.1.4 收益法估价的操作步骤

（1）运用报酬资本化法估价一般分为4个步骤：①估计收益期或持有期；②预测未来净收益或期间收益和期末转售收益；③确定报酬率；④计算收益价值。

（2）运用直接资本化法估价一般分为3个步骤：①预测未来第一年的收益；②确定资本化率或收益乘数；③计算收益价值。

5.2 报酬资本化法的公式

在了解收益法的基本原理之后，下面我们来介绍报酬资本化法的公式。

5.2.1 最一般的公式

报酬资本化法最一般的公式为

$$V = \frac{A_1}{1+Y_1} + \frac{A_2}{(1+Y_1)(1+Y_2)} + \frac{A_3}{(1+Y_1)(1+Y_2)(1+Y_3)} + \cdots + \frac{A_n}{(1+Y_1)(1+Y_2)\cdots(1+Y_n)}$$

$$= \sum_{i=1}^{n} \frac{A_i}{\prod_{j=1}^{i}(1+Y_j)}$$

式中　V——房地产在价值时点的收益价值；

　　　n——房地产的收益期或持有期，是自价值时点起至估价对象未来可获收益的时间；

　　　$A_1, A_2, \cdots, A_n$——分别为自价值时点起未来第1期，第2期，$\cdots$，第n期末的净收益；

　　　$Y_1, Y_2, \cdots, Y_n$——分别为自价值时点起未来第1期，第2期，$\cdots$，第n期的报酬率。

为了更好地理解上述公式，可以用现金流量图来表示，如图5-1所示。

几点说明：

（1）上述公式实际上是收益法基本原理的公式化，主要用于理论分析；

（2）在实际估价中，一般假设报酬率长期不变，即$Y_1=Y_2=\cdots=Y_n=Y$，则上述公式可简化为

$$V = \frac{A_1}{1+Y} + \frac{A_2}{(1+Y)^2} + \cdots + \frac{A_n}{(1+Y)^n}$$

$$= \sum_{i=1}^{n} \frac{A_i}{(1+Y)^i}$$

（3）报酬资本化法的所有公式均是假设各期净收益发生在期末；

（4）公式中 A、Y、n 的时间单位是一致的，通常为年。

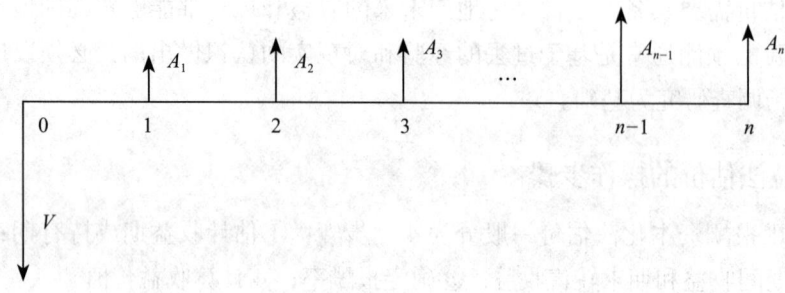

图 5-1 用现金流量图表示的报酬资本化法

5.2.2 净收益每年不变的公式

如果已知房地产未来每年的净收益、报酬率和收益期限，而且净收益是固定不变的定值，则用净收益每年不变的公式。具体公式有两种：一是收益期有限，二是收益期无限。

1. 收益期为有限年的公式：

$$V = \frac{A}{Y}\left[1 - \frac{1}{(1+Y)^n}\right]$$

公式原型为

$$V = \frac{A}{1+Y} + \frac{A}{(1+Y)^2} + \cdots + \frac{A}{(1+Y)^n}$$

此公式的假设前提是：①净收益每年不变为 A；②报酬率不等于零为 Y；③收益期为有限年 n。

2. 收益期为无限年的公式：

$$V = \frac{A}{Y}$$

公式原型为

$$V = \frac{A}{1+Y} + \frac{A}{(1+Y)^2} + \cdots + \frac{A}{(1+Y)^n}$$

此公式的假设前提是：净收益每年不变为 A；②报酬率大于零为 Y；③收益期为无限年。

3. 净收益每年不变公式的应用:

净收益每年不变的公式除了直接测算房地产收益价格外,还可用于不同期限的房地产价格之间的换算,比较不同期限房地产价格的高低,比较法中对不同期限的房地产价格进行调整,等等。以下举例说明:

(1)直接用于价格测算。根据条件代入公式,即可求取有限年或无限年的收益价格。

[例 5-1] 某宗房地产的土地使用期限为 50 年,至今已使用了 6 年;预计该宗房地产在正常情况下每年可获得净收益 80 万元,该类房地产的报酬率为 8.5%。试计算该宗房地产的收益价值。

解:该宗房地产的收益价值计算如下:

$$V = \frac{A}{Y}\left[1 - \frac{1}{(1+Y)^n}\right]$$

$$= \frac{80}{8.5\%} \times \left[1 - \frac{1}{(1+8.5\%)^{50-6}}\right]$$

$$= 915.19(万元)$$

[例 5-2] 某宗房地产预计未来每年的净收益为 80 万元,收益期可视为无限年,该类房地产的报酬率为 8.5%。试计算该宗房地产的收益价值。

解:该宗房地产的收益价格计算如下:

$$V = \frac{A}{Y}$$

$$= \frac{80}{8.5\%}$$

$$= 941.18(万元)$$

(2)用于不同期限房地产价格之间的换算。为计算简便,对公式 $V = \frac{A}{Y}\left[1 - \frac{1}{(1+Y)^n}\right]$ 做如下变换:以 V_n 表示使用期限为 n 年的价格,如 50 年的收益价格表示为 V_{50};以 V_∞ 表示 $\frac{A}{Y}$,即无限年的价格;以 K_n 表示 $1 - \frac{1}{(1+Y)^n}$,则公式 $V = \frac{A}{Y}\left[1 - \frac{1}{(1+Y)^n}\right]$ 可变成 $V_n = V_\infty \cdot K_n$,或者 $V_N = V_\infty \cdot K_N$,则:

$$V_n = V_N \times \frac{K_n}{K_N}$$

$$= V_N \times \frac{(1+Y)^{N-n}\left[(1+Y)^n - 1\right]}{(1+Y)^N - 1}$$

[例 5-3] 已知某宗收益性房地产 40 年的收益价格为 7 000 元/m²,报酬率为 10%。试求

该宗房地产30年的收益价格。

解：该宗房地产30年收益价格求取如下：

$$V_n = V_N \times \frac{(1+Y)^{N-n}\left[(1+Y)^n - 1\right]}{(1+Y)^N - 1}$$

$$V_{30} = 7\,000 \times \frac{(1+10\%)^{40-30}\left[(1+10\%)^{30} - 1\right]}{(1+10\%)^{40} - 1}$$

$$= 6\,747.94\,(元/m^2)$$

（3）用于比较不同期限价格的高低。在比较两宗不同年限房地产价格的高低时，直接比较是不妥的，需要先将它们转换成相同期限下的价格，然后再进行比较。

[例5-4] 有甲、乙两宗房地产，甲房地产的收益期为50年，单价为6 000元/m²，乙房地产的收益期为30年，单价为5 600元/m²。假设报酬率均为6%，试比较该两宗房地产价格的高低。

解：甲乙两宗房地产因收益期不同不能直接比较，需要将其转换为相同期限下的价格
甲房地产无限年的价格：

$$V_\infty = V_{50} \times \frac{1}{K_{50}}$$

$$= V_{50} \div \left[1 - \frac{1}{(1+Y)^n}\right]$$

$$= 6\,000 \div \left[1 - \frac{1}{(1+6\%)^{50}}\right]$$

$$= 6\,344.43\,(元/m^2)$$

乙房地产无限年的价格：

$$V_\infty = V_{30} \times \frac{1}{K_{30}}$$

$$= V_{30} \div \left[1 - \frac{1}{(1+Y)^n}\right]$$

$$= 5\,600 \div \left[1 - \frac{1}{(1+6\%)^{30}}\right]$$

$$= 6\,780.57\,(元/m^2)$$

通过上述处理之后我们可以看出，在相同期限下乙房地产的价格高于甲房地产的价格。

（4）用于比较法中因期限不同而进行的价格调整。在比较法中，可比实例房地产的期限可能与估价对象房地产的期限不同，因此需要对可比实例的期限进行调整，使其成

为与估价对象相同期限下的价格。

[**例 5-5**] 某宗工业用地取得 50 年出让土地使用权，所处地段的基准地价为 1 200 元 /m²，在评估基准地价时设定的土地使用期限为无限年，现行土地报酬率为 10%。假设除了土地使用期限不同之外，该宗工业用地的其他状况与评估基准地价时设定的状况相同，试通过基准地价求取该宗工业用地的价格。

解：本题通过基准地价求取该宗工业用地的价格，实际上就是将土地使用期限为无限年的基准地价转换为 50 年的基准地价。具体计算如下：

$$\begin{aligned}V_{50} &= V_{\infty} \times K_{50} \\ &= V_{\infty} \times \left[1 - \frac{1}{(1+Y)^n}\right] \\ &= 1\,200 \times \left[1 - \frac{1}{(1+10\%)^{50}}\right] \\ &= 1\,189.78\,(元/m^2)\end{aligned}$$

5.2.3 净收益在前后两段变化规律不同的公式

房地产的净收益有时是变化不定的，如商店、旅馆、餐饮、娱乐之类的房地产，在建成后的前几年由于试营业等原因，净收益可能不稳定，而几年之后净收益趋于稳定，此时适用净收益在前后两段变化规律不同的公式。具体公式有收益期有限年和收益期无限年两种。

1. 收益期为有限年的公式：

$$V = \sum_{i=1}^{t} \frac{A_i}{(1+Y)^i} + \frac{A}{Y}\left[1 - \frac{1}{(1+Y)^{n-t}}\right] \times \frac{1}{(1+Y)^t}$$

式中　t——净收益有变化的期限。

公式原型为

$$V = \frac{A_1}{1+Y} + \frac{A_2}{(1+Y)^2} + \cdots + \frac{A_t}{(1+Y)^t} + \frac{A}{(1+Y)^{t+1}} + \frac{A}{(1+Y)^{t+2}} + \cdots + \frac{A}{(1+Y)^n} + \cdots$$

此公式的假设前提是：①净收益在未来 t 年（含第 t 年）有变化，分别为 A_1，A_2，…，A_t，在第 t 年以后无变化为 A；②报酬率不等于零为 Y；③收益期为有限年 n。

2. 收益期为无限年的公式：

$$V = \sum_{i=1}^{t} \frac{A_i}{(1+Y)^i} + \frac{A}{Y} \times \frac{1}{(1+Y)^t}$$

公式原型为

$$V = \frac{A_1}{1+Y} + \frac{A_2}{(1+Y)^2} + \cdots + \frac{A_t}{(1+Y)^t} + \frac{A}{(1+Y)^{t+1}} + \frac{A}{(1+Y)^{t+2}} + \cdots + \frac{A}{(1+Y)^n} + \cdots$$

此公式的假设前提是：①净收益在未来 t 年（含第 t 年）有变化，分别为 A_1，A_2，…，A_t，在第 t 年以后无变化为 A；②报酬率大于零为 Y；③收益期为无限年。

[例 5-6] 某宗房地产的收益期为 38 年，预测其未来 5 年的净收益分别为 40 万元、44 万元、50 万元、56 万元、60 万元，从未来第 6 年到第 38 年每年的净收益将稳定在 70 万元左右，该类房地产的报酬率为 10%。请计算该宗房地产的收益价值。

解：该宗房地产的收益价值计算如下：

$$V = \sum_{i=1}^{t} \frac{A_i}{(1+Y)^i} + \frac{A}{Y}\left[1 - \frac{1}{(1+Y)^{n-t}}\right] \times \frac{1}{(1+Y)^t}$$

$$= \frac{40}{1+10\%} + \frac{44}{(1+10\%)^2} + \frac{50}{(1+10\%)^3} + \frac{56}{(1+10\%)^4} + \frac{60}{(1+10\%)^5} + \frac{70}{10\%} \times$$

$$\left[1 - \frac{1}{(1+10\%)^{38-5}}\right] \times \frac{1}{(1+10\%)^5}$$

$$= 601.73（万元）$$

[例 5-7] 某宗房地产的收益期为无限年，预测其未来 5 年的净收益分别为 40 万元、44 万元、50 万元、56 万元、60 万元，从未来第 6 年到无穷远每年的净收益将稳定在 70 万元左右，该类房地产的报酬率为 10%。请计算该宗房地产的收益价值。

解：该宗房地产的收益价值计算如下：

$$V = \sum_{i=1}^{t} \frac{A_i}{(1+Y)^i} + \frac{A}{Y} \times \frac{1}{(1+Y)^t}$$

$$= \frac{40}{1+10\%} + \frac{44}{(1+10\%)^2} + \frac{50}{(1+10\%)^3} + \frac{56}{(1+10\%)^4} + \frac{60}{(1+10\%)^5} + \frac{70}{10\%} \times \frac{1}{(1+10\%)^5}$$

$$= 620.44（万元）$$

5.2.4 净收益按一定数额递增的公式

如果房地产每年的净收益按照一定的数额递增，而且已知净收益及其递增的数额、报酬率和收益期限，则适用净收益按一定数额递增的公式。具体公式有两种：一是收益期有限，二是收益期无限。

（1）收益期为有限年的公式：

$$V = \left(\frac{A}{Y} + \frac{b}{Y^2}\right)\left[1 - \frac{1}{(1+Y)^n}\right] - \frac{b}{Y} \times \frac{n}{(1+Y)^n}$$

式中　b——净收益逐年递增的数额。

公式原型为

$$V = \frac{A}{1+Y} + \frac{A+b}{(1+Y)^2} + \frac{A+2b}{(1+Y)^3} + \cdots + \frac{A+(n-1)b}{(1+Y)^n}$$

此公式的假设前提是：①净收益未来第 1 年为 A，此后按数额 b 逐年递增，未来第 2 年为 $(A+b)$，未来第 3 年为 $(A+2b)$，以此类推，未来第 n 年为 $[A+(n-1)b]$；②报酬率不等于零为 Y；③收益期为有限年 n。

（2）收益期为无限年的公式：

$$V = \frac{A}{Y} + \frac{b}{Y^2}$$

公式原型为

$$V = \frac{A}{1+Y} + \frac{A+b}{(1+Y)^2} + \frac{A+2b}{(1+Y)^3} + \cdots + \frac{A+(n-1)b}{(1+Y)^n} + \cdots$$

此公式的假设前提是：①净收益未来第 1 年为 A，此后按数额 b 逐年递增；②报酬率大于零为 Y；③收益期为无限年。

[**例 5-8**] 预计某宗房地产未来第一年的净收益为 16 万元，此后每年的净收益会在上一年的基础上增加 2 万元，收益期可视为无限年，该类房地产的报酬率为 9%。请计算该宗房地产的收益价值。

解：该宗房地产的收益价格计算如下：

$$\begin{aligned} V &= \frac{A}{Y} + \frac{b}{Y^2} \\ &= \frac{16}{9\%} + \frac{2}{(9\%)^2} \\ &= 424.69 \text{（万元）} \end{aligned}$$

5.2.5 净收益按一定数额递减的公式

如果房地产每年的净收益按照一定的数额递减，而且已知净收益及其递减的数额、报酬率和收益期限，则适用净收益按一定数额递减的公式。此公式只有收益期为有限年的情形，公式为

$$V = \left(\frac{A}{Y} - \frac{b}{Y^2}\right)\left[1 - \frac{1}{(1+Y)^n}\right] + \frac{b}{Y} \times \frac{n}{(1+Y)^n}$$

式中 b——净收益逐年递减的数额；

n——收益期。

此公式的假设前提是：①未来第一年的净收益为 A，此后按数额 b 递减，第 n 年为 $[A-(n-1)b]$；②报酬率不等于零为 Y；③收益期为有限年 n，且 $n \leq \frac{A}{b}+1$。$\left(\frac{A}{b}+1\right)$ 是合理经营期限，超过这个期限，各年的净收益将为负值。

[**例 5-9**] 预计某宗房地产未来第一年的净收益为 25 万元，此后每年的净收益会在上一

年的基础上减少 2 万元。请求出：①该宗房地产的合理经营期限；②假如持续经营，合理经营期限结束前一年和结束后一年的净收益；③报酬率为 6% 时的收益价值。

解：各项计算如下：

（1）该宗房地产的合理经营期限为

$$n = \frac{A}{b} + 1 = \frac{25}{2} + 1 = 13.5 \text{（年）}$$

（2）该宗房地产合理经营期限结束前一年（即第 13 年）的净收益为

$$A - (n-1)b = 25 - (13-1) \times 2 = 1 \text{（万元）}$$

该宗房地产合理经营期限结束后一年（即第 14 年）的净收益为

$$A - (n-1)b = 25 - (14-1) \times 2 = -1 \text{（万元）}$$

（3）该宗房地产的收益价值为

$$V = \left(\frac{A}{Y} - \frac{b}{Y^2}\right)\left[1 - \frac{1}{(1+Y)^n}\right] + \frac{b}{Y} \times \frac{n}{(1+Y)^n}$$

$$= \left(\frac{25}{6\%} - \frac{2}{6\%^2}\right) \times \left[1 - \frac{1}{(1+6\%)^{13.5}}\right] + \frac{2}{6\%} \times \frac{13.5}{(1+6\%)^{13.5}}$$

$$= 129.28 \text{（万元）}$$

5.2.6 净收益按一定比率递增的公式

如果房地产每年的净收益按照一定的比率递增，而且已知净收益及其递增的比率、报酬率和收益期限，则适用净收益按一定比率递增的公式。具体公式有两种：一是收益期有限，二是收益期无限。

（1）收益期为有限年的公式：

$$V = \frac{A}{Y-g}\left[1 - \left(\frac{1+g}{1+Y}\right)^n\right]$$

式中　g——净收益逐年递增的比率。

公式原型为 $V = \frac{A}{1+Y} + \frac{A(1+g)}{(1+Y)^2} + \frac{A(1+g)^2}{(1+Y)^3} + \cdots + \frac{A(1+g)^{n-1}}{(1+Y)^n}$

此公式的假设前提是：①未来第 1 年的净收益为 A，此后按比率 g 递增，第 2 年为 $A(1+g)$，第 3 年为 $A(1+g)^2$，以此类推，第 n 年为 $A(1+g)^{n-1}$；②报酬率 Y 大于净收益逐年递增的比率 g；③收益期为有限年 n。

（2）收益期为无限年的公式：

$$V = \frac{A}{Y-g}$$

此公式的假设前提是：①未来第 1 年的净收益为 A，此后按比率 g 递增；②报酬率 Y

大于净收益逐年递增的比率 g；③收益期为无限年。

[例 5-10] 某宗房地产是在政府有偿出让的土地上建造的，土地使用权的剩余期限为 48 年；预计该房地产未来第一年的净收益为 16 万元，此后每年的净收益会在上一年的基础上增长 2%；该类房地产的报酬率为 9%。试计算该宗房地产的收益价值。

解： 该宗房地产的收益价值计算如下：

$$V = \frac{A}{Y-g}\left[1-\left(\frac{1+g}{1+Y}\right)^n\right]$$

$$= \frac{16}{9\%-2\%} \times \left[1-\left(\frac{1+2\%}{1+9\%}\right)^{48}\right]$$

$$= 219.12（万元）$$

[例 5-11] 预计某宗房地产未来第一年的净收益为 16 万元，此后每年的净收益会在上一年的基础上增长 2%，收益期可视为无限年，该类房地产的报酬率为 9%。试计算该宗房地产的收益价值。

解： 该宗房地产的收益价值计算如下：

$$V = \frac{A}{Y-g} = \frac{16}{9\%-2\%} = 228.57（万元）$$

5.2.7 净收益按一定比率递减的公式

如果房地产每年的净收益按照一定的比率递减，而且已知净收益及其递减的比率、报酬率和收益期限，则适用净收益按一定比率递减的公式。具体公式有两种：一是收益期有限，二是收益期无限。

（1）收益期为有限年的公式：

$$V = \frac{A}{Y+g}\left[1-\left(\frac{1-g}{1+Y}\right)^n\right]$$

（2）收益期为无限年的公式：

$$V = \frac{A}{Y+g}$$

式中　g——净收益逐年递减的比率；
　　　n——收益期。

此公式的假设前提是：①未来第 1 年的净收益为 A，此后按比率 g 逐年递减，第 n 年为 $A(1-g)^{n-1}$；②报酬率大于零为 Y。

净收益按一定比率递增或递减的公式还可用于计算有效毛收入与运营费用变动率不

等时估价对象的收益价值。由于净收益等于有效毛收入减去运营费用，如果有效毛收入与运营费用的变动率不等，应先分别计算有效毛收入的贴现值与运营费用的贴现值，再将二者相减得出估价对象的收益价值。

以变动率递增为例，假设有效毛收入为 I，逐年递增率为 g_I；运营费用为 E，逐年递增率为 g_E；收益期为 n，公式分为收益期有限与收益期无限两种情形。

（1）收益期为有限年的公式：

$$V = \frac{I}{Y-g_I}\left[1-\left(\frac{1+g_I}{1+Y}\right)^n\right] - \frac{E}{Y-g_E}\left[1-\left(\frac{1+g_E}{1+Y}\right)^n\right]$$

（2）收益期为无限年的公式：

$$V = \frac{I}{Y-g_I} - \frac{E}{Y-g_E}$$

以上公式的假设前提是：① g_I 或 g_E 不等于报酬率 Y；② 收益期 n 有合理经营期限，需要满足 $I(1+g_I)^{n-1} - E(1+g_E)^{n-1} \geq 0$。

[例 5-12] 预计某宗房地产未来第一年的有效毛收入为 20 万元，运营费用为 12 万元，此后每年的有效毛收入会在上一年的基础上增长 5%，运营费用增长 3%，收益期可视为无限年，该类房地产的报酬率为 8%。试计算该宗房地产的收益价值。

解： 该宗房地产的收益价值计算如下：

$$V = \frac{I}{Y-g_I} - \frac{E}{Y-g_E}$$
$$= \frac{20}{8\%-5\%} - \frac{12}{8\%-3\%}$$
$$= 426.67（万元）$$

[例 5-13] 预计某宗房地产未来每年的有效毛收入不变为 16 万元，运营费用第一年为 8 万元，此后每年会在上一年的基础上增长 2%，该类房地产的报酬率为 10%。请计算该宗房地产的合理经营期限。

解： 如果有效毛收入不变而运营费用不断增长，则一段时间之后，房地产的运营费用会超过有效毛收入，所以，存在合理经营期限 n：

根据： $I(1+g_I)^{n-1} - E(1+g_E)^{n-1} = 0$

其中 $I=16$，$E=8$，$g_I=0$，$g_E=2\%$，得出：

$$16 - 8(1+2\%)^{n-1} = 0$$
$$n = 36（年）$$

5.2.8 预知未来若干年后价格的公式

收益性房地产通常是一种投资品，其典型的收益包括两部分：一是在持有期间每年

（或每月）所获得的租赁收益或经营收益；二是在持有期末转售房地产时所获得的收益。如果购买房地产的目的是持有一段时间后转售，则需要预测持有期、期间收益和期末转售收益，利用预知未来若干年后价格的公式测算现在房地产的价格。持有期是预计正常情况下持有估价对象的时间，即自价值时点起至估价对象未来转售时止的时间；期间收益是预计持有期间各年可获得的净收益；期末转售收益是预计在持有期末转售房地产时可获得的净收益。

预测房地产未来持有期为 t 年，期间收益为 $A_1, A_2, \cdots, A_t$，期末转售收益为 V_t，则该房地产现在的价格为

$$V = \sum_{i=1}^{t} \frac{A_i}{(1+Y)^i} + \frac{V_t}{(1+Y)^t}$$

式中　V——房地产现在的价格；

A_i——期间收益；

t——持有期；

V_t——期末转售收益。

公式原型为

$$V = \frac{A_1}{1+Y} + \frac{A_2}{(1+Y)^2} + \cdots + \frac{A_t}{(1+Y)^t} + \frac{V_t}{(1+Y)^t}$$

此公式的假设前提是：①房地产期间收益为 $A_1, A_2, \cdots, A_t$；②房地产期末转售收益为 V_t；③期间报酬率和期末报酬率相同为 Y。

上述公式根据净收益的变化情况，可具体化为下列公式。

（1）如果房地产在持有期净收益每年不变为 A，则：

$$V = \frac{A}{Y}\left[1 - \frac{1}{(1+Y)^t}\right] + \frac{V_t}{(1+Y)^t}$$

（2）如果房地产净收益在持有期按数额 b 逐年递增，则：

$$V = \left(\frac{A}{Y} + \frac{b}{Y^2}\right)\left[1 - \frac{1}{(1+Y)^t}\right] - \frac{b}{Y} \times \frac{t}{(1+Y)^t} + \frac{V_t}{(1+Y)^t}$$

（3）如果房地产净收益在持有期按数额 b 逐年递减，则：

$$V = \left(\frac{A}{Y} - \frac{b}{Y^2}\right)\left[1 - \frac{1}{(1+Y)^t}\right] + \frac{b}{Y} \times \frac{t}{(1+Y)^t} + \frac{V_t}{(1+Y)^t}$$

（4）如果房地产净收益在持有期按比率 g 逐年递增，则：

$$V = \frac{A}{Y-g}\left[1 - \left(\frac{1+g}{1+Y}\right)^t\right] + \frac{V_t}{(1+Y)^t}$$

（5）如果房地产净收益在持有期按比率 g 逐年递减，则：

$$V = \frac{A}{Y+g}\left[1-\left(\frac{1-g}{1+Y}\right)^t\right] + \frac{V_t}{(1+Y)^t}$$

[例 5-14] 某宗房地产现行的价格为 6 000 元 /m²，年净收益为 600 元 /m²，报酬率为 10%。现获知该地区将兴建一座大型的现代化火车站，6 年后建成投入使用。预计新火车站投入使用后，将达到该城市现有火车站地区的繁华程度，该类房地产的价格将达到 12 000 元 /m²。试求获知兴建火车站后该宗房地产的价格。

解： 获知兴建火车站后该宗房地产的价格计算如下：

$$V = \frac{A}{Y}\left[1-\frac{1}{(1+Y)^t}\right] + \frac{V_t}{(1+Y)^t}$$

$$= \frac{600}{10\%}\times\left[1-\frac{1}{(1+10\%)^6}\right] + \frac{12\,000}{(1+10\%)^6}$$

$$= 9\,386.84\,(元/m^2)$$

可见该宗房地产在获知兴建火车站后价格由 6 000 元 /m² 上涨到 9 386.84 元 /m²。

[例 5-15] 某出租的写字楼需要估价。该写字楼过去的市场价格为 12 000 元 /m²，目前房地产市场不景气，其市场租金为每天 3 元 /m²。该类写字楼的净收益为市场租金的 70%。预测房地产市场 3 年后会回升，那时该写字楼的市场价格将达 12 500 元 /m²，转让该写字楼的税费为市场价格的 6%。如果投资者要求该类投资的报酬率为 10%，请测算该写字楼目前的价值。

解： 该写字楼目前的价值求取如下：

$$V = \frac{A}{Y}\left[1-\frac{1}{(1+Y)^t}\right] + \frac{V_t}{(1+Y)^t}$$

$$= \frac{3\times 365\times 70\%}{10\%}\times\left[1-\frac{1}{(1+10\%)^3}\right] + \frac{12\,500\times(1-6\%)}{(1+10\%)^3}$$

$$= 10\,734\,(元/m^2)$$

[例 5-16] 某出租的旧办公楼的租约尚有 2 年到期，每年可收取净租金 80 万元，到期后要拆除作为商业用地。预计作为商业用地的价值为 1 100 万元，拆除费用为 50 万元，该类房地产的报酬率为 10%。试求该旧办公楼的价值。

解： 该旧办公楼的价值求取如下：

$$V = \frac{A}{Y}\left[1-\frac{1}{(1+Y)^t}\right] + \frac{V_t}{(1+Y)^t}$$

$$= \frac{80}{10\%}\times\left[1-\frac{1}{(1+10\%)^2}\right] + \frac{1\,100-50}{(1+10\%)^2}$$

$$= 1\,006.61\,(万元)$$

[**例 5-17**] 预测某宗房地产未来两年的净收益分别为 55 万元和 60 万元，两年后的价格比现在的价格上涨 5%，该类房地产的报酬率为 10%。试求该宗房地产现在的价格。

解： 该宗房地产现在的价格求取如下：

$$V = \sum_{i=1}^{t} \frac{A_i}{(1+Y)^i} + \frac{V_t}{(1+Y)^t}$$

$$= \frac{55}{1+10\%} + \frac{60}{(1+10\%)^2} + \frac{V(1+5\%)}{(1+10\%)^2}$$

$$V = 753.13 \text{（万元）}$$

[**例 5-18**] 预测某宗收益性房地产未来第一年的净收益为 24 000 元，未来 5 年的净收益每年增加 1 000 元，价格每年上涨 3%，报酬率为 9.5%，请计算该房地产目前的价格。

解： 选用净收益按一定数额递增的公式：

$$V = \left(\frac{A}{Y} + \frac{b}{Y^2}\right)\left[1 - \frac{1}{(1+Y)^t}\right] - \frac{b}{Y} \times \frac{t}{(1+Y)^t} + \frac{V_t}{(1+Y)^t}$$

根据题意已知：$A = 24\,000$（元）；$b = 1\,000$（元）；$t = 5$（年）；$V_t = V(1+3\%)^5$（元）；$Y = 9.5\%$。将上述数据代入公式后计算如下：

$$V = \left(\frac{24\,000}{9.5\%} + \frac{1\,000}{9.5\%^2}\right) \times \left[1 - \frac{1}{(1+9.5\%)^5}\right] - \frac{1\,000}{9.5\%} \times \frac{5}{(1+9.5)^5} + \frac{V(1+3\%)^5}{(1+9.5)^5}$$

对上式进行计算，得出：

$$V = 376\,096.65 \text{（元）}$$

5.3 净收益的测算

运用报酬资本化法估价，需要预测估价对象的未来净收益。按照获取净收益的方式不同，收益性房地产主要分为出租房地产和营业房地产，因此，求取净收益也分为两种：一是测算出租房地产的净收益。二是测算营业房地产的净收益。

5.3.1 出租房地产净收益的测算

出租房地产是收益法估价的典型形式，包括出租的住宅、公寓、写字楼、商铺、停车场、仓库、标准厂房和土地等。求取出租房地产净收益的基本公式为

净收益 = 潜在毛租金收入 + 其他收入 − 空置和收租损失 − 运营费用

= 潜在毛收入 − 空置和收租损失 − 运营费用

= 有效毛收入 − 运营费用

（1）净收益是净运营收益的简称，是有效毛收入减去运营费用后归因于估价对象的收益。

（2）有效毛收入是潜在毛收入减去空置和收租损失后的收入。

（3）潜在毛收入是估价对象在充分利用、没有空置和收租损失情况下所能获得的归因于估价对象的总收入。住宅、写字楼商铺等出租型房地产的潜在毛收入，为潜在毛租金收入加上各种其他收入。

（4）潜在毛租金收入等于全部可出租面积与租金的乘积。

（5）其他收入是租赁保证金或押金的利息收入，以及洗衣房、自动售货机、投币电话等的收入。

（6）空置和收租损失是因空置或承租人拖欠租金等造成的收入损失，二者通常按照潜在毛收入的一定比例来估算。

（7）运营费用是维持估价对象正常使用或营业的必要支出。运营费用率是运营费用与有效毛收入的百分比。对出租的住宅而言，出租人负担的运营费用包括如表5-1所列的费用和税金中出租人与承租人约定由出租人负担的部分。

表 5-1　出租住宅运营费用表

项目名称	出租人负担	承租人负担	标准	数量	年金额
房地产税					
房屋保险费					
物业服务费					
维修费					
水费					
电费					
燃气费					
供暖费					
电话费					
有线电视收看费					
上网费					
车位费					
设备、家具等折旧费					
租赁费用					
租赁税费					
其他费用					

5.3.2　营业房地产净收益的测算

有些收益性房地产是以营业方式获取收益的，如旅馆、影剧院、加油站等。营业房地产的最大特点是房地产的所有者同时又是经营者，房地产的租金与经营者的利润没有分开。因此，测算房地产的净收益要用经营收入扣除经营利润。如某餐馆正常年经营收入为200万元，费用为70万元，经营者利润为50万元，则该餐馆年净收益为200-70-50=80（万元）。不同类型的营业房地产，净收益的求取有所不同。

（1）商业经营房地产，应根据经营资料测算净收益，净收益为商品销售收入扣除商品销售成本、经营费用、商品销售税金及附加、管理费用、财务费用和商业利润。

（2）工业生产房地产，应根据产品市场价格和原材料、人工费用等资料测算净收益，净收益为产品销售收入扣除生产成本、产品销售费用、产品销售税金及附加、管理费用、财务费用和厂商利润。

（3）农地的净收益是由农地平均年产值扣除种苗费、肥料费、人工费、农药费、税费、投资利息和农业利润等。

在现实估价中，采用收益法的估价对象除了出租房地产和营业房地产外，还可能是自用、尚未使用的房地产或者是包含多种收益的混合房地产。自用或尚未使用的房地产是指住宅、写字楼等目前为业主自用或者暂时空置的房地产，该类房地产的净收益可比照有收益的类似房地产的有关资料按上述相应方式测算净收益，或通过类似房地产的净收益的直接比较和调整得出。混合收益的房地产，如宾馆一般有客房、会议室、餐厅、商场、商务中心、娱乐中心等，其净收益可以采用以下方式测算：①视为各种收益类型房地产的简单组合，先分别测算各自的净收益，然后予以加总；②先测算各种类型的收入，再测算各种类型的费用，然后将两者相减求出净收益。

5.3.3 测算净收益时应注意的问题

1. 有形收益和无形收益

测算房地产的净收益时既要考虑有形收益，也要考虑无形收益。有形收益是由房地产带来的直接利益，可以用货币形式体现；无形收益是由房地产带来的间接利益，如房地产带来的安全感、自豪感、声誉、信用、融资能力等。无形收益难以货币化，难以在测算净收益时体现出来，但可以通过选取较低的报酬率或资本化率予以考虑。

2. 实际收益和客观收益

房地产的收益分为实际收益和客观收益。实际收益是估价对象实际获得的收益，它一般不能直接用于估价。因为实际收益往往受经营者的经营管理能力等个别因素的影响很大，如果将实际收益进行资本化，就会得到不切实际的结果。客观收益是估价对象在正常情况下所能获得的收益，或实际收益经剔除特殊的、偶然的因素后的收益。通常只有客观收益才能用于估价。估价中采用的潜在毛收入、有效毛收入、运营费用及净收益，除有租约限制外，都应采用正常客观的数据。

[**例 5-19**] 某旅馆需要估价，据调查，该旅馆共有 300 张床位，平均每张床位每天向客人实收 50 元，年平均空房率为 30%，平均每月营业费用为 14 万元；当地同档次旅馆一般床价为每床每天 45 元，年平均空房率为 20%，正常情况下月总费用占月总收入的 30%；该类房地产的报酬率为 10%，收益期可视为无限年。试选用所给资料测算该旅馆的价值。

解：该旅馆的收益应采用客观收益。

$$年有效毛收入 = 300 \times 45 \times 365 \times (1-20\%)$$
$$= 3\,942\,000\,(元)$$
$$= 394.20\,(万元)$$
$$年运营费用 = 394.2 \times 30\%$$
$$= 118.26\,(万元)$$
$$年净收益 = 394.2 - 118.26$$
$$= 275.94\,(万元)$$
$$旅馆价值 = \frac{A}{Y}$$
$$= \frac{275.94}{10\%}$$
$$= 2\,759.4\,(万元)$$

3. 房地产有无租约限制

房地产在有租约限制和无租约限制下采取的租金是不同的：①评估无租约限制的房地产价值，其未出租部分和已出租部分均按市场租金确定租金收入。市场租金是某种房地产在市场上的平均租金。②评估有租约限制的房地产价值，租赁期限内的租金应采用合同租金，租赁期限外的租金应采用正常客观的市场租金。合同租金是租赁合同约定的租金。从投资角度来说，当合同租金低于市场租金时，房地产的价值就要低一些；反之，如果租约租金高于市场租金，房地产的价值就要高一些。受房地产租约影响的主要有出租人权益价值和承租人权益价值。

（1）出租人权益价值。评估出租人权益价值，租赁期间应采用租赁合同约定的租金，即实际租金；租赁期间届满后和未出租部分，应采用市场租金。如果合同租金高于市场租金，则出租人权益价值就会高一些；相反，如果合同租金低于市场租金，则出租人权益价值就会低一些。当合同租金与市场租金差异较大时，毁约的可能性也较大，这对出租人权益价值也有影响。

[例5-20] 某商店的土地使用期限为40年，从2010年10月1日起计。该商店共有两层，每层可出租面积各为200 m^2。一层于2011年10月1日租出，租赁期限为5年，可出租面积的月租金为180元/m^2，且每年不变；二层现暂空置。附近类似商场一二层的正常月租金分别为200元/m^2和120元/m^2，运营费用率为25%，出租率为100%，该类房地产的报酬率为9%。试测算该商场2014年10月1日带租约出售时的正常价格。

解：该商场收益价格测算如下：
（1）商店一层价格的测算：

租赁期限以内年净收益 = $200 \times 180 \times (1-25\%) \times 12 = 324\,000$（元）= 32.40（万元）

租赁期限以外年净收益 = $200 \times 200 \times (1-25\%) \times 12 = 360\,000$（元）= 36（万元）

$$V = \sum_{i=1}^{t} \frac{A_i}{(1+Y)^i} + \frac{A}{Y}\left[1 - \frac{1}{(1+Y)^{n-t}}\right] \times \frac{1}{(1+Y)^t}$$

$$= \frac{32.40}{1+9\%} + \frac{32.40}{(1+9\%)^2} + \frac{36}{9\%} \times \left[1 - \frac{1}{(1+9\%)^{40-4-2}}\right] \times \frac{1}{(1+9\%)^2}$$
$$= 375.69 \text{（万元）}$$

（2）商店二层价格的测算：

$$\text{年净收益} = 200 \times 120 \times (1-25\%) \times 12 = 216\,000 \text{（元）} = 21.60 \text{（万元）}$$

$$V = \frac{21.60}{9\%} \times \left[1 - \frac{1}{(1+9\%)^{40-4}}\right]$$
$$= 229.21 \text{（万元）}$$

$$\text{该商店的正常价格} = \text{商店一层的价格} + \text{商店二层的价格}$$
$$= 375.69 + 229.21$$
$$= 604.90 \text{（万元）}$$

（2）承租人权益价值。评估承租人权益价值，可以采用收益法的一种变通形式——"成本节约资本化法"，这种方法的实质是，某种权益或资产的价值等于其未来有效期内可以节约的成本的现值之和。将此方法用于承租人权益价值评估，则承租人权益价值等于剩余租赁期限内合同租金与同期市场租金的差额经过折现后的现值之和。如果合同租金低于市场租金，承租人权益价值是正值；如果合同租金高于市场租金，承租人权益价值则是负值。承租人权益价值与租约限制下房地产价值的关系为

$$\text{承租人权益的价值} = \text{无租约限制下的房地产价值} - \text{有租约限制下的房地产价值}$$

[**例 5-21**] 某公司 3 年前与一位写字楼所有权人签订了租赁合同，租用其中 500m^2 的面积，约定租赁期限为 10 年，月租金为 180 元 / m^2，且每年不变。附近相似的写字楼正常月租金为 200 元 / m^2，运营费用率为 25%，出租率为 100%，报酬率为 10%。请计算目前承租人权益的价值。

解：设目前承租人权益的价值为 V，市场租金与租约租金的差额为 A，

$$A = (200-180) \times (1-25\%) \times 500 \times 12 = 90\,000 \text{（元）}$$
$$Y = 10\%$$
$$n = 10 - 3 = 7 \text{（年）}$$

代入公式：

$$V = \frac{A}{Y}\left[1 - \frac{1}{(1+Y)^n}\right]$$

得出：

$$V = \frac{90\,000}{10\%} \times \left[1 - \frac{1}{(1+10\%)^7}\right]$$
$$= 438\,200 \text{（元）}$$
$$= 43.82 \text{（万元）}$$

5.3.4 净收益流模式的确定

在测算估价对象净收益时,应根据估价对象过去、现在、未来净收益的变动情况判断未来净收益流量,并判断该未来净收益流量属于哪种类型,再选用对应的公式计算收益价值。净收益流模式主要有以下几种:①净收益每年基本固定不变;②净收益每年基本按某个固定的数额递增或递减;③净收益每年基本按某个固定的比率递增或递减;④其他有规律变动的情形。

计算收益价值时应根据未来净收益流量类型,选用对应的收益法公式。

在实际估价中采用最多的是净收益每年基本固定不变的公式:$V = \dfrac{A}{Y}\left[1 - \dfrac{1}{(1+Y)^n}\right]$。通常采用"未来数据资本化公式法"测算公式中的净收益 A:即预测估价对象未来若干年(3 年或 5 年)的净收益 A_i,然后利用公式 $\dfrac{A}{Y}\left[1 - \dfrac{1}{(1+Y)^t}\right] = \sum\limits_{i=1}^{t}\dfrac{A_i}{(1+Y)^i}$ 得出净收益 $A = \dfrac{Y(1+Y)^t}{(1+Y)^t - 1} \cdot \sum\limits_{i=1}^{t}\dfrac{A_i}{(1+Y)^i}$。

[例 5-22] 某宗房地产的收益期限为 40 年,判定其未来每年的净收益基本固定不变,通过预测得知其未来 4 年的净收益分别为 25 万元、26 万元、24 万元、25 万元,报酬率为 10%。请计算该宗房地产的收益价值。

解:设每年不变的净收益为 A,收益价值为 V,则:

$$A = \dfrac{10\% \times (1+10\%)^4}{(1+10\%)^4 - 1} \times \left[\dfrac{25}{1+10\%} + \dfrac{26}{(1+10\%)^2} + \dfrac{24}{(1+10\%)^3} + \dfrac{25}{(1+10\%)^4}\right]$$

$$= 25.02\ (万元)$$

$$V = \dfrac{25.02}{10\%} \times \left[1 - \dfrac{1}{(1+10\%)^{40}}\right]$$

$$= 244.67\ (万元)$$

5.3.5 收益期的估计

收益期是指预计在正常市场和运营状况下估价对象未来可获取净收益的时间,即自价值时点起至估价对象未来不能获取净收益时止的时间。收益期一般根据土地使用权剩余期限和建筑物剩余经济寿命来进行测算。

土地使用权剩余期限是自价值时点起至土地使用权期限结束时止的时间。建筑物剩余经济寿命是指自价值时点起至建筑物经济寿命结束时止的时间。建筑物经济寿命是指建筑物对房地产价值有贡献的时间,具体是建筑物自竣工时起至其对房地产价值不再有贡献时止的时间。对收益性房地产来说,建筑物经济寿命具体是建筑物自竣工时起,在正常市场和运营状况下,房地产产生的收入大于运营费用,即净收益大于零的持续时间。

建筑物剩余经济寿命与土地使用权剩余期限可能同时结束,也可能不同时结束,归纳起来有下列几种情形：

（1）建筑物剩余经济寿命与土地使用权剩余期限同时结束。在这种情形下，估价对象的收益期为土地使用权剩余期限或建筑物剩余经济寿命。

（2）建筑物剩余经济寿命与土地使用权剩余期限不同时结束的，应选取其中较短者为估价对象的收益期，并对超出收益期的土地使用权或建筑物做如下处理：

1）建筑物剩余经济寿命早于土地使用权剩余期限结束的，估价对象的收益价值等于以建筑物剩余经济寿命为收益期计算的价值，加上剩余期限的土地使用权在价值时点的价值。例如，某宗收益性房地产的建筑物剩余经济寿命为 30 年，土地使用权剩余期限为 40 年，想要测算该房地产现在的价值，可先测算该房地产 30 年收益期的价值，然后加上剩余 10 年的土地使用权在现在的价值。

2）建筑物剩余经济寿命晚于土地使用权剩余期限结束的，分为两种情况：
①出让合同约定土地使用权期间届满后需要无偿收回土地使用权及地上建筑物时，估价对象的收益价值等于以土地使用权剩余期限为收益期计算的价值；②出让合同等未约定土地使用权期间届满后无偿收回土地使用权及地上建筑物，估价对象的收益价值等于以土地使用权剩余期限为收益期计算的价值，加上建筑物在收益期结束时的价值折现到价值时点的价值。

5.4 报酬率的求取

报酬率也被称为回报率或收益率，是将估价对象未来各年的净收益转换为估价对象价值或价格的折现率。它是与利率、内部收益率同性质的比率。公式为

$$报酬率 = \frac{投资回报}{所投入资本}$$

投资回报也称为报酬，是指所投入资本全部收回以后的额外所得，如银行存款的利息、房地产的净收益等。

报酬率与投资风险有关。可以将购买收益性房地产视为一种投资行为，投入的资本即是房地产价格，预期获取的收益是房地产未来的净收益。投资既要获取收益，又要承担风险，报酬率与投资风险正相关，风险大的投资，其报酬也高，反之则低。在收益能力相同的条件下，风险大的房地产价值低，风险小的房地产价值高，因此，房地产价值与报酬率负相关。估价采用的报酬率应等同于与获取估价对象净收益具有相同风险的投资的报酬率。求取报酬率的方法主要有累加法、市场提取法和投资报酬率排序插入法。

5.4.1 累加法

累加法是以安全利率加风险调整值作为报酬率，即将报酬率视为包含无风险报酬率和风险报酬率两大部分，然后分别求出每一部分，再将它们相加得到报酬率。累加法的公式为：

报酬率＝安全利率＋投资风险补偿率＋管理负担补偿率＋
缺乏流动性补偿率－投资带来的优惠率

其中安全利率是没有风险或极小风险的投资报酬率，是投入资本的最低报酬率，一般是选用国债利率或银行存款利率等。投资补偿率包括：①投资风险补偿率，是投资者对房地产收益的不确定性和风险性等所要求的补偿；②管理负担补偿率，是投资者对于房地产的管理工作超过其他投资如存款、证券等所要求的补偿；③缺乏流动性补偿率，是投资者对于房地产与其他资产（如存款、股票、债券、黄金等）相比缺乏流动性所要求的补偿。投资优惠率是针对投资房地产可以获得的额外好处，如易于获得融资、抵扣所得税等优惠，报酬率要做相应的扣减。

[例 5-23] 某房地产投资无风险报酬率为 5%，投资风险补偿率为 2%，管理负担补偿率为 0.1%，缺乏流动性补偿率为 1.5%，易于获得融资的优惠率为 0.5%，所得税抵扣的优惠率为 0.5%，试计算该房地产投资的报酬率。

解：该房地产投资的报酬率＝安全利率＋投资风险补偿率＋管理负担补偿率＋缺乏流动性补偿率－投资带来的优惠率

$$=5\%+2\%+0.1\%+1.5\%-0.5\%-0.5\%$$
$$=7.6\%$$

5.4.2 市场提取法

采用市场提取法求取报酬率，是指利用与估价对象具有相同或相似收益特征的可比实例的价格、净收益、收益期等数据，选用相应的报酬资本化法公式，计算出报酬率。

（1）在 $V=\dfrac{A}{Y}$ 的情况下，通过 $Y=\dfrac{A}{V}$ 来求取 Y，即采用同一市场上类似房地产的净收益与其价格的比率作为报酬率。举例如表 5-2 所示。

表 5-2 选取的可比实例及其相关资料

可比实例	净收益（万元／年）	价格（万元）	报酬率（%）
A	12	102	11.8
B	23	190	12.1
C	10	88	11.4
D	65	542	12.0
E	90	720	12.5

上表中 5 个可比实例报酬率的简单算术平均数为：（11.8%+12.1%+11.4%+12.0%+12.5%）÷5=11.96%，此数可以作为估价对象的报酬率。

（2）在 $V=\dfrac{A}{Y}\left[1-\dfrac{1}{(1+Y)^n}\right]$ 的情况下，通过 $\dfrac{A}{Y}\left[1-\dfrac{1}{(1+Y)^n}\right]-V=0$ 来求取 Y。在利用计算机的情况下，只要输入 V、A、n，就可以求取 Y；在手工计算的情况下，通过试错法与

线性内插法相结合的方法来求取。

5.4.3 投资报酬率排序插入法

收益法估价采用的报酬率是典型投资者在房地产置业投资中所要求的报酬率。由于具有同等风险的任何投资的报酬率应是相近的，所以可找出相关投资类型及其收益率、风险程度，按风险大小排序，将估价对象与这些投资的风险程度进行比较，判断、确定报酬率。具体操作步骤和主要内容如下：

（1）调查、收集估价对象所在地房地产投资及其相关投资与其报酬率和风险程度的资料，如政府债券利率、银行存款利率、公司债券利率、基金收益率、股票收益率及其他投资的报酬率等。

（2）将所收集的不同投资类型的报酬率按从低到高的顺序排列，制成图表。

（3）将估价对象与这些类型投资的风险程度进行分析比较，考虑管理的难易、投资的流动性以及作为资产的安全性等，判断出同等风险的投资，确定估价对象风险程度应落的位置。

（4）根据估价对象风险程度所落的位置，在图 5-2 上找出对应的报酬率，从而就确定出所要求取的报酬率。

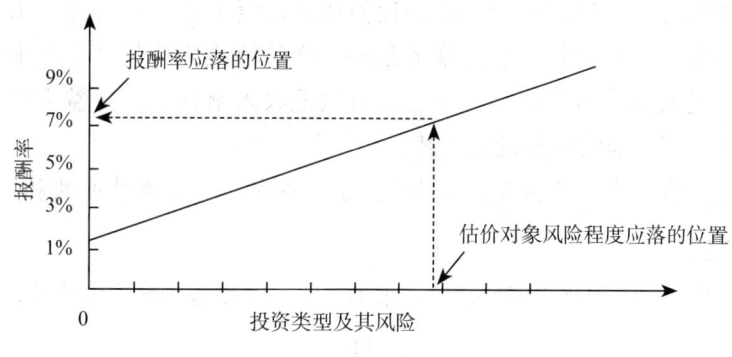

图 5-2　求取报酬率

值得指出的是，上述一些求取报酬率的方法，都含有某些主观选择性。实际确定报酬率时，需要估价人员运用自己掌握的理论知识，结合实际估价经验和对当地的投资及房地产市场的充分了解等，来做出相应的判断。因此，报酬率的确定同整个房地产估价活动一样，也是科学与艺术的有机结合。

5.5 直接资本化法

5.5.1 直接资本化法的历史演变

从收益法的发展史来讲，直接资本化法是早于报酬资本化法的。收益法的早期表现形式是"购买年法"。这种方法是将市场上土地价格与土地纯收益的比值作为"购买年"，

在计算某宗土地价格时，用年地租（土地纯收益）与购买年相乘，表示地价与若干年的地租相当，即

$$土地价格 = 年地租 \times 购买年$$

正如威廉·配第在《赋税论》中写道："在爱尔兰，土地的价值只相当于六年至七年的年租，但在海峡彼岸，土地就值二十年的年租。"[⊖]发展到后来有了地租资本化法，即

$$土地价格 = \frac{年地租}{利息率}$$

地租资本化法与购买年法本质上是同一种方法，只是表现形式不同而已，因为购买年是利息率的倒数。正如马克思所说："在英国，土地的购买价格，是按年收益若干倍来计算的，这不过是地租资本化的另一种表现。"[⊖]此后产生了现代意义上的直接资本化法及收益乘数法，再后来出现了报酬资本化法。

5.5.2 直接资本化法概述

直接资本化法是将估价对象未来第一年的收益除以资本化率或乘以收益乘数来求取估价对象价值的方法。估价对象未来第一年的收益有毛租金、净租金、潜在毛收入、有效毛收入、净收益等，有时用当前的收益近似代替；资本化率是房地产未来第一年的净收益与其价值或价格的百分比；收益乘数是房地产价值或价格与其未来第一年的收益的比值，包括潜在毛收入乘数、毛租金乘数、有效毛收入乘数、净收益乘数。房地产未来第一年的收益有时用当前的收益近似代替。

直接资本化法将未来收益转换成价值的方法有两种，即资本化率法和收益乘数法。

1. 资本化率法

资本化率法是利用资本化率将房地产未来第一年的净收益转换成价值的方法。公式为

$$V = \frac{\text{NOI}}{R}$$

式中　V——房地产价值；
　　　NOI——房地产未来第一年的净收益；
　　　R——资本化率。

2. 收益乘数法

收益乘数法是预测估价对象未来第一年的收益，将其乘以收益乘数得到估价对象价值或价格的方法。公式为

$$房地产价值 = 年收益 \times 收益乘数$$

对应于不同的房地产年收益，收益乘数有潜在毛收入乘数、有效毛收入乘数和净收

[⊖] 配第. 赋税论 [M]. 陈冬野，等译. 北京：商务印书馆，1963.
[⊖] 马克思. 资本论 [M]. 中共中央马克思恩格斯列宁斯大林著作编译局，译. 北京：人民出版社，1975.

益乘数，相应的收益乘数法有潜在毛收入乘数法、有效毛收入乘数法和净收益乘数法。

（1）潜在毛收入乘数法是将估价对象未来第一年的潜在毛收入乘以潜在毛收入乘数来求取估价对象的价值的方法，潜在毛收入乘数是市场上类似房地产的价格除以其年潜在毛收入所得的倍数。公式为

$$\text{估价对象价值} = \text{估价对象未来第一年的潜在毛收入} \times \text{潜在毛收入乘数}$$

潜在毛收入乘数法没有考虑房地产空置率和运营费用的差异，该方法只适用于估价对象资料不充分或者精度要求不高的估价。

（2）有效毛收入乘数法是将估价对象未来第一年的有效毛收入乘以有效毛收入乘数来求取估价对象的价值的方法，有效毛收入乘数是市场上类似房地产的价格除以其年有效毛收入所得的倍数。公式为

$$\text{估价对象价值} = \text{估价对象未来第一年的有效毛收入} \times \text{年有效毛收入乘数}$$

有效毛收入乘数法考虑了房地产空置率和收租损失情况，比潜在毛收入乘数法的精度有所提高。但它仍然没有考虑运营费用的差异，所以，该方法只适用于做粗略的估价。

（3）净收益乘数法是将估价对象未来第一年的净收益乘以净收益乘数来求取估价对象价值的方法，净收益乘数是市场上类似房地产的价格除以其年净收益所得的倍数。公式为

$$\text{估价对象价值} = \text{估价对象未来第一年的净收益} \times \text{年净收益乘数}$$

净收益乘数法能提供更可靠的价值测算。但由于净收益乘数与资本化率是互为倒数的关系，通常很少直接采用净收益乘数法形式，而采用资本化率法将净收益转换为房地产价值。

3. 资本化率和收益乘数的求取方法

资本化率和收益乘数都可以采用市场提取法，通过市场上近期交易的与估价对象的净收益流模式相同的许多类似房地产的有关资料求取。采用市场提取法求取资本化率的公式为

$$R = \frac{\text{NOI}}{V}$$

采用市场提取法求取收益乘数的公式为

$$\text{收益乘数} = \frac{\text{价格}}{\text{年收益}}$$

资本化率还可以通过投资组合技术（见第 5 章 5.6 节）求取。

5.5.3 直接资本化法与报酬资本化法的比较

1. 资本化率和报酬率的区别

资本化率（R）和报酬率（Y）都是将房地产的预期收益转换为价值的比率，但两者又

有很大的区别：资本化率用于直接资本化法，直接将房地产的预期收益转换为价值，它仅表示从收益到价值的比率，并不明确地表示获利能力，它不区分净收益流模式，在所有情况下都是未来第一年的净收益与价格的比率；报酬率用于报酬资本化法，是通过折现的方式将房地产的预期收益转换为价值的比率，它明确地表示获利能力，区分净收益流模式，如果净收益流模式不同，具体的计算公式也会有所不同。

2. 直接资本化法的优缺点

直接资本化法的优点：①不需要预测未来许多年的净收益，通常只需要测算未来第一年的收益；②资本化率或收益乘数直接来源于市场所显示的收益与价值的关系，能较好地反映市场的实际情况；③计算过程较简单。

但由于直接资本化法利用的是未来第一年的收益来资本化，要求有较多与估价对象的净收益流模式相同的房地产求取资本化率或收益乘数，对可比实例的依赖很强。要求选取的房地产的收益变化与估价对象的收益变化相同，否则估价结果会有误。假设估价对象的净收益每年上涨2%，而选取的房地产的净收益每年上涨3%，如果以该房地产的资本化率8%将估价对象的净收益转换为价值，则会高估估价对象的价值。

3. 报酬资本化法的优缺点

报酬资本化法的优点：①指明了房地产的价值是其未来各期净收益的现值之和，这既是预期原理最形象的表述，又考虑到了资金的时间价值，逻辑严密，有很强的理论基础；②每期的净收益或现金流量都是明确的，直观并容易理解；③由于具有同等风险的任何投资的报酬率应是相近的，所以不必直接依靠与估价对象的净收益流模式相同的房地产来求取报酬率，通过其他具有同等风险的投资的收益率也可以求取报酬率。

但由于报酬资本化法需要预测未来各期的净收益，从而较多地依赖于估价师的主观判断，并且各种简化的净收益流模式不一定符合实际情况。

当相似的预期收益存在大量的可比市场信息时，直接资本化法会是相当可靠的。当市场可比信息缺乏时，报酬资本化法则能提供一个相对可靠的评估价值，因为估价师可以通过投资者在有同等风险的投资上所要求的收益率来确定估价对象的报酬率。

5.6 投资组合技术和剩余技术

在收益法中，我们可以从房地产的投资组合中求出各个组成部分的报酬率或资本化率，或者将其报酬率或资本化率运用到各个组成部分上以测算其价值。

5.6.1 投资组合技术

房地产的投资组合主要有土地与建筑物的组合、抵押贷款与自有资金的组合。

1. 土地与建筑物组合

在运用直接资本化法估价时，由于估价对象不同，所采用的资本化率和净收益也有所不同。

（1）当评估房地价值时，应采用综合资本化率和房地综合净收益。综合资本化率是指将全部房地产的净收益转化为房地产价值的资本化率。

（2）当评估土地价值时，应采用土地资本化率和土地所产生的净收益。土地资本化率是指将归因于土地的净收益转换为土地价值的资本化率。

（3）当评估建筑物价值时，应采用建筑物资本化率和建筑物所产生的净收益。建筑物资本化率是指将归因于建筑物的净收益转换为建筑物的资本化率。综合资本化率、土地资本化率、建筑物资本化率之间虽然有着严格的区别，但又是相互联系的，如果能从可比实例中求出其中的两种资本化率，便可以利用公式求出另外一种资本化率。我们可以依据下列等式来求取资本化率：

$$房地净收益 = 土地净收益 + 建筑物净收益$$

根据上式可以得出房地综合资本化率、土地资本化率、建筑物资本化率的关系：

$$R_0 = \frac{V_L \times R_L + V_B \times R_B}{V_L + V_B}$$

$$R_L = \frac{(V_L + V_B)R_0 - V_B \times R_B}{V_L}$$

$$R_B = \frac{(V_L + V_B)R_0 - V_L \times R_L}{V_B}$$

式中　R_0——房地综合资本化率；

　　　R_L——土地资本化率；

　　　R_B——建筑物资本化率；

　　　V_L——土地价值；

　　　V_B——建筑物价值。

如果已知土地价值占房地价值的比率或建筑物价值占房地价值的比率，也可以找出三者之间的关系，公式为

$$R_0 = L \times R_L + B \times R_B$$

或者

$$R_0 = L \times R_L + (1-L) \times R_B$$

或者

$$R_0 = (1-B) \times R_L + B \times R_B$$

式中　L——土地价值占房地价值的比率；

　　　B——建筑物价值占房地价值的比率，$L+B=100\%$。

[例 5-24] 某宗房地产的土地价值占总价值的 60%，建筑物价值占总价值的 40%，由可

比实例房地产中所求出的土地资本化率为 6%，建筑物资本化率为 8%，试计算综合资本化率。

解：综合资本化率计算如下：

$$R_0 = L \times R_L + B \times R_B$$
$$= 60\% \times 6\% + 40\% \times 8\%$$
$$= 6.8\%$$

2. 抵押贷款与自有资金的组合

如果把购买收益性房地产视为一种投资行为，则房地产的价格便是投资额，房地产的净收益便是投资收益。购买房地产的资金来源通常由两部分构成：一部分为抵押贷款，另一部分为自有资金，因此房地产的收益相应地由这两部分资本来分享，报酬率也必须同时满足这两部分资金对报酬的要求。于是有下列等式：

$$房地产价格 = 抵押贷款金额 + 自有资金额$$
$$房地产净收益 = 抵押贷款收益 + 自有资金收益$$

相应有：

$$房地产价格 \times 综合资本化率 = 抵押贷款金额 \times 抵押贷款资本化率 + 自有资金额 \times 自有资金资本化率$$

利用此公式可以求取综合资本化率。设 $M=$ 抵押贷款金额 / 房地产价格，则：

$$R_0 = M \times R_M + (1-M) R_E$$

式中 R_0——综合资本化率；

M——抵押贷款价值比率，即抵押贷款金额占房地产价值的比率；

R_M——抵押贷款资本化率，等于抵押贷款常数；

R_E——自有资金资本化率。

抵押贷款常数 R_M 一般采用年抵押贷款常数，它是每年的偿还额与抵押贷款金额的比率，即 $R_M=$ 年还款额 ÷ 抵押贷款金额。如果抵押贷款是按月偿还的，则年抵押贷款常数是将每月的还款额乘以 12，然后除以抵押贷款金额；或者将月抵押贷款常数（每月的还款额与抵押贷款金额的比率）乘以 12。在分期等额本息偿还贷款的情况下，我们可以利用贷款利率求取抵押贷款常数。由于抵押贷款金额为

$$V_M = \frac{A_M}{Y_M} \left[1 - \frac{1}{(1+Y_M)^n} \right]$$

抵押贷款常数为

$$R_M = \frac{A_M}{V_M}$$

得出：

$$R_M = Y_M + \frac{Y_M}{(1+Y_M)^n - 1}$$

式中 A_M——等额还款额；

V_M——抵押贷款金额；

Y_M——抵押贷款利率 i；

n——抵押贷款期限。

[例 5-25] 购买某类房地产，抵押贷款占 70%，抵押贷款年利率为 6%，贷款期限为 20 年，按月等额本息偿还，通过可比实例房地产计算得出自有资金资本化率为 12%。试计算综合资本化率。

解： 先求出抵押贷款常数：

$$\begin{aligned} R_M &= Y_M + \frac{Y_M}{(1+Y_M)^n - 1} \\ &= \left[6\%/12 + \frac{6\%/12}{(1+6\%/12)^{20\times12} - 1} \right] \times 12 \\ &= 8.60\% \end{aligned}$$

该房地产的综合资本化率为

$$\begin{aligned} R_0 &= M \times R_M + (1-M) R_E \\ &= 70\% \times 8.60\% + (1-70\%) \times 12\% \\ &= 9.62\% \end{aligned}$$

[例 5-26] 某宗房地产的年净收益为 12 万元，购买者的自有资金为 50 万元，自有资金资本化率为 10%，抵押贷款常数为 0.08。试求取该房地产的价格。

解： 该房地产的价格由抵押贷款和自有资金组成，运用公式：

房地产净收益 = 抵押贷款净收益 + 自有资金净收益

有： 12 = 抵押贷款金额 ×0.08+50×10%

得出： 抵押贷款金额 $= \dfrac{12 - 50 \times 10\%}{0.08}$

=87.5（万元）

房地产价格 = 抵押贷款金额 + 自有资金额

=87.5+50=137.5（万元）

5.6.2 剩余技术

剩余技术是通过房地产的某个组成部分的已知价值求取剩余部分价值的方法。当已知房地产的某个部分的价值时，通过资本化率求出归因于该部分的净收益，再将这部分净收益从房地产总收益中扣除得到剩余收益，再将剩余收益进行资本化得出剩余部分的价值。利用剩余技术可以从房地产实物形态中分离出土地价值或建筑物价值，还可以从房地产资金形态中分离出抵押贷款数额与自有资金数额。

1. 土地剩余技术和建筑物剩余技术

土地剩余技术是从土地和建筑物共同产生的净收益中减去建筑物的净收益，分离出归因于土地的净收益，再利用土地资本化率或土地报酬率将土地净收益转换为土地价值的方法。公式为

$$V_L = \frac{A_0 - V_B \times R_B}{R_L}$$

建筑物剩余技术是从土地和建筑物共同产生的净收益中减去土地的净收益，分离出归因于建筑物的净收益，再利用建筑物资本化率或建筑物报酬率将建筑物净收益转换为建筑物价值的方法。公式为

$$V_B = \frac{A_0 - V_L \times R_L}{R_B}$$

式中　V_L——土地价值；
　　　R_L——土地资本化率；
　　　A_0——房地产净收益；
　　　V_B——建筑物价值；
　　　R_B——建筑物资本化率。

将土地价值加上建筑物价值则得到整个房地产的价值。

[例 5-27] 某宗房地产每年净收益为 50 万元，建筑物价值为 300 万元，建筑物资本化率为 12%，土地资本化率为 10%。试计算该宗房地产的价值。

解：设该宗房地产的价值为 V_0，土地价值为 V_L，则：

$$V_L = \frac{A_0 - V_B \times R_L}{R_B}$$

$$土地价值 = \frac{50 - 300 \times 12\%}{10\%}$$

$$= 140（万元）$$

$$V_0 = V_L + V_B$$

$$= 140 + 300$$

$$= 440（万元）$$

2. 自有资金剩余技术和抵押贷款剩余技术

自有资金剩余技术是在已知房地产抵押贷款金额的情况下，求取自有资金权益价值的方法。它是先根据从市场上得到的抵押贷款条件（包括贷款金额、贷款利率、贷款期

限等）计算出年还本付息额，再把它从净收益中扣除，得到自有资金收益，然后除以自有资金资本化率就可以得到自有资金权益价值。自有资金剩余技术的公式为

$$V_E = \frac{A_0 - V_M \times R_M}{R_E}$$

式中 V_E——自有资金权益价值。

抵押贷款剩余技术是在已知自有资金数额的情况下，求取抵押贷款金额或价值的方法。它是从净收益中减去自有资金资本化率下能满足自有资金的收益，得到属于抵押贷款部分的收益，然后除以抵押贷款常数得到抵押贷款金额或价值。抵押贷款剩余技术的公式为

$$V_M = \frac{A_0 - V_E \times R_E}{R_M}$$

在正常情况下，抵押贷款剩余技术不适用于对已设立其他抵押的房地产进行估价，因为这时剩余的现金流量不完全归自有资金投资者所有，它还必须先偿还原有的抵押贷款的债务。

5.7 收益法应用举例

估价对象是一幢出租的写字楼；土地总面积 12 000m²，总建筑面积 52 000m²；建筑层数为地上 22 层、地下 2 层，建筑结构为钢筋混凝土结构；土地使用期限为 50 年，自 2016 年 5 月 15 日起算。需要评估该幢写字楼 2021 年 5 月 15 日的购买价格。估价过程如下：

（1）选择估价方法。该宗房地产是出租的写字楼，为收益性房地产，适用收益法估价，故选用收益法。具体是选用收益法中的报酬资本化法，公式为

$$V = \sum_{i=1}^{n} \frac{A_i}{(1+Y)^i}$$

（2）收集有关资料。通过调查了解，并与类似写字楼的正常租金、出租率、经常费进行比较分析，得出了估价对象的有关情况和正常客观的数据如下：

1）租金按照净使用面积计。可供出租的净使用面积总计为 31 200m²，占总建筑面积的 60%，其余部分为大厅、公共过道、楼梯、电梯、公共卫生间、大楼管理人员用房、设备用房等占用的面积。

2）月租金平均为 70 元/m²（净使用面积）。

3）出租率年平均为 90%。

4）经常费平均每月 20 万元，包括人员工资、水、电、空调、维修、清洁、保安等费用。

5）房产税以房产租金收入为计税依据，税率为 12%。

6）其他税费（包括城镇土地使用税、营业税等）为租金收入的 6%。

（3）测算年有效毛收入：

$$年有效毛收入 = 31\,200 \times 70 \times 12 \times 90\%$$
$$= 23\,587\,200（元）$$
$$= 2\,358.72（万元）$$

（4）测算年运营费用：

1）年经常费：

$$年经常费 = 20 \times 12$$
$$= 240（万元）$$

2）年房产税：

$$年房产税 = 2\,358.72 \times 12\%$$
$$= 283.04（万元）$$

3）年其他税费：

$$年其他税费 = 2\,358.72 \times 6\%$$
$$= 141.52（万元）$$

4）年运营费用：

$$年运营费用 = 年经常费 + 年房产税 + 年其他税费$$
$$= 240 + 283.04 + 141.52$$
$$= 664.56（万元）$$

（5）计算年净收益：

$$年净收益 = 年有效毛收入 - 年运营费用$$
$$= 2\,358.72 - 664.56$$
$$= 1\,694.16（万元）$$

（6）确定报酬率：在调查市场上相似风险的投资所要求的报酬率的基础上，确定报酬率为10%。

（7）计算房地产价值：根据过去的收益变动情况，判断未来的净收益基本上每年不变，且因收益期限为有限年，故选用的具体计算公式为

$$V = \frac{A}{Y}\left[1 - \frac{1}{(1+Y)^n}\right]$$

上述公式中的收益期限 n 等于45年（建筑物经济寿命为60年，长于土地使用期限。土地使用期限为50年，自2016年5月15日起算，2016年5月15日到2021年5月15日为5年，此后的收益期限为45年），因此：

$$V = \frac{1\,694.16}{10\%} \times \left[1 - \frac{1}{(1+10\%)^{45}}\right]$$
$$= 16\,709.17（万元）$$

估价结果：根据计算结果，并参考房地产估价师的估价经验，确定本估价对象于 2021 年 5 月 15 日的购买总价为 16 709.17 万元，约合每平方米建筑面积 6 179.43 元。

本章小结

本章阐述了收益法的基本原理与具体的估价方法。收益法是将估价对象未来的预期收益进行资本化转变为现值的估价方法，其理论依据是预期原理。根据资本化方式的不同，收益法分为报酬资本化法和直接资本化法。报酬资本化法是一种现金流量折现法，即房地产的价值等于其未来各期净收益的现值之和，经典公式为

$$V = \sum_{i=1}^{n} \frac{A_i}{(1+Y)^i}$$

净收益是从有效毛收入中扣除运营费用以后得到的归属于房地产的收入；收益期是指预计在正常市场和运营状况下估价对象未来可获取净收益的时间；报酬率是投资回报与所投入资本的比率。

直接资本化法是预测估价对象未来第一年的收益，将其除以适当的资本化率或乘以适当的收益乘数得到估价对象价值或价格的方法，用公式表示为

$$房地产价值 = \frac{房地产收益}{资本化率}$$

$$房地产价值 = 房地产收益 \times 收益乘数$$

在收益法中，可以利用投资组合技术求出各个组成部分的报酬率或资本化率，也可以利用剩余技术求取组成部分中的剩余部分价值。

实训题

以小组为单位，选取某一宗收益性房地产（如商铺），了解其建筑面积、使用年限，调查市场租金、运营费用率、报酬率等，运用收益法测算其市场价值。

模拟试题

一、单项选择题

1. 购买某类房地产，通常抵押贷款占 70%，抵押贷款常数是 6%，自有资本要求的年收益率为 9%，则该类房地产的资本化率为（　　）%。
   A. 6　　　　　　　B. 6.9　　　　　　　C. 8.8　　　　　　　D. 9

*2. 关于收益法中收益期确定的说法，正确的是（　　）。
   A. 在正常市场和运营条件下估价对象未来可获取收益的时间
   B. 在正常市场和运营条件下估价对象过去与未来可获取收益的时间
   C. 自估价对象竣工投入使用时起至未来不能获取收益时止的时间
   D. 自价值时点起至估价对象未来不能获得净收益时止的时间

3.（　　）是根据估价对象的预期收益来求取估价对象价值或价格的方法。
  A.比较法　　　　　B.假设开发法　　　C.收益法　　　　　D.成本法
4.用收益法评估房地产价格时，当其收益期为有限年 n 时，n 所代表的是（　　）。
  A.使用权年限　　　B.耐用年限　　　　C.已使用年限　　　D.剩余使用年限
5.收益法中的（　　）是指假定一宗房地产在做到充分的利用时，即无任何空置状况下，其可以获得的收入。
  A.净收入　　　　　B.净利润　　　　　C.潜在毛收入　　　D.有效毛收入
6.收益法是以（　　）为基础的。
  A.预期原理　　　　B.替代原理　　　　C.适合原理　　　　D.收益递增原理
*7.已知一年期国债利率为3.31%，贷款利率为5.43%，投资风险补偿为2.23%，管理负担补偿为1.32%，缺乏流动性补偿为1.42%，所得税抵扣的好处为0.5%，则报酬率为（　　）。
  A.7.78%　　　　　B.8.28%　　　　　C.13.21%　　　　　D.14.21%
8.采用收益法估价，净收益每年不变且收益期为无限年的公式为（　　）。
  A. $V = \dfrac{A}{Y}\left[1 - \dfrac{1}{(1+Y)^n}\right]$　　　　B. $V = \dfrac{A}{Y}$
  C. $V = \sum\limits_{i=1}^{t} \dfrac{A_i}{(1+Y)^i} + \dfrac{A}{Y}\left[1 - \dfrac{1}{(1+Y)^{n-t}}\right] \times \dfrac{1}{(1+Y)^t}$　　D. $V = \dfrac{A}{Y} + \dfrac{b}{Y^2}$
*9.某房地产的报酬率为8%，收益期限为30年时的价格为4 000元/m²。若报酬率为6%、收益期限为50年时，则该房地产的价格为（　　）元/m²。
  A.3 800　　　　　B.4 500　　　　　C.5 200　　　　　D.5 600
*10.判定一宗房地产是否为收益性房地产，关键是看该房地产（　　）。
  A.目前是否有经济收入　　　　　　　B.过去是否带来了经济收益
  C.是否具有产生经济收益的能力　　　D.目前的收入是否大于运营费用

二、多项选择题

*1.评估承租人权益价值时，收益法估价参数确定正确的有（　　）。
  A.收益期应为租赁合同剩余租赁期
  B.收益期应为经济寿命减去租赁合同剩余租赁期
  C.净收益应为合同租金减去运营费用
  D.净收益应为市场租金减去运营费用
  E.净收益应为市场租金减去合同租金
2.收益法估价中采用的（　　），除了有租约限制的以外，都应采用正常客观的数据。
  A.潜在毛收入　　　B.有效毛收入　　　C.运营费用
  D.净收益　　　　　E.预计利润
3.收益法中，是根据土地收益求取土地价值，根据建筑物的收益求取建筑物的价值，或根据房地收益求取房地价值。但当需要利用土地与地上建筑物共同产生的收益单独求取土地的价值或建筑物的价值时，则要采用（　　）。

　　A.房地剩余技术　　　　　　　　　　B.市场剩余技术

　　C.土地剩余技术　　　　　　　　　　D.建筑物剩余技术

4.投资组合技术主要有（　　）的组合两种。

　　A.抵押贷款与自有资金的组合　　　　B.土地与建筑物的组合

　　C.市场与房地产的组合　　　　　　　D.房地产的抵押与房地产的成交的组合

5.收益乘数是房地产的价格除以其某种年收益所得的倍数，具体的有（　　）。

　　A.毛租金乘数　　B.潜在毛收入乘数　　C.有效毛收入乘数　　D.净收益乘数

*6.根据净收益求取的不同，收益法可分为（　　）。

　　A.直接资本化法　　　　　　　　　　B.投资法

　　C.收益乘数法　　　　　　　　　　　D.利润法

　　E.现金流量折现法

7.收益性房地产的价值高低主要取决于（　　）。

　　A.已经获得净收益的大小　　　　　　B.未来获得净收益的风险

　　C.未来获得净收益的大小　　　　　　D.目前总收益的大小

　　E.未来获得净收益期限的长短

8.直接经营型房地产的最大特点，是房地产所有者同时又是经营者，房地产租金与经营者利润没有分开。直接经营型房地产可以分为（　　）等几类。

　　A.商业经营型房地产　　　　　　　　B.写字楼

　　C.仓库　　　　　　　　　　　　　　D.出租公寓

　　E.工业生产型房地产

9.收益法适用的估价对象包括（　　）。

　　A.住宅　　　　　　　　　　　　　　B.汽车加油站

　　C.行政办公楼　　　　　　　　　　　D.学校

　　E.游乐场

10.净收益每年不变的公式 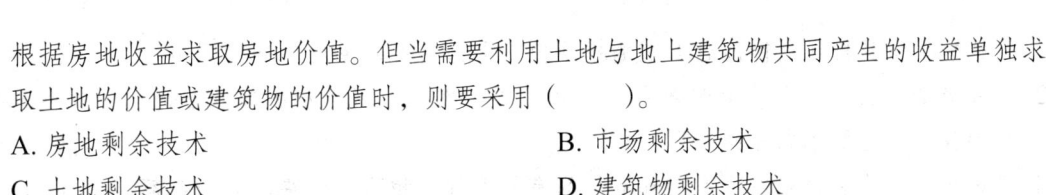 的作用有（　　）等。

　　A.直接计算收益价格

　　B.进行不同年限价格之间的换算

　　C.比较不同年限价格的高低

　　D.用于比较法中因年限不同进行的价格调整。

三、判断题

1.房地产的实际收益是在现状下实际取得的收益，一般来说，它可以用于估价作业。（　　）

2.所谓收益法，就是将预期的估价对象房地产未来各年的正常净收益求和，并选用适当

的报酬率将其折现到价值时点上的折现值，即为估价对象房地产的现值。（ ）
3. 房地产的收益可以分为有形收益和无形收益，在求取房地产的净收益时，不仅要包括有形收益，还要考虑各种无形收益。（ ）
4. 房地产的净收益为在现状下实际取得的有效毛收入扣除运营费用后的余额。（ ）
5. 在收益能力相同的条件下，风险大的房地产价值低，风险小的房地产价值高。（ ）
6. 在有租约限制的前提下，租约期内的租金应采用租约所确定的租金，而租约期外的租金应采用正常客观的租金。（ ）
*7. 资本化率和报酬率都是将房地产的未来预期收益转换为价值的比率，前者是某种年收益与其价格的比率，后者是用来除以一连串未来各期净收益，以求得未来各期净收益现值的比率。（ ）
8. 房地产的价值是其未来各期净收益的现值之和。（ ）
9. 要比较两宗房地产价格的高低，如果该两宗房地产的收益期或土地使用权年限不同，直接比较是不妥的。如果要比较，则需要将它们先转换成相同年限下的价格。（ ）
*10. 用收益法估算某大型商场的价值时，其净收益为商场销售收入扣除商品销售成本、经营费用、销售税金及附加、管理费用、财务费用后的余额。（ ）

四、计算题

1. 已知某宗收益性房地产 40 年收益权利的价格为 7 500 元/m², 该类房地产报酬率为 12%，求该宗房地产 30 年的收益价值。
2. 某宗房地产，通过预测知其今后 5 年的净收益分别为 20 万元、22 万元、25 万元、28 万元、30 万元，从第 6 年起到未来无限期，每年的净收益将有可能稳定在 35 万元左右，假若该类房地产的报酬率为 10%，则该宗房地产的收益价值为多少？
3. 承租人甲与出租人乙于 5 年前签订了一套住宅的租赁合同，该套住宅面积为 200m²，租赁期限为 8 年，年租金固定不变为 480 元/m²。现市场上类似住宅的年租金为 600 元/m²。若折现率为 8%，试计算承租人甲目前的权益价值。
4. 某宗房地产的净收益为每年 50 万元，已知建筑物的价值为 200 万元，建筑物的资本化率为 12%，土地的资本化率为 10%。试求该宗房地产的收益价值。
5. 某出租的旧办公楼的租约尚有 2 年到期，在此最后 2 年的租期中，每年可收取净租金 80 万元（无费用支出），到期后要拆除作为商业用地。预计作为商业用地的价值为 1 100 万元，拆除费用为 50 万元，该类房地产的报酬率为 8%。试求该旧办公楼的价值。
6. 某商铺建筑面积为 500m²，建筑物的剩余经济寿命和剩余土地使用年限为 35 年；市场上类似商铺按建筑面积计的月租金为 120 元/m²；运营费用为租金收入的 25%；该类房地产的报酬率为 10%，试计算该商铺的价值。

第 6 章

成 本 法

成本法是房地产估价的三种基本方法之一,也是一种常用的估价方法。本章介绍成本法的基本原理与具体的估价内容。

◎ 学习目标

1. 了解成本法的含义、理论依据、适用的估价对象以及需要具备的条件。
2. 熟悉成本法的价格构成、两种重新购建成本的含义。
3. 掌握成本法的基本公式、重新购建成本与建筑物折旧的求取方法。

📖 技能要求

能够运用成本法测算房地产的价值或价格。

6.1 成本法的基本原理

6.1.1 成本法的含义

成本法是测算估价对象在价值时点的重置成本或重建成本和折旧,将重置成本或重建成本减去折旧得到估价对象价值或价格的方法。重置成本和重建成本统称为重新购建价格,是指假设在价值时点重新取得全新状况的估价对象的必要支出,或者重新开发全新状况的估价对象的必要支出及应得利润。其中,重新取得可简单地理解为重新购买,重新开发可简单地理解为重新建造。折旧是各种原因造成的建筑物价值减损,其金额为建筑物在价值时点的重置成本或重建成本与市场价值之差。成本法是以房地产价格各构成部分的累加为基础来估算房地产价格的方法，其本质是以房地产的重新开发建设成本为导向求取估价对象的价值。

6.1.2 成本法的理论依据

成本法的理论依据是生产费用价值论，即商品的价格依据其生产所必要的费用决定。我们可以从买卖双方的角度来分析它的理论依据。从卖方的角度看，房地产的价格是基于其过去的"生产费用"，重在过去的投入，他所能接受的最低价格，不能低于开发建设该房地产已花费的代价。如果低于该代价，他就会亏本，这种房地产也就不会被开发建设。从买方的角度看，房地产的价格是基于社会"生产费用"，买方愿意支付的最高价格，不能高于他预计重新开发建设该房地产所需花费的必要支出及应得利润，否则，他还不如自己开发建设或委托他人开发建设。如果该房地中的建筑物不是全新的，通常还要考虑建筑物的折旧。由此可见，买卖双方均可接受的是正常的开发建设代价（包括开发建设的必要支出及应得利润）。因此，我们可以根据重新开发建设估价对象的必要支出及应得利润来求取估价对象的价值或价格。

6.1.3 成本法适用的估价对象

一般来说，只要是新近开发完成的房地产、正在开发或计划开发的房地产、旧的房地产等都可以采用成本法估价。但成本法特别适用于既无收益又很少发生交易的房地产，如学校、医院、图书馆、体育场馆、公园、行政办公楼、军队营房等，这些房地产多以公益、公用为目的，特别适合成本法估价。有独特设计、只满足个别用户需要的房地产，如化工厂、钢铁厂、油田、机场等也适用成本法。此法还常用于单纯建筑物的估价以及房地产保险及其他损害赔偿中。房地产市场发育不完善，无法运用比较法估价时，成本法也是一种选择。

由于成本法估价比较费时费力，测算估价对象的重置成本和折旧都有较大的难度，因此，这种方法主要适用于评估建筑物是新的或比较新的房地产的价值，不适用于那些建筑物过于老旧的房地产。

6.1.4 成本法估价需要具备的条件

在现实生活中，房地产的价格直接取决于效用而非成本，成本的增减要有效用才能形成价格。因此，房地产成本的增加或减少不一定导致房地产价值的高与低。房地产价格终究受供求关系的影响，要结合市场供求情况来评估房地产价格。运用成本法要特别注意以下几个问题：

（1）应采用客观成本而不是实际成本。实际成本也被称为个别成本，是购置估价对象的实际支出，或开发建设估价对象的实际支出及所得利润；客观成本也被称为正常成本，是购置估价对象的必要支出，或开发建设估价对象的必要支出及应得利润，或实际成本经剔除特殊的、偶然的因素后的成本。

（2）应结合选址、规划设计等进行调整。现实中有一些选址不当或规划设计不合理等造成不符合市场需求的房地产，如在客流量很小的地方建造的商场，该商场的价值就不会很高，评估该商场的价值应在客观成本的基础上做减价调整。

（3）应结合市场供求关系进行调整。当房地产市场供大于求时，房地产价格可能低于其开发成本，应在客观成本的基础上调低评估价值。当房地产市场供小于求时，房地产价格可能高于其开发成本，应在客观成本的基础上调高评估价值。

此外，成本法估价还要求估价师具有一定的建筑工程、建筑材料、建筑设备、装饰装修、工程造价等方面的知识。成本法测算出的价值在未进行有关调整之前一般是完全产权价值，如果评估有限制的房地产的价值或价格时，还应对测算出的价值进行相应调整。

6.1.5 成本法的估价步骤

运用成本法估价一般需要以下几个步骤：

①选择具体估价路径；②测算重置成本或重建成本；③测算折旧；④计算成本价值。

6.2 房地产的价格构成

运用成本法估价，要弄清估价对象所在地区类似房地产的价格构成，将房地产价格的构成部分累加就可以得到房地产的总价。房地产价格构成情况比较复杂，不同地区、不同开发经营方式的房地产，其价格构成有所不同。比较典型的开发经营方式是房地产开发企业取得房地产开发用地进行商品房建设，然后销售所建成的商品房。在这种方式下房地产价格构成分为土地成本、建设成本、管理费用、销售费用、投资利息、销售税费和开发利润七大项，即

房地产价格 = 土地成本 + 建设成本 + 管理费用 + 销售费用 + 投资利息 + 销售税费 + 开发利润

其中，土地成本和建设成本之和，可称为直接成本，即

直接成本 = 土地成本 + 建设成本

土地成本、建设成本、管理费用、销售费用、投资利息和销售税费之和，可称为开发成本，即

开发成本 = 土地成本 + 建设成本 + 管理费用 + 销售费用 + 投资利息 + 销售税费

下面以这种典型的房地产开发经营方式为例，说明房地产价格的构成。

6.2.1 土地成本

土地成本也被称为土地取得成本、土地费用，是指购置土地的必要支出，或开发土地的必要支出及应得利润。土地成本的具体构成由于取得土地的途径不同而有所不同，应根据估价对象的实际情况求取相应的土地成本。取得土地的途径有以下几种：

（1）通过市场购买而取得土地。在市场购买情形下，土地成本一般由购买土地的价款、应由买方缴纳的税费和其他支出构成。例如，某宗面积为 5 000m² 的房地产开发用地，市场价格（楼面地价）为 1 600 元/m²，容积率为 4，受让人缴纳的契税等为土地价格的 3%，则土地成本为 1 600×5 000×4×（1+3%）=3 296（万元）。

（2）通过征收集体土地而取得土地。在征收集体土地的情形下，土地成本一般包括土地征收补偿费用、相关税费和其他费用。其中，土地征收补偿费用包括土地补偿费、安置补助费、地上附着物和青苗的补偿费、安排被征地农民的社会保障费用；相关税费包括新菜地开发建设基金、耕地开垦费、耕地占用税、征地管理费、政府规定的其他有关费用；其他费用包括地上物拆除费、渣土清运费、场地平整费以及城市基础设施建设费、建设用地使用权出让金等，通常依照规定的标准或采用比较法求取。

（3）通过征收国有土地上的房屋而取得土地。在这种情形下，土地成本包括房屋征收补偿费用、相关费用和其他费用。其中，房屋征收补偿费用包括被征收房屋补偿费、搬迁费、临时安置费、停产停业损失补偿费和补助及奖励等；相关费用包括房屋征收评估费、房屋征收服务费、政府规定的其他有关费用。

6.2.2 建设成本

建设成本是在取得的土地上进行基础设施建设、房屋建设所必要的直接费用、税金等。主要包括下列几项：

（1）勘察设计和前期工程费，如市场调研、可行性研究、项目策划、工程勘察、环境影响评价、交通影响评价、规划及建筑设计、建设工程招标，以及施工通水、通电、通路、场地平整和临时用房等房地产开发项目前期工作的必要支出。

（2）建筑安装工程费，包括建造商品房及附属工程所发生的土建工程费、安装工程费、装饰装修工程费等费用。

（3）基础设施建设费，包括城市规划要求配套的道路、给水、排水、电力、通信、燃气、供热等设施的建设费用。

（4）公共配套设施建设费，包括城市规划要求配套的教育（如幼儿园）、医疗卫生（如医院）、文化体育（如文化活动中心）、社区服务（如居委会）、市政公用（如公共厕所）等非营业性设施的建设费用。

（5）其他工程费，包括工程监理费、工程检测费、竣工验收费等。

（6）开发期间税费，包括有关税收和地方政府或税收部门收取的费用，如绿化建设费、人防工程费等。

6.2.3 管理费用

管理费用是房地产开发企业为组织和管理房地产开发经营活动的必要支出，包括房地产开发企业的人员工资及福利费、办公费、差旅费等。此项费用通常按照土地成本与建设成本之和的一定比例来测算。

6.2.4 销售费用

销售费用也称为销售成本,是预售或销售开发完成的房地产的必要支出,包括广告费、销售资料制作费、样板房建设费、售楼处建设费、销售代理费等。此项费用通常按照开发完成后的房地产价值的一定比例来测算。

6.2.5 投资利息

1. 投资利息的含义

投资利息是指在房地产开发完成或者实现销售之前发生的所有必要费用应计算的利息。土地成本、建设成本、管理费用和销售费用,无论它们是借贷资金还是自有资金,都应计算利息。

2. 投资利息的计算

计算投资利息需要把握下列 5 个方面:

(1)应计息项目。应计息项目包括土地成本、建设成本、管理费用和销售费用。销售税费一般不计算利息。

(2)计息周期。计息周期是指计算利息的单位时间。它可以是年、半年、季、月等,通常为年。

(3)计息期。计息期也称为计息周期数。为确定每项费用的计息期,首先要估算整个房地产开发项目的建设期。建设期也称为开发期,在成本法中,其起点一般是取得房地产开发用地的日期,终点是达到全新状况的估价对象的日期。建设期的终点一般是价值时点。对于在土地上建设房屋来说,建设期又可分为前期和建造期。前期是自取得房地产开发用地之日起至动工开发(开工)之日止的时间。建造期是自动工开发之日起至房屋竣工之日止的时间。

有了建设期之后,便可估计土地成本、建设成本、管理费用、销售费用在该建设期间发生的时间及发生的金额。某项费用的计息期是该项费用应计息的时间长度,如 20 个月、8 个季度、2 年等。一项费用的计息期的起点是该项费用发生的时点,终点是建设期的终点,一般不考虑预售和延迟销售的情况。

(4)计息方式。计息方式有单利和复利两种。

单利是指每期均按原始本金计算利息,即只有本金计算利息,本金所产生的利息不计算利息。在单利计息下,每期的利息是个常数。如果用 P 表示本金,i 表示利率,n 表示计息期,I 表示总利息,F 表示计息期末的本利和,则有:

$$I = P \times i \times n$$
$$F = P(1 + i \times n)$$

复利是指以上一期的利息加上本金为基数计算当期利息的方法。在复利计息下,不仅本金要计算利息,而且利息也要计算利息,即通常所说的"利滚利"。复利的本利和计算公式为

$$F = P(1+i)^n$$

复利的总利息计算公式为

$$I = P[(1+i)^n - 1]$$

（5）利率。利率是用百分比表示的单位时间内增加的利息与原金额之比。利率有单利利率和复利利率、存款利率和贷款利率、名义利率和实际利率等。投资利息计算中一般采用价值时点的房地产开发贷款的平均利率。

6.2.6 销售税费

销售税费是预售或销售开发完成后的房地产应由卖方缴纳的税费，包括：①销售税金及附加，如营业税、城市维护建设税和教育费附加（简称"两税一费"）；②其他销售税费，如印花税、交易手续费等。销售税费通常按照房地产价值的一定比例测算。

6.2.7 开发利润

开发利润是典型的房地产开发企业进行特定的房地产开发所期望获得的平均利润。开发利润是需要事先估算的。估算开发利润应掌握下列几点：

（1）开发利润是未扣除土地增值税和企业所得税的，简称税前利润，即：开发利润＝开发完成后的房地产价值－土地成本－建设成本－管理费用－销售费用－投资利息－销售税费。

（2）开发利润是该类房地产开发项目在正常条件下房地产开发企业所能获得的平均利润，而不是个别房地产开发企业实际获得或期望获得的利润。

（3）开发利润率是通过调查大量同一市场上相似的房地产开发项目的平均利润率得到的。

（4）开发利润率应根据不同类型房地产开发项目的投资风险的不同而有所不同。

（5）开发利润通常按照一定的基数乘以相应的利润率来估算。开发利润率是房地产开发利润与房地产开发投资或开发成本、销售价格等的百分比。开发利润的计算基数和相应的利润率主要有下列4种：

1）计算基数＝土地成本＋建设成本，相应的房地产开发利润率可被称为直接成本利润率，即

$$直接成本利润率 = \frac{开发利润}{土地成本 + 建设成本}$$

2）计算基数＝土地成本＋建设成本＋管理费用＋销售费用，相应的房地产开发利润率可被称为投资利润率，即

$$投资利润率 = \frac{开发利润}{土地成本 + 建设成本 + 管理费用 + 销售费用}$$

3）计算基数＝土地成本＋建设成本＋管理费用＋销售费用＋投资利息，相应的房地产开发利润率可被称为成本利润率，即

$$成本利润率 = \frac{开发利润}{土地成本 + 建设成本 + 管理费用 + 销售费用 + 投资利息}$$

4）计算基数＝土地成本＋建设成本＋管理费用＋销售费用＋投资利息＋销售税费＋开发利润＝开发完成后的房地产价值（售价），相应的房地产开发利润率可被称为销售利润率，即

$$销售利润率 = \frac{开发利润}{开发完后的房地产价值}$$

在采用销售利润率估算开发利润的情况下，因为开发利润＝房地产价值×销售利润率＝（土地成本＋建设成本＋管理费用＋销售费用＋投资利息＋销售税费＋开发利润）×销售利润率，所以，开发利润＝（土地成本＋建设成本＋管理费用＋销售费用＋投资利息＋销售税费）× $\frac{销售利润率}{1-销售利润率}$

由于房地产开发有不同种类的利润率，所以在估算开发利润时要弄清利润率的内涵，注意利润率与计算基数是否相匹配。从理论上讲，同一个房地产开发项目的开发利润，无论是采用哪种利润率和与之相应的计算基数来估算，所得出的结果都是相同的。

[例 6-1] 某房地产的土地取得成本为 1 000 万元，建设成本为 3 000 万元，管理费用为 200 万元，销售费用为 300 万元，投资利息为 400 万元，开发利润为 500 万元，开发完成后的房地产售价为 5 600 万元。请计算该房地产的直接成本利润率、投资利润率、成本利润率和销售利润率。

解： 该房地产的各种利润率计算如下：

（1）直接成本利润率 ＝ $\frac{500}{1\ 000+3\ 000}$ ＝ 12.5%

（2）投资利润率 ＝ $\frac{500}{1\ 000+3\ 000+200+300}$ ＝ 11.11%

（3）成本利润率 ＝ $\frac{500}{1\ 000+3\ 000+200+300+400}$ ＝ 10.2%

（4）销售利润率 ＝ $\frac{500}{5\ 600}$ ＝ 8.93%

将上述房地产价格的各个组成部分相加即可得到房地产总价，求取房地产单价还需要将该总价除以房地产开发项目中可销售的商品房总面积，而不是除以房地产开发项目所有建筑物总面积。

6.3 成本法的基本计算公式

6.3.1 适用于新开发建设的房地产的基本公式

新开发建设的房地产可分为新开发房地、新开发土地、新开发建筑物、在建工程等几种情况，适用的公式有以下几种。

1. 适用于新开发房地的基本公式

对于新开发的房地（如新建的商品房），成本法的基本公式为

$$新开发的房地价值 = 土地成本 + 建设成本 + 管理费用 + 销售费用 + \\ 投资利息 + 销售税费 + 开发利润$$

2. 适用于新开发土地的基本公式

新开发的土地包括征收集体土地并进行基础设施建设后的土地，征收国有土地上的房屋并进行基础设施改造后的土地以及填海造地、开山造地等，在这些情况下，成本法的基本公式为：

$$新开发的土地价值 = 待开发土地成本 + 土地开发成本 + 管理费用 + \\ 销售费用 + 投资利息 + 销售税费 + 开发利润$$

对于新开发区土地的估价，该公式可具体化为

某开发区某宗土地的单价 =（开发区用地取得总成本 + 土地开发总成本 + 总管理费用 + 总销售费用 + 总投资利息 + 总销售税费 + 总开发利润）÷（开发区用地总面积 × 开发完成后可转让土地面积的比率）× 区位、用途等因素调整系数

上式中：

$$开发完成后可转让土地面积的比率 = \frac{开发完成后可转让土地总面积}{开发区用地总面积} \times 100\%$$

[例 6-2] 某成片荒地面积 $2km^2$，取得该荒地的代价为 1.2 亿元，将其开发成"五通一平"熟地的开发成本和管理费用为 2.5 亿元，开发期为 3 年，贷款年利率为 8%，销售费用、销售税费和开发利润分别为可转让熟地价格的 2%、5.5% 和 10%，开发完成后可转让土地面积的比率为 60%。请求取该荒地开发完成后可转让熟地的平均单价（假设建设成本和管理费用在开发期内均匀投入，开发完成时即开始销售，销售费用在开发完成时投入）。

解： 设该荒地开发完成后可转让熟地的平均单价为 V。先求取该地总价，然后再求取单价：

该地总价 = 该荒地取得总代价 + 土地开发总成本 + 总管理费用 + 总销售费用 + 总投资利息 + 总销售税费 + 总开发利润

= 该荒地取得总代价 + 土地开发总成本 + 总管理费用 + 总投资利息 + 可转让熟地的总价 × 销售费用、销售税费和开发利润的比率

得出：

$$该地总价 = \frac{该荒地取得总代价 + 土地开发总成本 + 总管理费用 + 总投资利息}{1 - 销售费用、销售税费和开发利润的比率}$$

$$V = \frac{该荒地取得总代价 + 土地开发总成本 + 总管理费用 + 总投资利息}{(1 - 销售费用、销售税费和开发利润的比率) \times 可转让熟地总面积}$$

$$= \frac{120\,000\,000 \times (1+8\%)^3 + 250\,000\,000 \times (1+8\%)^{1.5}}{[1-(2\%+5.5\%+10\%)] \times 2\,000\,000 \times 60\%}$$

$$= 436 \,(元/m^2)$$

3. 适用于新开发建筑物的基本公式

新建成的建筑物价值为建筑物建设成本与其相应的税费和利润之和，不包含土地成本及其税费和利润。具体公式如下：

新建成的建筑物价值 = 建筑物建设成本 + 管理费用 + 销售费用 + 投资利息 + 销售税费 + 开发利润

4. 适用于在建工程的基本公式

在估价对象为在建工程的情况下，成本法的基本公式为

在建工程价值 = 土地成本 + 已投入的建设成本 + 管理费用 + 销售费用 + 投资利息 + 销售税费 + 开发利润

其中，已投入的建设成本是指在价值时点之前已经投入的各项建设成本；管理费用、投资利息和开发利润是与已投入的建设成本相对应的管理费用、投资利息和开发利润；销售费用和销售税费应视项目具体情况而定。

[例 6-3] 某企业开发某土地，土地重新取得成本为 1 000 元/m²，正常开发成本为 1 500 元/m²，管理费用为前两项的 5%，销售费用为 100 元/m²，投资利息占直接成本的 5%，直接成本利润率为 6%，则开发后的地价是多少？

解： 设开发后的地价为 V，采用新开发土地价值公式：

新开发的土地价值 = 待开发土地成本 + 土地开发成本 + 管理费用 + 销售费用 + 投资利息 + 销售税费 + 开发利润

得出：

$V = 1\,000 + 1\,500 + (1\,000 + 1\,500) \times 5\% + 100 + (1\,000 + 1\,500) \times 5\% + (1\,000 + 1\,500) \times 6\%$

$= (1\,000 + 1\,500) \times (1 + 5\% + 5\% + 6\%) + 100$

$= 3\,000 \,(元/m^2)$

6.3.2 适用于旧房地产的基本公式

成本法的典型估价对象是旧房地产。旧房地产可分为旧房地和旧建筑物两种情况。

1. 适用于旧房地的基本公式

在不同的估价路径中,采用的成本法公式也有所不同。

(1) 把旧房地作为一个整体,采用成本法估价的基本公式为

$$旧房地价值 = 房地重新购建成本 - 房地折旧$$

例如,求取某旧房的价值,通过比较法得到类似新房的价值(即房地重新构建成本),然后减去旧房的建筑物陈旧、土地使用期限缩短等造成的价值减损。

(2) 把旧房地分解为土地和建筑物两个组成部分,采用成本法估价的基本公式为

$$旧房地价值 = 土地重新购建成本 + 建筑物重新购建成本 - 建筑物折旧$$

(3) 把土地当作原材料,模拟房地产开发建设过程,采用成本法估价的基本公式为

$$旧房地价值 = 土地成本 + 建设成本 + 管理费用 + 销售费用 + 投资利息 +$$
$$销售税费 + 开发利润 - 建筑物折旧$$

2. 适用于旧建筑物的基本公式

在旧建筑物的情况下,成本法的基本公式为

$$旧建筑物价值 = 建筑物重新购建成本 - 建筑物折旧$$

6.4 重新购建成本的测算

6.4.1 重新购建成本的内涵

重新购建成本又称重新购建价格,是假设在价值时点重新购置全新状况的估价对象的必要支出,或重新开发建设全新状况的估价对象的必要支出及应得利润。把握重新购建成本的内涵需要注意的是:①重新购建成本是在价值时点的重新购建成本;②重新购建成本是体现相似房地产平均水平的客观成本,不是个别单位或个人的实际成本;③土地的重新购建成本是价值时点的土地的重新购建成本,减价或增价因素已考虑在土地的重新购建成本中;建筑物的重新购建成本是全新状况的建筑物的重新购建成本,未扣除折旧。求取建筑物重新购建成本,相当于成本法求取新建成的建筑物价值,公式为

$$建筑物重新购建成本 = 建筑安装工程费 + 专业费用 + 管理费用 + 销售费用 +$$
$$投资利息 + 销售税费 + 开发利润$$

6.4.2 重新购建成本的求取思路

1. 房地重新购建成本的求取思路

求取房地重新购建成本有两大路径:一是"房地合估",将该房地作为一个整体,把土地当作原材料,模拟房地产开发建设过程,在房地产价格构成的基础上,采用成本法求取。二是"房地分估"将土地和建筑物当作各自独立的物,分别求取土地重新购建成本和建筑物重新购建成本,然后将两者相加。实际估价中,应根据估价对象状况和土地

市场状况，选择求取重新购建成本的路径，并应优先选择房地合估路径。

2. 土地重新购建成本的求取思路

土地重新购建成本是在价值时点重新购置土地的必要支出，或重新开发土地的必要支出及应得利润。求取土地重新购建成本，通常采用比较法、基准地价修正法等方法求取在价值时点重新购置该土地的必要支出，或者采用成本法求取在价值时点重新开发土地的必要支出及应得利润。

3. 建筑物重新购建成本的求取思路

求取建筑物重新购建成本，是假设该建筑物占用的土地已经取得，并且是空地，然后在该土地上建造与该建筑物相同或具有同等效用的全新建筑物的必要支出及应得利润。也可以设想将该全新建筑物发包给建筑施工企业建造，由建筑施工企业将全新建筑物移交给发包人，这种情况下发包人应支付给建筑施工企业全部费用（即建设工程价款），再加上发包人的其他必要支出（如勘察设计和前期工程费、管理费用、销售费用、投资利息、销售税费等）及发包人的应得利润。

6.4.3 建筑物重新购建成本的求取方式

按照建筑物重新建造方式的不同，建筑物重新购建成本分为重置成本和重建成本。

1. 建筑物重置成本

重置成本也被称为重置价格，是指采用价值时点的建筑材料、建筑构配件和设备及建筑技术、工艺等，在价值时点的国家财税制度和市场价格体系下，重新建造与估价对象中的建筑物具有相同效用的全新建筑物的必要支出及应得利润。重置成本适用于一般建筑物，或因年代久远、已缺少与旧建筑物相同的建筑材料、建筑构配件和设备，或因建筑技术、工艺改变等使得旧建筑物复原建造有困难的建筑物估价。

2. 建筑物重建成本

重建成本也被称为重建价格，是指采用与估价对象中的建筑物相同的建筑材料、建筑构配件和设备及建筑技术、工艺等，在价值时点的国家财税制度和市场价格体系下，重新建造与估价对象中的建筑物完全相同的全新建筑物的必要支出及应得利润。这种重新建造方式即是复原建造，可形象地称其为"复制"。对具有历史、艺术、科学价值或代表性的建筑物适用重建成本。

由于建造建筑物的方式不同，重置成本和重建成本往往是不同的。重置成本发挥了技术进步的优势，也是"替代原理"的体现。新的建筑材料、设备及建筑技术的使用，不仅使建筑物功能更加完善，成本也会降低，因此，重置成本通常低于重建成本。

6.4.4 建筑安装工程费的求取方法

建筑安装工程费是建筑物重新购建成本的主要部分，求取建筑安装工程费的方法有单位比较法、分部分项法、工料测量法和指数调整法。

1. 单位比较法

单位比较法是以建筑物为整体，选取与该类建筑物的建筑安装工程费密切相关的某种计量单位为比较单位，调查在价值时点的近期建成的类似建筑物的单位建筑安装工程费，对其进行适当处理后得到建筑物建筑安装工程费的方法。单位比较法主要有单位面积法和单位体积法。单位面积法是调查在价值时点的近期建成的类似建筑物的单位面积建筑安装工程费，对其进行处理后得到建筑物建筑安装工程费的方法。单位体积法是调查在价值时点的近期建成的类似建筑物的单位体积建筑安装工程费，对其进行处理后得到建筑物建筑安装工程费的方法。

[例6-4] 某建筑物的建筑面积为300m^2，该类建筑结构和用途的建筑物的单位建筑面积造价为3 000元/m^2，则该建筑物的建筑安装工程费 = 300×3 000 = 90（万元）。

[例6-5] 某建筑物的体积为500m^3，该类建筑结构的建筑物其单位体积造价为2 100元/m^3，则该建筑物的重新购建价格可估计为500×2 100 =105（万元）。

2. 分部分项法

分部分项法是把建筑物分解为各个分部工程或分项工程，测算每个分部工程或分项工程的数量，调查各个分部工程或分项工程在价值时点各工程的单位成本，将各个分部工程或分项工程的数量乘以相应的单位价格或单位成本后相加得到建筑物建筑安装工程费的方法。

[例6-6] 求取某旧办公楼的建筑安装工程费。有关数据如下：（1）～（4）。

（1）土建工程直接费：

① 基础工程：99.54元/m^2

② 墙体工程：80.11元/m^2

③ 梁板柱工程：282.3元/m^2

④ 墙混凝土工程（电梯井壁、混凝土剪力墙）：73.65元/m^2

⑤ 楼梯混凝土工程：31.82元/m^2

⑥ 零星混凝土工程：25.32元/m^2

⑦ 屋面工程：20.42元/m^2

⑧ 脚手架工程：25.54元/m^2

⑨ 室外配套工程：142.67元/m^2

小计：781.44元/m^2

（2）安装工程直接费：

① 电梯工程：130.00元/m^2（其中：人工费9.00元/m^2）

② 给排水工程：85.22元/m^2（其中：人工费12.32元/m^2）

③ 采暖通风工程：70.34元/m^2（其中：人工费9.83元/m^2）

④ 电气工程：112.65 元/m²（其中：人工费 7.59 元/m²）
⑤ 消防工程：16.62 元/m²（其中：人工费 2.58 元/m²）
⑥ 综合布线工程：30.45 元/m²（其中：人工费 4.85 元/m²）
小计：445.28 元/m²（其中：人工费 46.17 元/m²）

（3）装饰装修工程直接费：
① 门窗工程：135.00 元/m²（承包价）
② 内部装饰工程：455.50 元/m²（其中：人工费 45.16 元/m²）
③ 外墙玻璃幕等工程：311.00 元/m²（承包价）
小计：901.50 元/m²（其中：人工费 45.16 元/m²）

（4）综合费和税金：调查得知土建工程的综合费率为其费用的 14.25%，安装工程综合费率为安装工程人工费的 79.08%，装饰装修工程综合费率为装饰装修工程人工费的 75.90%，税率为 3.445%。

请根据以上资料，求取该旧办公楼的建筑安装工程费。（该楼的建筑面积为 8 247m²。）

解： 建筑安装工程费计算如下：
① 土建工程费 = [781.44×（1 + 14.25%）]×（1 + 3.445%)
      = 923.55（元/m²）
② 安装工程费 =（445.28 + 46.17×79.08%）×（1 + 3.445%）
      = 498.39（元/m²）
③ 装饰装修工程费 =（901.50 + 45.16×75.90%）×（1 + 3.445%）
      = 968.01（元/m²）

得出：

$$建筑安装工程费 = 923.55+498.39+968.01$$
$$= 2\,389.95（元/m²）$$
$$建筑安装工程费总额 = 2\,389.95×8\,247$$
$$= 19\,709\,900（元）$$
$$= 1\,970.99（万元）$$

3. 工料测量法

工料测量法是把建筑物还原为建筑材料、建筑构配件和设备，测算重新建造该建筑所需要的建筑材料、建筑构配件、设备的种类和数量、施工机械台班数、人工时数，调查在价值时点相应的单价和人工费标准，将各种建筑材料、建筑构配件、设备、施工机械台班的数量及人工时数乘以相应的单价和人工费后相加，并计取相应的措施项目费、规费和税金等得到建筑物建筑安装工程费的方法。工料测量法的优点是详细、准确，缺点是比较费时、费力，并且需要其他专家（如建筑师、造价工程师）帮助，主要用于求取具有历史价值的建筑物的重新购建价格。采用工料测量法估算建筑安装工程费的一个简化例子如表 6-1 所示。

表 6-1　工料测量法

项目	数量	单价	成本（元）
现场准备			3 000
水泥			6 500
砂石			5 000
砖块			12 000
木材			7 000
瓦面			3 000
铁钉			200
人工			15 000
税费			1 000
其他			1 500
利润			3 500
建筑安装工程费			57 700

4. 指数调整法

指数调整法是利用建筑安装工程费的有关指数或变动率，将估价对象建筑物的历史建筑安装工程费调整到价值时点来求取建筑物建筑安装工程费的方法。这种方法主要用于检验其他方法的测算结果。(参见比较法中市场状况调整方法)

[例 6-7]　某幢房屋的建筑面积为 300m²，该类房屋的建筑安装工程费为 2 400 元/m²，专业费用为建筑安装工程费的 8%，管理费用为建筑安装工程费与专业费用之和的 3%，销售费用为房屋重新购建成本的 4%，建设期为 6 个月，所有费用可视为在建设期内均匀投入，年利率为 6%，开发商成本利润率为 15%，销售税费为重新购建成本的 6%，请计算该房屋的重新购建成本。

解： 设该房屋重新购建单位成本为 V，求取 V 如下：

（1）建筑安装工程费 = 2 400（元/m²）

（2）专业费用 = 2 400 × 8%
　　　　　　 = 192（元/m²）

（3）管理费用 =（2 400 + 192）× 3%
　　　　　　 = 77.76（元/m²）

（4）销售费用 = V × 4%
　　　　　　 = 0.04V（元/m²）

（5）投资利息 =（2 400 + 192 + 77.76 + 0.04V）× [(1 + 6%)$^{0.25}$ − 1]
　　　　　　 = 39.18 + 0.000 59V（元/m²）

（6）销售税费 = V × 6%
　　　　　　 = 0.06V（元/m²）

（7）开发利润 =（2 400 + 192 + 77.76 + 0.04V + 39.18 + 0.000 59V）× 15%
　　　　　　 = 406.34 + 0.006 1V（元/m²）

（8）V = 2 400 + 192 + 77.76 + 0.04V + 39.18 + 0.000 59V + 0.06V + 406.34 + 0.006 1V

故：

$$重新购建单价\ V = 3\ 487.34\ (元/m^2)$$

该房屋重新购建总成本 = 3 487.34×300 = 1 046 200（元）= 104.62（万元）

6.5 建筑物折旧的测算

建筑物折旧是指由于各种原因而造成的建筑物价值减损，其金额为建筑物在价值时点的重新购建成本与在价值时点的市场价值之差，即

$$建筑物折旧 = 建筑物重新购建成本 - 建筑物市场价值$$

6.5.1 建筑物折旧的种类

建筑物折旧分为物质折旧、功能折旧和外部折旧。

1. 物质折旧

物质折旧也被称为物质损耗、有形损耗，是因自然力的作用或使用导致建筑物老化、损耗所造成的价值减损。由于引起物质折旧的原因不同，物质折旧被分为以下几种：

（1）自然老化折旧：主要是由于自然力的作用引起的，如风吹、日晒、雨淋等导致建筑物腐朽、风化、生锈、基础沉降等。这种损耗与建筑物的实际年龄正相关，还与气候、环境条件有关，如酸雨多的地区，建筑物的损耗则比较大。

（2）使用磨损折旧：主要是由于正常使用引起的，与建筑物的使用性质、使用年数和使用强度正相关。如工业厂房的磨损高于住宅的磨损，有腐蚀性工业厂房的磨损高于无腐蚀性工业厂房的磨损。

（3）意外损毁折旧：主要是由于突发性的天灾人祸引起的，如地震、水灾、风灾等对建筑物的破坏；人为的失火、碰撞等对建筑物的损毁。

（4）延迟维修折旧：主要是由于未适时地采取预防、养护措施或者修理不够及时引起的，它造成建筑物不应有的损坏或提前损坏，如门窗有破损、墙或地面有裂缝等。

2. 功能折旧

功能折旧也被称为无形损耗，是因建筑物功能不足或过剩造成的建筑物价值减损。建筑物功能折旧的产生，是由于科学技术进步、人们的消费观念改变、过去的建筑标准过低、建筑设计存在缺陷等因素所导致的。功能折旧可分为以下几种：

（1）功能缺乏折旧：是因建筑物中某些部件、设施设备、功能等缺乏造成的建筑物价值减损。比如，住宅没有暖气、燃气、卫生间、电话线路、有线电视等；办公楼没有电梯、宽带等。

（2）功能落后折旧：是因建筑物中某些部件、设施设备、功能等低于市场要求的标准造成的建筑物价值减损。例如设备、设施陈旧落后或建筑式样过时，空间布局欠佳等；高档办公楼需要有较好的智能化系统，如果某个高档办公楼的智能化程度不够，相对而

言其功能就落后了。

（3）功能过剩折旧：是因建筑物中某些部件、设施设备、功能等超过市场要求的标准而对房地产价值的贡献小于其成本造成的房地产价值减损。例如，某地区标准厂房的层高为5m，而某幢厂房的层高为6m，则该厂房超高的1m不能被市场接受，为此而增加的成本是无效成本。

3. 外部折旧

外部折旧也被称为经济折旧，是因建筑物以外的各种不利因素所造成的价值减损。不利因素包括：①经济因素，如市场供给过量或者需求不足等；②区位因素，如环境改变，包括自然环境恶化、环境污染、交通拥挤、城市规划改变等；③其他因素，如政府政策发生改变、采取市场调控措施等。

[例6-8] 某旧住宅的重置成本为100万元，地面、门窗等破损引起的物质折旧为3万元，户型不好、没有独用卫生间等引起的功能折旧为8万元，由于地处城市的衰落地区而引起的外部折旧为7万元。请计算该住宅的折旧总额和折旧后的价值。

解：（1）计算该住宅的折旧总额：

$$折旧总额 = 物质折旧 + 功能折旧 + 外部折旧$$
$$= 3 + 8 + 7$$
$$= 18（万元）$$

（2）计算该住宅折旧后的价值：

$$折旧后价值 = 重置成本 - 折旧$$
$$= 100 - 18$$
$$= 82（万元）$$

6.5.2 建筑物折旧的求取方法

建筑物折旧的求取方法主要有年限法、市场提取法和分解法。

1. 年限法

年限法也被称为年龄－寿命法，是根据建筑物的有效年龄和预期经济寿命或预期剩余经济寿命来测算建筑物折旧的方法。关于建筑物的年龄与寿命通常做如下划分：

建筑物的年龄分为实际年龄和有效年龄。实际年龄是建筑物自竣工时起至价值时点止的年数，类似于人的实际年龄。有效年龄是根据价值时点的建筑物实际状况判断的建筑物年龄，类似于人看上去的年龄。有效年龄可能不等于实际年龄，这与建筑物的维修养护情况有关。如果维修养护情况正常，有效年龄与实际年龄相当；维修养护好于正常情况的，或者经过更新改造的，其有效年龄小于实际年龄；维修养护比正常情况差的，有效年龄大于实际年龄。有效年龄是在实际年龄的基础上进行调整得到的。

建筑物的寿命也被称为使用寿命、使用年限、耐用年限，分为自然寿命和经济寿命。建筑物的自然寿命是指建筑物自竣工时起至其主要结构构件自然老化或损坏而不能保证建筑物安全使用时止的时间。建筑物的经济寿命是指建筑物对房地产价值有贡献的时间，即建筑物自竣工时起至其对房地产价值不再有贡献时止的时间。建筑物的经济寿命通常短于自然寿命。建筑物经过翻修、改造，自然寿命和经济寿命都可能延长。经济寿命通常由估价师根据建筑物的结构、质量、用途、维护情况，结合市场状况以及建筑物的周围环境、经营状况等进行分析、判断而得出。

建筑物的剩余寿命是建筑物寿命减去年龄后的寿命，分为剩余自然寿命与剩余经济寿命。建筑物的剩余自然寿命是建筑物的自然寿命减去实际年龄后的寿命。建筑物的剩余经济寿命是建筑物经济寿命减去有效年龄后的寿命，即自价值时点起至建筑物经济寿命结束时止的时间。

利用年限法求取建筑物折旧时，建筑物的年龄应当采用有效年龄，寿命应当采用经济寿命和剩余经济寿命。建筑物的有效年龄、经济寿命与剩余经济寿命之间的关系为

$$剩余经济寿命 = 经济寿命 - 有效年龄$$

求取建筑物折旧时，应当使用建筑物的剩余经济寿命。

下面介绍年限法中的直线法和成新折扣法。

（1）直线法。直线法是以建筑物在经济寿命期间每年的折旧额相等为基础计算折旧额的方法。利用直线法可以计算建筑物的年折旧额、年折旧率、折旧总额和建筑物的现值。

1）年折旧额是指建筑物在经济寿命期间每年的折旧额，公式为

$$D_i = D = \frac{C-S}{N} = \frac{C(1-R)}{N}$$

式中 D_i——第 i 年的折旧额（是一个常数 D）；

C——建筑物的重新购建成本；

S——建筑物的净残值，简称残值率，是预计建筑物达到经济寿命不宜继续使用时，经拆除后的旧料价值减去清理费用后的余额；

N——建筑物的经济寿命；

R——建筑物的净残值率，简称残值率，是建筑物的净残值与重新购建成本的比率，即 $R = \frac{S}{C} \times 100\%$。

2）年折旧率是年折旧额与重新购建成本的比率，公式为

$$d = \frac{D}{C} \times 100\%$$
$$= \frac{1-R}{N} \times 100\%$$

3）折旧总额是年折旧额与有效年龄的乘积，公式为

$$E_t = D \times t$$
$$= (C-S)\frac{t}{N}$$
$$= C(1-R)\frac{t}{N}$$
$$= C \times d \times t$$

式中　E_t——建筑物的折旧总额；
　　　t——有效年龄。

4）折旧后的价值是重新购建成本与折旧总额的差额，公式为

$$V = C - E_t$$
$$= C - (C-S)\frac{t}{N}$$
$$= C\left[1-(1-R)\frac{t}{N}\right]$$
$$= C(1-d \times t)$$

式中　V——建筑物折旧后的价值。

[例6-9]　某建筑物的建筑面积为100m²，有效年龄8年，单位建筑面积的重置价格为4 500元/m²，预期经济寿命30年，残值率为5%。试用直线法计算该建筑物的年折旧额、折旧总额及其折旧后的价值。

解：已知 $C = 4\,500 \times 100 = 450\,000$（元），$R = 5\%$，$N = 30$年，$t = 8$年，则建筑物的年折旧额：

$$D = \frac{C(1-R)}{N}$$
$$= \frac{450\,000 \times (1-5\%)}{30}$$
$$= 14\,250\,（元）$$

建筑物的折旧总额：

$$E_t = D \times t$$
$$= 14\,250 \times 8$$
$$= 114\,000\,（元）$$

建筑物折旧后的价值 V：

$$V = C - E_t$$
$$= 450\,000 - 114\,000$$
$$= 336\,000\,（元）$$

（2）成新折扣法。成新折扣法是根据建筑物的建成年代、新旧程度，判定出建筑物的成新率，或者用建筑物的寿命、年龄计算出建筑物的成新率，然后将建筑物的重新购建成本乘以成新率来求取建筑物折旧后的价值。建筑物的成新率是建筑物的市场价值与其重置成本或重建成本的百分比。成新折扣法的计算公式为

$$V = C \times q$$

式中　　V——建筑物折旧后的价值；

　　　　C——建筑物的重新购建成本；

　　　　q——建筑物的成新率（%）。

成新折扣法比较粗略，主要用于初步估价，或用于同时对大量建筑物进行估价，尤其适用于大范围内开展建筑物现值摸底调查的估价。

如果利用建筑物的有效年龄、经济寿命或剩余经济寿命来求取建筑物成新率，则成新折扣法就成了年限法的另一种表现形式。用直线法计算成新率的公式为

$$q = \left[1 - (1-R)\frac{t}{N}\right] \times 100\%$$
$$= \left[1 - (1-R)\frac{N-n}{N}\right] \times 100\%$$
$$= \left[1 - (1-R)\frac{t}{t+n}\right] \times 100\%$$
$$= 100\% - d \times t$$

当建筑物的净残值率 $R=0$ 时，公式为

$$q = \left[1 - \frac{t}{N}\right] \times 100\%$$
$$= \frac{n}{N} \times 100\%$$
$$= \frac{n}{t+n} \times 100\%$$

式中　　n——建筑物的剩余经济寿命。

[例6-10]　某幢10年前建成交付使用的建筑物，维修养护情况正常。经估价人员实地查勘判定其剩余经济寿命为40年，残值率为零。请试用直线法计算该建筑物的成新率。

解：已知：$t=10$年，$n=40$年，$R=0$，则该建筑物的成新率 q 计算如下：

$$q = \frac{n}{t+n} \times 100\%$$
$$= \frac{40}{10+40} \times 100\%$$
$$= 80\%$$

[例 6-11] 某宗房地产建筑面积为 2 000m², 土地面积为 1 000m²。现时该类土地的重新购建成本为 3 100 元/m², 同类建筑物的重新购建成本为 6 000 元/m²·建筑面积, 估计该建筑物有八成新。请计算该宗房地产折旧后的总价和单价。

解: 该宗房地产的价值测算如下:
土地价值 = 3 100×1 000 = 3 100 000 (元)
建筑物折旧后价值 = 6 000×2 000×80% = 9 600 000 (元)
该宗房地产折旧后的总价 = 3 100 000 + 9 600 000 = 12 700 000 (元)
该宗房地产折旧后的单价 = 12 700 000÷2 000 = 6 350 (元/m²)

2. 市场提取法

市场提取法求取建筑物折旧, 是利用含有与估价对象中的建筑物具有类似折旧状况的建筑物的房地可比实例, 来求取估价对象中的建筑物折旧的方法。类似折旧状况是指可比实例中的建筑物的折旧类型(物质折旧、功能折旧、外部折旧)和折旧程度与估价对象中的建筑物的折旧类型和折旧程度相同或相当。

市场提取法是基于先知道旧的房地价值, 然后利用适用于旧的房地的成本法公式反求出建筑物折旧。因为适用于旧的房地的成本法公式为: 旧的房地价值 = 土地重置成本 + 建筑物重新购建成本 + 建筑物重新购建价格 − 建筑物折旧, 所以, 如果知道了旧的房地价值、土地重置成本、建筑物重新购建成本, 便可求出建筑物折旧, 即

建筑物折旧 = 土地重置成本 + 建筑物重新购建成本 − 旧的房地价值
= 建筑物重新购建成本 − (旧的房地价值 − 土地重置成本)
= 建筑物重新购建成本 − 建筑物折旧后价值

采用市场提取法求取建筑物折旧的步骤和主要内容如下:
(1) 从估价对象所在地的房地产市场中收集大量的房地交易实例。
(2) 从所收集的房地交易实例中选取 3 个以上的可比实例。要求所选取的可比实例中的建筑物与估价对象中的建筑物具有相同或相似的折旧状况。
(3) 对每个可比实例的成交价格进行付款方式等有关换算、交易情况修正、房地产状况调整(不作折旧状况调整和市场状况调整), 得出估价对象旧的房地价值。
(4) 求取每个可比实例的土地重置成本(采用比较法等), 然后将前面换算、修正和调整后得出的旧的房地价值减去土地重置成本, 得出建筑物折旧后的价值。即

旧的房地价值 − 土地重置成本 = 建筑物折旧后的价值

(5) 求取每个可比实例的重新购建成本(采用成本法或比较法), 然后减去前面求出的建筑物折旧后的价值, 得出建筑物折旧。即

建筑物折旧 = 建筑物重新购建成本 − 建筑物折旧后的价值

(6) 将每个可比实例的建筑物折旧除以其建筑物重新购建成本转换为总折旧率, 即

$$总折旧率 = \frac{建筑物折旧}{建筑物重新购建成本}$$

如果可比实例中的建筑物年龄与估价对象中的建筑物年龄相近，且求出的各个可比实例总折旧率的范围较窄，则可以将各个可比实例的总折旧率调整为适用于估价对象的总折旧率。如果各个可比实例中的建筑物区位、年龄、维护状况等之间有较大差异，求出的各个可比实例总折旧率的范围较宽，则应将每个可比实例的总折旧率除以其建筑物年龄转换为年折旧率，即

$$年折旧率 = \frac{总折旧率}{建筑物年龄}$$

然后将各个可比实例的年折旧率调整为适用于估价对象的年折旧率。

（7）将估价对象建筑物的重新购建价格乘以总折旧率，或者乘以年折旧率再乘以建筑物年龄，便可得到估价对象建筑物折旧，即

$$建筑物折旧 = 建筑物重新购建成本 \times 总折旧率$$

或者

$$建筑物折旧 = 建筑物重新购建成本 \times 年折旧率 \times 建筑物年龄$$

利用市场提取法求出的年折旧率，还可求取年限法所需要的建筑物经济寿命。在假设建筑物的残值率为零的情况下：

$$建筑物经济寿命 = \frac{1}{年折旧率}$$

例如，如果通过市场提取法求出的估价对象建筑物的年折旧率为2%，则可根据2%的倒数估计估价对象建筑物的经济寿命为50年。此外，利用总折旧率还可求出建筑物的成新率，即

$$建筑物成新率 = 1 - 总折旧率$$

[**例6-12**] 某宗房地产的土地面积为5 000m²，建筑面积12 500m²，现行市场价格为4 700元/m²，土地重置成本（楼面地价）为2 300元/m²，建筑物重置成本为3 000元/m²，建筑物年龄10年。请计算建筑物折旧总额、总折旧率和年折旧率。

解：（1）计算建筑物折旧总额：

建筑物折旧总额 = 土地重置成本 + 建筑物重置成本 − 房地产市场价格
      = (2 300 + 3 000 − 4 700) × 1.25
      = 7 500 000（元）
      = 750（万元）

（2）计算建筑物总折旧率：

建筑物总折旧率 = 建筑物折旧总额 ÷ 建筑物重置成本
     = 750 ÷ (3 000 × 1.25)
     = 20%

（3）计算建筑物年折旧率：

建筑物年折旧率 = 建筑物总折旧率 ÷ 建筑物年龄
　　　　　　　= 20% ÷ 10
　　　　　　　= 2%

3. 分解法

分解法是把建筑物折旧分成物质折旧、功能折旧、外部折旧等各个组成部分，分别测算出各个组成部分后相加来求取建筑物折旧。分解法是求取建筑物折旧最详细、最复杂的一种方法，其求取建筑物折旧的思路如图6-1所示。

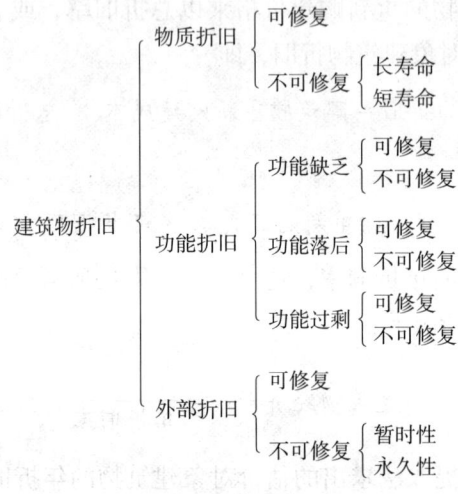

图6-1　分解法求取建筑物折旧的思路

分解法求取建筑物折旧的步骤是：①求取物质折旧。先把物质折旧分解为各个项目，然后分别采用适当的方法求取其折旧后相加；②求取功能折旧。先把功能折旧分解为各个项目，然后分别采用适当的方法求取其折旧后相加；③求取外部折旧。先把外部折旧分为不同的情形，然后分别采用适当的方法求取其折旧后相加；④求取建筑物折旧总额。把上述求取的物质折旧、功能折旧和外部折旧相加，即得到建筑物折旧总额。

（1）物质折旧的求取。物质折旧的求取过程和方法如下：

1）将物质折旧分为可修复项目和不可修复项目。修复是指恢复到新的或相当于新的状况，有的是修理，有的是更换。可修复项目是指预计修复成本小于或等于修复所能带来的房地产价值增加额的项目，即

修复成本 ≤ 修复后的房地产价值 − 修复前的房地产价值

不可修复项目是指预计修复成本大于修复所能带来的房地产价值增加额的项目。修复成本是采用合理的修复方案将房地产恢复到新的或相当于新的状况的必要支出及应得利润。

2）测算可修复项目的折旧额。测算可修复项目在价值时点的修复成本并将其作为折

旧额。

3）测算不可修复折旧项目的折旧额。第一，判断是短寿命项目还是长寿命项目。短寿命项目是剩余寿命短于整体建筑物剩余经济寿命的部件、设备、设施等，它们在建筑物剩余经济寿命期间迟早需要更换，甚至需要更换多次，如管道、电梯、空调、卫生设备、装饰装修等。长寿命项目是剩余寿命等于或长于整体建筑物剩余经济寿命的部件、设备、设施等，它们在建筑物剩余经济寿命期间不需要更换，如基础、墙体、梁柱、屋顶等。第二，计算短寿命项目的折旧额。根据短寿命项目各自的重新购建成本、年龄、寿命或剩余寿命，采用年限法计算其折旧额。第三，计算长寿命项目的折旧额。根据长寿命项目的重新购建成本、建筑物的有效年龄、经济寿命或剩余经济寿命，采用年限法计算其折旧额。其中，长寿命项目的重新购建成本等于建筑物重新购建成本减去各个可修复项目的修复成本和短寿命项目的重新购建成本后的余额。

4）将可修复项目的修复成本、短寿命项目的折旧额、长寿命项目的折旧额相加，即为物质折旧额。

[**例 6-13**] 某建筑物的重置成本为 180 万元，经济寿命为 50 年，有效年龄为 10 年。其中，门窗等损坏的修复成本为 2 万元；装饰装修的重置成本为 30 万元，平均寿命为 5 年，年龄为 3 年；设备的重置成本为 60 万元，平均寿命为 15 年，年龄为 10 年。残值率假设均为 0，请计算该建筑物的物质折旧额。

解：该建筑物的物质折旧额计算如下：

1）门窗等损坏的修复成本 = 2（万元）

2）装饰装修的折旧额 = $30 \times \frac{1}{5} \times 3 = 18$（万元）

3）设备的折旧额 = $60 \times \frac{1}{15} \times 10 = 40$（万元）

4）长寿命项目的折旧额 = $(180 - 2 - 30 - 60) \times \frac{1}{50} \times 10 = 17.6$（万元）

5）该建筑物的物质折旧额 = $2 + 18 + 40 + 17.6 = 77.6$（万元）

（2）功能折旧的求取。功能折旧的求取过程简述如下：首先将功能折旧分为功能缺乏折旧、功能落后折旧和功能过剩折旧，将功能缺乏折旧分为可修复的功能缺乏折旧和不可修复的功能缺乏折旧，再将功能落后折旧分为可修复的功能落后折旧和不可修复的功能落后折旧（功能过剩折旧一般是不可修复的）。然后分别计算各部分中可修复的功能折旧和不可修复的功能折旧。最后将功能缺乏折旧、功能落后折旧和功能过剩折旧相加即为功能折旧额。

1）功能缺乏折旧的求取。分别求取可修复的功能折旧和不可修复的功能折旧。

可修复的功能缺乏折旧的求取方法有两种，一种是在采用该功能的"建筑物重建成本"下求取,另一种是在采用该功能的"建筑物重置成本"下求取。

①在采用该功能的"建筑物重建成本"下求取功能缺乏折旧的方法是:先估算估价对象建筑物在价值时点单独增加该功能的必要费用(简称单独增加功能费用),再估算在价值时点重置估价对象建筑物时随同增加该功能的必要费用(简称随同增加功能费用)。将单独增加功能费用减去随同增加功能费用,得出单独增加功能的超额费用,即为可修复的功能缺乏折旧额。

[例 6-14] 某幢应有电梯而没有电梯的办公楼,重建成本 2 000 万元,现单独增加电梯(包括土建工程费、电梯购置费和安装费等)需要 120 万元,而重置该办公楼时随同增加电梯仅需 100 万元。请计算该办公楼没有电梯引起的折旧额及扣除该折旧后的价值。

解:该办公楼没有电梯引起的折旧额 = 120 - 100
$$= 20(万元)$$
该办公楼扣除没有电梯引起的折旧后的价值 = 2 000 - 20
$$= 1 980(万元)$$

②如果在采用该功能的"建筑物重置成本"下求取功能缺乏折旧,则将建筑物重置成本减去单独增加功能费用,便直接得到了扣除该可修复的功能缺乏折旧后的价值。

[例 6-15] 某幢应有电梯而没有电梯的办公楼,现单独增加电梯(包括土建工程费、电梯购置费和安装费等)需要 120 万元,相似的有电梯办公楼的重置成本为 2 100 万元。请计算该办公楼扣除没有电梯引起的折旧额后的价值。

解:该办公楼扣除没有电梯引起的折旧后的价值计算如下:
该办公楼扣除没有电梯引起的折旧后的价值 = 2 100 - 120
$$= 1 980(万元)$$

不可修复的功能缺乏折旧的求取方法是:①利用"收益损失资本化法"求取因缺乏该功能造成的未来每年损失的净收益的现值之和;②估算随同增加功能费用;③将未来每年损失的净收益的现值之和减去随同增加功能费用,即得到不可修复的功能不足折旧额。

[例 6-16] 某幢没有电梯的旧写字楼建筑面积为 3 000m²,租金为 1.8 元/m²·天,空置率为 15%。有电梯的同类写字楼的租金 2 元/m²·天,空置率为 10%。现单独增加电梯的必要费用为 400 万元,而重置该写字楼时随同增加电梯的必要费用仅为 200 万元。该写字楼的预期剩余寿命为 30 年,报酬率为 8%。请回答:该功能缺乏是否可修复?该功能缺乏的折旧额是多少?

解:
①计算增加电梯所能带来的房地产价值增加额:

$$V = \frac{A}{Y}\left[1 - \frac{1}{(1+Y)^n}\right]$$

$$= \frac{[2\times(1-10\%) - 1.8\times(1-15\%)]\times 365\times 3\,000}{8\%}\times\left[1 - \frac{1}{(1+8\%)^{30}}\right]$$

$$= 3\,328\,400\,(元)$$

$$= 332.84\,(万元)$$

②判断是否可修复：

由于修复成本 400 万元大于房地产价值增加额 332.84 万元，所以该功能缺乏是不可修复的。

③计算没有电梯的功能折旧额：

没有电梯的功能折旧额 = 房地产价值增加额 − 随同增加电梯费用

$$= 332.84 - 200$$

$$= 132.84\,(万元)$$

2）功能落后折旧的求取。功能落后折旧分为可修复的功能落后折旧和不可修复的功能落后折旧。

①可修复的功能落后折旧的求取。可修复的功能落后折旧的求取分为两种情形，一种是在采用该落后功能的"建筑物重建成本"下求取，另一种是在采用具有先进功能的"建筑物重置成本"下求取。

在采用该落后功能的"建筑物重建成本"下求取可修复的功能落后折旧的表达式为

可修复的功能落后折旧 = 落后功能重置成本 − 落后功能已提折旧 +
拆除落后功能费用 − 落后功能残余价值 +
单独增加先进功能费用 − 随同增加先进功能费用

在采用具有先进功能的"建筑物重置成本"下求取可修复的功能落后折旧的表达式为

可修复的功能落后折旧 = 落后功能重置成本 − 落后功能已提折旧 + 拆除落后
功能费用 − 落后功能残余价值 + 单独增加先进功能费用

[**例 6-17**] 某幢旧办公楼的电梯已落后，如果将该旧电梯更换为功能先进的新电梯，估计需要 2 万元的拆除费用，可回收残值 3 万元，安装新电梯需要 120 万元，比在建造同类办公楼时随同安装新电梯多花 20 万元。估计该旧办公楼的重建成本为 2 050 万元，该旧电梯的重置成本为 50 万元，已提折旧 40 万元。请计算该办公楼电梯落后引起的折旧额及扣除该折旧后的价值。

解： 该办公楼电梯落后引起的折旧额 = （50−40）+（2−3）+ 20

$$= 29\,(万元)$$

该办公楼扣除电梯落后引起的折旧后的价值 = 2 050 − 29

$$= 2\,021\,(万元)$$

②不可修复的功能落后折旧的求取。不可修复的功能落后折旧是在上述可修复的功能落后折旧额计算中，将单独增加先进功能费用替换为利用"收益损失资本化法"求取的功能落后导致的未来每年损失的净收益的现值之和。

③功能过剩折旧的求取。功能过剩一般是不可修复的。功能过剩折旧包括功能过剩造成的无效成本和超额持有成本。如果采用"建筑物重置成本"，则无效成本可自动消除；如果采用"建筑物重建成本"，则无效成本不能消除。以层高过高（6米）的厂房为例，厂房的重置成本是依据5米层高来估算的，而厂房的重建成本是依据6米来估算的。超额持有成本可利用"超额运营费用资本化法"——功能过剩导致的未来每年超额运营费用的现值之和来求取。

这样，如果采用"建筑物重置成本"，扣除功能过剩折旧后的价值表达式为

扣除功能过剩折旧后的价值＝建筑物重置成本－超额持有成本

如果采用"建筑物重建成本"，扣除功能过剩折旧后的价值表达式为

扣除功能过剩折旧后的价值＝建筑物重建成本－（无效成本＋超额持有成本）

[例6-18] 某房地产的重建成本为2 000万元，已知在建造期间中央空调系统因功率过大较正常情况多投入150万元，投入使用后每年多耗电0.8万元。假定该空调系统使用寿命为15年，估价对象的报酬率为9%。请计算该房地产中央空调功率过大引起的折旧及扣除该折旧后的价值。

解：该房地产中央空调功率过大引起的折旧及扣除该折旧后的价值计算如下：

①中央空调功率过大引起的折旧＝无效成本＋超额持有成本

$$=150+\frac{0.8}{9\%}\times\left[1-\frac{1}{(1+9\%)^{15}}\right]=156.45（万元）$$

②扣除该折旧后的价值＝建筑物重建成本－（无效成本＋超额持有成本）

$$=2\ 000-156.45$$
$$=1\ 843.55（万元）$$

（3）外部折旧的求取。外部折旧通常是不可修复的。求取建筑物外部折旧时应先分清此外部折旧是暂时的还是永久的，例如由于市场供给过度所引起的折旧是暂时的，而周围环境发生了不可逆的变化所引起的折旧则是永久的，据此可判断未来收入损失的年限；然后根据收益损失期限的不同，利用"收益损失资本化法"来求取建筑物以外的，因各种不利因素导致的未来每年损失的净收益的现值之和，即为外部折旧。

6.5.3 土地使用期限对建筑物经济寿命的影响

在求取建筑物折旧时应注意土地使用期限对建筑物经济寿命的影响，因为国有建设用地使用权期限与建筑物的经济寿命可能不一致。当二者不一致时，建筑物的经济寿命

计算方式如下：

（1）住宅的经济寿命。对于住宅而言，不论其经济寿命是早于还是晚于土地使用期限而结束，均按照其经济寿命计算折旧，因为《物权法》第一百四十九条规定："住宅建设用地使用权期间届满的，自动续期。"

（2）非住宅建筑物的经济寿命。非住宅建筑物的经济寿命如果早于土地使用期限而结束的，应按照建筑物的经济寿命计算折旧；如果晚于土地使用期限而结束的，分为两种情况：①出让合同约定建设用地使用权期间届满无偿收回建设用地使用权，根据收回时建筑物的残余价值给予相应补偿的，应按照建筑物的经济寿命计算建筑物折旧；②出让合同约定建设用地使用权期间届满无偿收回建设用地使用权及地上建筑物的，应按照建筑物经济寿命减去其晚于土地使用期限那部分寿命后计算建筑物折旧。

[例 6-19] 某企业拥有一幢办公楼，建成于 2011 年 1 月，2013 年 1 月补办了土地使用权出让手续，出让年限为 50 年（自补办之日算起）。出让合同约定建设用地使用权期间届满无偿收回建设用地使用权及地上建筑物。在 2021 年 1 月时，建筑物剩余经济寿命为 45 年，则在计算建筑物折旧时，经济寿命应取 52 年。图 6-2 中 AD 段即为建筑物经济寿命 = 2+50=52（年）。

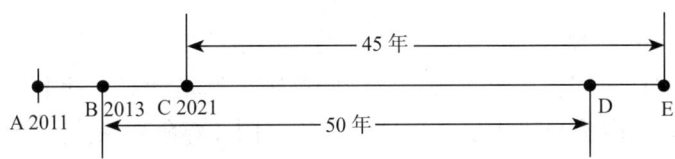

图 6-2 土地使用权年限对建筑物经济寿命的影响

6.6 房屋完损等级评定和折旧的有关规定

6.6.1 房屋完损等级评定的有关规定

房屋完损等级是用来检查房屋维护状况的一个标准，是确定房屋实际新旧程度和测算房屋折旧的一个重要依据。房屋的完好程度越高，其折旧后价值就越接近于重新购建成本。

1984 年 11 月 8 日，原城乡建设环境保护部发布了《房屋完损等级评定标准（试行）》并于同年 12 月 12 日发布了《经租房屋清产估价原则》。现将有关内容综合如下：

（1）房屋完损状况，根据房屋的结构、装修、设备等组成部分的完好、损坏程度，分为下列 5 类：①完好房；②基本完好房；③一般损坏房；④严重损坏房；⑤危险房。

（2）房屋结构组成分为地基基础、承重构件、非承重墙、屋面、楼地面；房屋装修组成分为门窗、外抹灰、内抹灰、顶棚、细木装修；房屋设备组成分为水卫、电照、暖气及特种设备（如消防栓、避雷装置等）。

（3）房屋完损等级的判定依据是：

① 完好房：结构构件完好，装修和设备完好、齐全完整，管道畅通，现状良好，使用正常。虽然个别分项有轻微损坏，但一般经过小修就能修复。

② 基本完好房：结构基本完好，少量构部件有轻微损坏，装修基本完好，油漆缺乏保养，设备、管道现状基本良好，能正常使用，经过一般性的维修能恢复。

③ 一般损坏房：结构一般性的损坏，部分构部件有损坏或变形，屋面局部漏雨，装修局部有破损，油漆老化，设备、管道不够畅通，水卫、电照管线、器具和零件有部分老化、损坏或残缺，需要进行中修或局部大修更换部件。

④ 严重损坏房：房屋年久失修，结构有明显变形或损坏，屋面严重漏雨，装修严重变形、破损，油漆老化见底，设备陈旧不齐全，管道严重堵塞，水卫、电照管线、器具和零部件残缺及严重损坏，需进行大修或翻修、改建。

⑤ 危险房：承重构件已属危险构件，结构丧失稳定及承载能力，随时有倒塌可能，不能确保住用安全。

（4）房屋新旧程度的判定标准是：①完好房：十、九、八成；②基本完好房：七、六成；③一般损坏房：五、四成；④严重损坏房及危险房：三成以下。

6.6.2 房屋折旧的有关规定

1992年6月5日，建设部、财政部制定的《房地产单位会计制度——会计科目和会计报表》对经租房产折旧作了有关规定。这些规定虽然是针对会计上的折旧和"经租房产"的，但其中房屋分类分等，以及房屋的耐用年限（寿命）、残值率等参数，对估价上求取建筑物的折旧有一定的参考价值。经租房产折旧的有关规定如下：

（1）计算折旧必须确定房产的价值、使用年限、残值和清理费用，计算公式为

$$年折旧额 = 原价 \times (1 - 残值率) \div 耐用年限$$

（2）经租房产根据房屋结构分为下列4类7等。

① 钢筋混凝土结构：全部或承重部分为钢筋混凝土结构，包括框架大板与框架轻板结构等房屋。这类房屋一般内外装修良好，设备比较齐全。

② 砖混结构一等：部分钢筋混凝土，主要是砖墙承重的结构，外墙部分砌砖、水刷石、水泥抹面或涂料粉刷，并设有阳台，内外设备齐全的单元式住宅或非住宅房屋。

③ 砖混结构二等：部分钢筋混凝土，主要是砖墙承重的结构，外墙是清水墙，没有阳台，内部设备不全的非单元式住宅或其他房屋。

④ 砖木结构一等：材料上等、标准较高的砖木（石料）结构。这类房屋一般是外部有装修处理、内部设备完善的庭院式或花园洋房等高级房屋。

⑤ 砖木结构二等：结构正规，材料较好，一般外部没有装修处理，室内有专用上、下水等设备的普通砖木结构房屋。

⑥ 砖木结构三等：结构简单，材料较差，室内没有专用上、下水等设备，较低级的

砖木结构房屋。

⑦ 简易结构：如简易楼、平房、木板房、砖坯房、土草房、竹木捆绑房等。

（3）各种结构房屋的一般耐用年限如表 6-2 所示。

（4）房屋残值是指房屋达到使用年限，不能继续使用，经拆除后的旧料价值；清理费用是指拆除房屋和搬运废弃物所发生的费用；残值减去清理费用，即为残余价值，其与房屋造价的比例为残值率。各种结构房屋的一般残值率如表 6-2 所示。

表 6-2　各种结构房屋的耐用年限和残值率表

		耐用年限（年）			残值率（%）
		生产用房	受腐蚀的生产用房	非生产用房	
钢筋混凝土结构		50	35	60	0
砖混结构	一等	40	30	50	2
	二等	40	30	50	2
砖木结构	一等	30	20	40	6
	二等	30	20	40	4
	三等	30	20	40	3
简易结构			10		0

6.7　成本法应用举例

某厂房的建筑面积为 4 800m^2，建筑结构为钢筋混凝土结构，经济寿命为 50 年，于 5 年前建成并投入使用；土地面积为 8 000m^2，于 6 年前取得土地使用权，土地使用年限为 50 年，届满后土地使用权及其地上建筑物和其他不动产所有权由国家无偿取得。要求评估该厂房目前的成本价值。估价过程如下：

（1）选择估价方法。选用成本法进行估价。

（2）选择计算公式。该宗房地产估价属于成本法中的旧的房地产估价，故选择的计算公式为：

旧的房地价值＝土地重新购建成本＋建筑物重新购建成本－建筑物折旧

（3）求取土地重新购建成本。已知该厂房所在位置的土地重新购建成本为 457.64（元/平方米）。

（4）求取建筑物重新购建成本。已知重新建造该厂房的建筑安装工程费为 1 500 元/m^2，专业费为建筑安装工程费的 6%，管理费用为建筑安装工程费与专业费之和的 3%，销售费用为重新购建成本的 2%，年利息率为 6%，建设期为 1 年，建筑安装工程费、专业费、管理费用、销售费用可视为均匀投入，销售税费为重新购建成本的 6%，建筑物的投资利润率为 15%。

建筑物重新购建成本＝建设成本＋管理费用＋销售费用＋投资利息＋销售税费＋开发利润

设建筑物重新购建单位成本为 V，得出：

1）建设成本 = 安装工程费 + 专业费
$$= 1\,500 \times (1+6\%)$$
$$= 1\,590\,(元/m^2)$$

2）管理费用 $= 1\,500 \times (1+6\%) \times 3\%$
$$= 47.7\,(元/m^2)$$

3）销售费用 $= 0.02V$

4）投资利息 $= (1\,590+47.7+0.02V) \times [(1+6\%)^{0.5}-1]$

5）销售税费 $= 0.06V$

6）开发利润 $= (1\,590+47.7+0.02V) \times 15\%$

将上述费用加总，得出：

$$V = 1\,590 + 47.7 + 0.02V + (1\,590 + 47.7 + 0.02V) \times [(1+6\%)^{0.5}-1] +$$
$$0.06V + (1\,590 + 47.7 + 0.02V) \times 15\%$$
$$V = 2\,107.98\,(元/m^2)$$

得出：

$$V = 2\,107.98\,(元/m^2)$$

重新购建总成本 $= 2\,107.98 \times 4\,800 \div 10\,000 = 10\,118\,300\,(元) = 1\,011.83\,(万元)$

（5）求取建筑物折旧。得知该厂房的部分门窗、地面等有损坏，修复费用为5万元；其内没有行车；出租率为80%，月租金为15元/m²；如果目前单独增加行车，需要66万元，而如果重置该厂房随同增加行车，仅需要50万元；市场上类似有行车厂房的出租率为85%，正常月租金为16元/m²。当地该类房地产的报酬率为7.5%，土地报酬率为6.50%，建筑物残值率为0。

对于非住宅建筑物经济寿命晚于土地使用期限而结束的，且出让合同约定建设用地使用权期间届满需要无偿收回建设用地使用权时，建筑物也无偿收回的，应按照建筑物经济寿命减去其超出土地使用权期限的部分计算折旧。

1）计算物质折旧：

$$物质折旧额 = 修复费用 + 长寿命项目折旧额$$
$$= 50\,000 + (10\,118\,300 - 50\,000) \times \frac{5}{50-1}$$
$$= 1\,077\,378\,(元)$$

2）计算功能折旧：

先计算因增加行车所能带来的房地产价值增加额：

$$\frac{(16 \times 85\% - 15 \times 80\%) \times 12}{7.5\%} \times \left[1 - \frac{1}{(1+7.5\%)^{44}}\right] \times 4\,800 = 1\,177\,807.21\,(元)$$

判定是否可修复：由于修复费用66万元＜增加行车所能带来的房地产价值增加额

117.78 万元，因此该功能缺乏引起的折旧是可修复的。

因功能缺乏造成的折旧额 =66-50=16（万元）

（6）计算该房地产成本价值。

$$该厂房成本价值 = 土地重新购建成本 + 建筑物重新购建成本 - 建筑物折旧$$
$$= 457.64 \times 8\,000 + 2\,107.98 \times 4\,800 - 1\,077\,378 - 160\,000$$
$$= 12\,542\,046（元）$$

该房地产目前的成本价值为 1 254.2 万元。

本章小结

本章阐述了成本法的基本原理与估价方法。成本法的典型估价对象是旧的房地产，其价值或价格等于房地产的重新购建成本减去折旧。旧房地的基本公式为

$$旧的房地价值 = 房地重新购建成本 - 房地折旧$$

房地产的重新购建成本的求取思路主要有两种，一种是房地合估路径，即把土地当作原材料，模拟房地产开发建设过程，根据房地产的价格构成求取；另一种是房地分估路径，即把土地和建筑物当作各自独立的物，分别求取土地重置成本与建筑物重新购建成本，再将二者相加求取。建筑物的重新购建成本分为重置成本与重建成本，一般的建筑物适用重置成本，有特殊保护价值的建筑物适用重建成本。折旧分为物质折旧、功能折旧和外部折旧。折旧的求取方法有年限法、市场提取法和分解法。求取建筑物折旧时应注意土地使用期限对建筑物经济寿命的影响。

在求取建筑物折旧时应注意土地使用期限对建筑物经济寿命的影响。

实训题

选取某一宗旧房地产，了解该房地产的建筑结构、建筑面积，调查市场上该类房地产的重置成本，估算成新率，运用成本法测算其市场价值。

模拟试题

一、单项选择题

1. 从卖方角度看，成本法的理论依据为（　　）。

　　A. 预期原理　　　　B. 替代原理　　　　C. 效用价值论　　　　D. 成本费用价值论

2. 建筑物内部布局过时、设备落后引起的折旧属于（　　）。

　　A. 物质折旧　　　　B. 经济折旧　　　　C. 外部折旧　　　　D. 有形折旧

*3. 下列房地产开发成本中，属于基础设施建设费的是（　　）。

　　A. 围墙工程费　　　　　　　　　　　　B. 电力设施工程费

　　C. 居委会用房建设费　　　　　　　　　D. 人防工程费

4. 运用成本法评估旧建筑物价格时，折旧的实质是房地产价值的（　　）。

A. 分配　　　　　B. 摊销　　　　　C. 回收　　　　　D. 减损

5. 某幢建筑物建于2001年，其经济寿命为60年。在2014年对该幢建筑物进行估价，估价人员现场勘察后认为，该宗物业维修保养比较差，则其剩余经济寿命最可能为（　　）年。
   A. 30　　　　　　B. 40　　　　　　C. 50　　　　　　D. 60

6. 某宗房地产2011年10月建成，在2021年10月欲评估其现值，经估价人员判定，认为该宗物业尚可使用40年，假若残值率为0，请按直线法确定其成新率为（　　）%。
   A. 60　　　　　　B. 70　　　　　　C. 80　　　　　　D. 90

7. 若一宗建筑物的经济寿命早于土地使用权年限而结束，则应按（　　）计算折旧年限。
   A. 建筑物的经济寿命　　　　　　B. 建筑物的实际经过年数
   C. 建筑物的有效经过年数　　　　D. 土地使用权年限

*8. 某房地产的土地取得成本为1 000万元，开发成本为3 000万元，管理费用为200万元，销售费用为300万元，开发利润为500万元，则该房地产的投资利润率为（　　）。
   A. 10.0%　　　　B. 11.1%　　　　C. 11.9%　　　　D. 12.5%

*9. 下列不属于导致建筑物外部折旧的因素是（　　）。
   A. 交通拥挤　　　B. 建筑技术进步　C. 城市规划改变　D. 自然环境恶化

*10. 某建筑物的建筑面积为200m^2，有效经过年数为12年，重置成本为800元/m^2，建筑物经济寿命为40年，残值率为2%，则运用直线法计算该建筑物的现值为（　　）。
   A. 10.2万元　　　B. 11.0万元　　　C. 11.3万元　　　D. 11.5万元

二、多项选择题

1. 重置价格是采用价值时点的（　　）等，按照价值时点的价格水平，重新建造与估价对象建筑物具有同等效用的新建筑物的正常价格。
   A. 建筑技术　　　B. 工艺水平　　　C. 建材价格　　　D. 人工、机械费用

*2. 关于建筑物物质折旧可修复费用的说法，正确的有（　　）。
   A. 采用最合理修复方案进行修复发生的必要费用
   B. 修复到新的或相当于新的状况的必要费用
   C. 大于修复后所能带来房地产增加额的费用
   D. 小于或者等于修复后所能带来房地产增加额的费用
   E. 包括长寿命项目发生的修复费用，不包括短寿命项目发生的修复费用

3. 一宗房地产的价格，通常由以下几项所构成（　　）。
   A. 土地成本　　　B. 建设成本　　　C. 销售税费
   D. 投资利息　　　E. 管理费用　　　F. 基准地价修正法

*4. 引起建筑物物质折旧的因素包括（　　）。
   A. 地震　　　　　B. 电梯数量不够　C. 酸雨
   D. 单行道　　　　E. 门窗的自然破损

5. 一宗建筑物的寿命可以分为（　　）。
   A. 历史寿命　　　B. 经济寿命　　　C. 自然寿命

D. 外在寿命　　　　　E. 内在寿命

6. 建筑物的经过年数可以分为（　　）。
   A. 实际经过年数　　B. 有效经过年数　　C. 经济寿命
   D. 保养经过年数　　E. 使用经过年数

*7. 成本法特别适用于那些既无收益又很少发生交易的房地产估价，这类房地产主要包括（　　）等。
   A. 图书馆　　　　　B. 钢铁厂　　　　　C. 空置的写字楼
   D. 单纯的建筑物　　E. 加油站

*8. 下列关于重新购建成本的说法中，正确的有（　　）。
   A. 重新购建成本是指重新开发建设全新状况的估价对象所必需的支出
   B. 重新购建成本是在价值时点的成本
   C. 重新购建成本是客观的成本
   D. 建筑物的重新购建成本是全新状况下的成本
   E. 土地的重新购建成本是法定最高出让年限状况下的成本

*9. 根据求取建筑物重新购建成本中的建筑安装工程费的方法来区分，求取建筑物重新购建成本的方法有（　　）。
   A. 单位比较法　　　B. 市场提取法　　　C. 分解法
   D. 工料测量法　　　E. 分部分项法

*10. 建筑物折旧分为物质折旧、功能折旧和外部折旧三大类。其中，属于外部折旧的有：（　　）。
   A. 功能落后　　　　B. 功能缺乏　　　　C. 环境污染
   D. 交通拥挤　　　　E. 正常使用的磨损

三、判断题

1. 对有特殊保护价值的建筑物的估价以重置成本为宜。（　　）
*2. 成本法评估包括土地和建筑物的估价对象的价值或价格时，根据估价对象状况和土地市场状况，应选择房地分估路径求取重新购建价格。（　　）
*3. 某房地产由于空间布局欠佳而引起的折旧属于外部折旧。（　　）
4. 某一个已经历了30年的旧的建筑物，其现值不可能大于其原值。（　　）
5. 在现实生活中，房地产的价格多数取决于其花费的成本，成本的增减必定影响房地产价格的增减。（　　）
6. 从理论上讲，同一个房地产开发项目的开发利润，无论采用哪种计算基数及与其相对应的利润率来估算，所得的结果应该都是相同的。（　　）
7. 重建成本又称重建价格，是采用与估价对象建筑物相同的建筑材料、建筑构配件、设备和建筑技术等，按照价值时点时的价格水平，重新建造与估价对象的建筑物完全相同的必要支出及应得利润。（　　）
*8. 成本法是先分别求取估价对象在估价作业日期的重新购建成本和折旧，然后将重新购建成本减去折旧来求取估价对象价值的方法。（　　）

*9. 就建筑物的重新购建成本而言,一般情况下,重建成本高于重置成本。（　　）

10. 所谓可修复项目是指预计修复成本小于或等于修复所能带来的房地产价值增加额,修复成本≤(修复后的房地产价值 − 修复前的房地产价值)。（　　）

四、计算题

1. 今有一建筑物,其建筑总面积为 1 200m²,经济寿命为 40 年。在价值时点时,已使用 12 年。已知该类建筑物的重置成本为 4 800 元/m²。经估价师现场勘察认为该建筑物剩余经济寿命为 30 年,残值率为 5%。请用直线折旧法计算其年折旧额、折旧总额,并估计其折旧后的价值。

2. 某宗估价对象房地产是在出让的土地上建造的普通商品住宅,当初土地使用权出让年限为 70 年,房屋建造期为 3 年,建筑物的经济寿命为 60 年。试问计算建筑物折旧的年数应为多少。

3. 某宗房地产,土地总面积为 2 500m²,是 6 年前通过征用农地取得的,当时费用为 1 100 元/m²,现时取得该类土地,需 4 000 元/m²;地上建筑物的总建筑面积为 6 000m²,是两年前建成交付使用的,当时建筑造价 1 600 元/m²,现时建造同类建筑物为 4 400 元/m²,估计该建筑物有八成新,该类建筑物的残值率为 2%。试选用所给资料评估该房地产的现时总价和单价。

*4. 某幢写字楼,建筑物的重新购建成本为 2 000 万元,经济寿命为 50 年,有效经过年数为 10 年。其中,门窗等损坏的修复费用为 10 万元;装修的重置成本为 200 万元,平均寿命为 5 年,有效经过年数为 4 年;设备的重置成本为 250 万元,平均寿命为 15 年,有效经过年数为 9 年。假设残值率均为 0,请计算该幢写字楼的物质折旧额。

*5. 某宗房地产建成于 1991 年 10 月 1 日,经济寿命为 60 年。后于 1996 年 10 月 1 日补办了土地使用权出让手续,土地使用权出让年限为 50 年（从补办之日算起）。2006 年 10 月 1 日对该房地产进行评估。得知该房地产的土地重新购建成本为 2 000 万元,建筑物重新购建成本为 3 000 万元,残值率为 0。请计算该房地产在价值时点（2006 年 10 月 1 日）的评估价值。

6. 某幢房屋的建筑面积为 300m²,该类房屋的建筑安装工程费为 4 800 元/m²,专业费用为建筑安装工程费的 8%,管理费用为建筑安装工程费与专业费用之和的 3%,销售费用为房屋重新购建成本的 4%,建设期为 6 个月,所有费用可视为在建设期内均匀投入,年利率为 6%,开发商成本润率为 15%,销售税费为重新购建成本的 6%,请计算该房屋的重新购建成本。

第 7 章

假设开发法

假设开发法是房地产估价常用的方法之一。本章介绍假设开发法的基本原理、静态分析法与动态分析法及其应用。

◎ 学习目标

1. 了解假设开发法的含义、理论依据、适用的估价对象以及需要具备的条件。
2. 了解静态分析法与动态分析法的主要区别，熟悉假设开发法中的各项求取。
3. 掌握假设开发法的基本公式与应用方法。

📖 技能要求

能够运用假设开发法测算房地产的价值或价格。

7.1 假设开发法的基本原理

7.1.1 假设开发法的含义

假设开发法是求得估价对象后续开发的必要支出及折现率或后续开发的必要支出及应得利润和开发完成后的价值，将开发完成后的价值和后续开发的必要支出折现到价值时点后相减，或将开发完成后的价值减去后续开发的必要支出及应得利润得到估价对象价值或价格的方法。假设开发法的实质与收益法相同，是以预期收益为导向来求取房地产的价值或价格。

7.1.2 假设开发法的理论依据

假设开发法的理论依据是预期原理。假设开发法估价的基本思路，可以通过模拟一个典型房地产开发商的思想活动得以反映：某房地产开发商欲购置一块土地开发成房屋出售，目的是获得开发利润。那么，他愿意出价多少来购置该土地呢？首先，他要研究这块土地的状况，如坐落位置、面积大小、周围环境、规划所允许的用途、容积率和覆盖率，等等，并分析房地产市场状况，选择最佳的开发方案；其次，开发商要预测建筑物建成后的总售价（楼价），计算建造该建筑物需要的总费用，包括取得土地时应缴纳的税费、建设成本、管理费用、销售费用、投资利息以及出售房地产时应缴纳的销售税费，还要计算开发商应获得的开发利润；最后，用总售价减去各项成本、费用、税金以及开发利润，剩下的余额就是购置该土地的最高价格。

不难看出，假设开发法在表现形式上是成本法评估新开发房地产价值的"倒算法"。两者的主要区别在于：成本法中的土地价格为已知，求取的是开发完成后的房地产价格，而假设开发法中房地产价格是通过预测得到的，需要求取的是土地价格。

7.1.3 假设开发法适用的估价对象和需要具备的条件

假设开发法适用的估价对象是待开发房地产。待开发房地产是具有开发和再开发潜力的房地产，包括可供开发的土地，在建工程，可重新开发、更新改造或改变用途的房地产等。规划条件尚不明确的待开发房地产，难以采用假设开发法估价。因为在该房地产的法定开发利用前提尚不确定的情况下，其价值也就不能确定。

假设开发法需要具备以下条件：①根据合法原则和最高最佳利用原则，能够正确地判断房地产的最佳开发利用方式（包括用途、规模、档次等）；②根据当地房地产市场的供求状况，能正确地预测未来开发完成后的房地产价值；③有良好的社会经济环境，包括透明的房地产政策，健全的房地产法规，完整的房地产资料库，清晰的房地产投资开发和交易税费清单，长远稳定的土地供给计划，等等。

假设开发法除了适用于房地产估价，还可用于房地产开发项目分析，如测算待开发房地产的最高价格、开发项目的预期利润、可能的最高费用等。假设开发法用于估价与用于项目分析的不同之处在于：估价是站在一个典型投资者的立场上，项目分析是站在特定投资者的立场上，因此选取的参数和测算的数值有所不同。

7.1.4 假设开发法的操作步骤

运用假设开发法估价一般分为 8 步骤：①选择具体估价方法；②选择估价前提；③选取最佳开发经营方式；④估计后续开发经营期；⑤预测开发完成后的价值；⑥预测后续开发的必要支出；⑦求取折现率或后续开发的利息和利润；⑧计算开发价值。

7.2 静态分析法与动态分析法

房地产开发一般周期较长，开发完成后的房地产价值、建设成本、管理费用、销售费用以及销售税费等实际发生的时间不尽相同，特别是大型的房地产开发项目更是如此。因此，运用假设开发法估价必须考虑资金的时间价值。考虑资金时间价值的方式有计息和折现两种方式，按照这两种方式将假设开发法分为静态分析法和动态分析法。

7.2.1 静态分析法与动态分析法的含义

静态分析法也称计息法，是根据价值时点（通常为现在）的房地产市场状况，测算开发完成后的价值和后续开发的必要支出，并通过计算利息的方式体现资金的时间价值，以此估算待开发房地产的价值。动态分析法也称现金流量折现法，简称折现法，是模拟开发过程，预测未来将要发生的现金流量，并通过折现的方式体现资金的时间价值，以此估算待开发房地产价值的方法。所谓现金流量是指一个项目在某一特定的时期内收入和支出的资金数额。现金流量分为现金流入量、现金流出量和净现金流量。资金的收入被称为现金流入，相应的数额被称为现金流入量。资金的支出被称为现金流出，相应的数额被称为现金流出量。现金流入量通常表现为正现金流，现金流出量通常表现为负现金流，如图7-1所示。净现金流为正现金流与负现金流的代数和，即

净现金流量 = 现金流入量 − 现金流出量

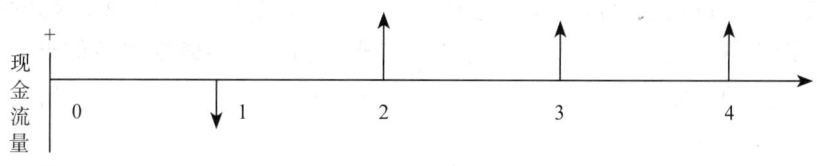

图7-1 现金流量图

7.2.2 静态分析法和动态分析法的区别

（1）对时间的考虑不同。静态分析法在计算各项收入、支出的数额时不考虑其发生的时间不同，即不是将它们折算到同一时间上，而是在价值时点直接加减，但要计算利息，计息期通常到开发完成之时，不考虑预售和延迟销售。动态分析法要考虑各项收入、支出发生的时间不同，即要先把它们折算到同一时间上（价值时点），然后再相加减。例如，评估一宗房地产开发用地2021年1月30日的价值，要把预测的在未来发生的各项收入和支出都折现到2021年1月30日。如果预测该项目2024年1月30日开发完成后的房价为20 000元/m²，折现率为10%，则需要将这20 000元/m²折现到2021年1月30日，即在2021年来看的房价实际为

$$V = \frac{20\,000}{(1+10\%)^3} = 15\,026.30 \text{（元/m}^2\text{）}$$

（2）投资利息与开发利润的表现不同。在静态分析法中投资利息和开发利润都是单独显现出来的，而在动态分析法中这两项都不会显现出来，而是隐含在折现过程中。因此，动态分析法要求折现率既包含安全收益部分（利率），又包含风险收益部分（利润率）。

（3）测算结果的精度不同。静态分析法测算出的结果较粗略，但测算过程相对简单。动态分析法算出的结果较精确，但测算过程相对复杂，要求准确预测后续开发经营期、各项收入、支出发生的时间及金额。

在实际估价中应优先选用动态分析法，在难以采用动态分析法的情况下，可以选用静态分析法。

7.3 假设开发法的计算公式

下面以静态分析法为例说明假设开发法的基本公式。

7.3.1 假设开发法最基本的公式

假设开发法最基本的公式为

待开发房地产价值＝开发完成后的价值－后续开发的必要支出及应得利润

后续开发的必要支出及应得利润为待开发房地产取得税费与后续的建设成本、管理费用、销售费用、投资利息、销售税费及开发利润之和。在实际估价中，对假设开发法公式中应减去的项目及其金额，要牢记"后续"两字，掌握的基本原则是设想得到估价对象以后到把它开发完成，还需要做的各项工作和相应的必要支出及应得利润。因此，如果是已经完成的工作和相应的支出及利润，则它们已经包含在估价对象的价值内，不应作为扣除项目。

运用上述公式估价，需要把握以下两点：一是要把握估价对象状况和未来开发完成后的房地产状况。估价对象状况有土地、在建工程和旧房，其中土地又可分为生地、毛地、熟地等。未来开发完成后的房地产状况有熟地和新房等。新房又可分为毛坯房、粗装修房、精装修房等。将估价对象状况与未来开发完成后的房地产状况相匹配，估价对象状况与未来开发完成后房地产状况的对应关系如图7-2所示。二是要把握未来开发完成后的房地产的经营方式。未来开发完成后的房地产经营方式，有出售、出租、自营等。

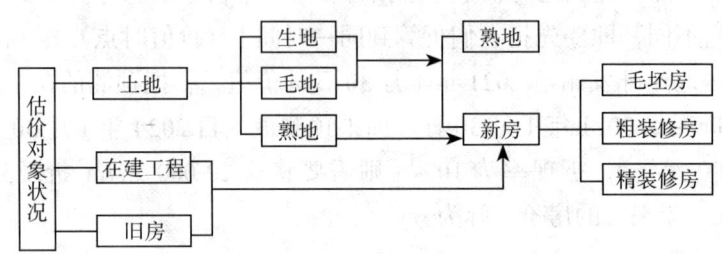

图7-2 估价对象状况与未来开发完成后的房地产状况对应的关系

7.3.2 假设开发法具体细化的公式

1. 按估价对象和开发完成后的房地产状况细化的公式

（1）求取土地价值的公式。求取土地价值的公式具体包括求取生地价值、毛地价值与熟地价值的公式。

1）求取生地价值的公式。生地的开发方式通常有两种，即在生地上建设房屋和将生地开发成熟地。以下是不同开发方式下求取生地价值的公式：

① 在生地上建设房屋的公式：

$$生地价值 = 开发完成后的价值 - 生地取得税费 - 由生地建成房屋的成本 -$$
$$管理费用 - 销售费用 - 投资利息 - 销售税费 - 开发利润$$

② 将生地开发成熟地的公式：

$$生地价值 = 开发完成后的熟地价值 - 生地取得税费 - 由生地开发成熟地的成本 -$$
$$管理费用 - 销售费用 - 投资利息 - 销售税费 - 开发利润$$

2）求取毛地价值的公式。毛地的开发方式通常有两种，即在毛地上建设房屋和将毛地开发成熟地。以下是不同开发方式下求取毛地价值的公式：

① 在毛地上建设房屋的公式：

$$毛地价值 = 开发完成后的价值 - 毛地取得税费 - 由毛地建成房屋的成本 -$$
$$管理费用 - 销售费用 - 投资利息 - 销售税费 - 开发利润$$

② 将毛地开发成熟地的公式：

$$毛地价值 = 开发完成后的熟地价值 - 毛地取得税费 - 由毛地开发成熟地的成本 -$$
$$管理费用 - 销售费用 - 投资利息 - 销售税费 - 开发利润$$

3）求取熟地价值的公式。熟地的开发方式通常是将熟地建设成房屋，此时公式：

$$熟地价值 = 开发完成后的价值 - 熟地取得税费 - 由熟地建成房屋的成本 -$$
$$管理费用 - 销售费用 - 投资利息 - 销售税费 - 开发利润$$

（2）求取在建工程价值的公式。在建工程的开发方式通常是将在建工程续建成房屋，此时公式：

$$在建工程价值 = 续建完成后的价值 - 在建工程取得税费 - 续建成本 -$$
$$管理费用 - 销售费用 - 投资利息 - 销售税费 - 续建利润$$

（3）求取旧房价值的公式。旧房的开发方式通常是将旧房重新改造或者改变用途成新房，实现房地产增值。公式：

$$旧房价值 = 重新改造或改变用途后价值 - 旧房取得税费 -$$
$$重新改造或改变用途的成本 - 管理费用 - 销售费用 -$$
$$投资利息 - 销售税费 - 利润$$

2. 按开发完成后的房地产经营方式细化的公式

房地产开发完成后的经营方式有出售、出租或自营。运用假设开发法测算待开发房地产价值时，往往采用不同的方法求取开发完成后的房地产价值：出售的房地产用比较法或长期趋势法测算开发完成后的房地产价值；出租或自营的房地产用收益法测算开发完成后的房地产价值。运用假设开发法测算待开发房地产价值公式如下：

（1）开发完成后的房地产为出售房地产的公式：

$$V = V_P - C$$

式中　V——房地产开发价值；

　　　V_P——采用比较法测算的开发完成后的价值；

　　　C——后续开发的必要支出及应得利润。

（2）开发完成后的房地产为出租或自营的房地产的公式：

$$V = V_R - C$$

式中　V_R——采用收益法测算的开发完成后的价值；

　　　V、C 同上。

[**例7-1**]　有一宗成片荒地需要估价。获知该荒地的面积为 $2km^2$，"五通一平"开发后适宜分块转让，可转让土地面积的比率为60%。附近地区与之位置相当的小块"五通一平"熟地的单价为800元$/m^2$，开发期需要3年。经测算，将该荒地开发成"五通一平"熟地的建设成本、管理费用、销售费用等为2.5亿元$/km^2$；贷款年利率为8%；土地开发的年投资利润率为10%；土地转让中买卖双方需要缴纳的税费分别为转让价格的4%和6%。请用假设开发法中的静态分析法测算该成片荒地的总价和单价。

解：设该成片荒地的总价为 V，则：

（1）该荒地开发完成后熟地总价值 = 800 × 2 000 000 × 60% = 96 000（元）= 9.6（亿元）

（2）取得该荒地应缴的税费总额 = V × 4% = 0.04V（亿元）

（3）后续建设成本及管理费用、销售费用等的总额 = 2.5 × 2 = 5（亿元）

（4）测算投资利息总额。投资额分为两部分：①一次性投入该荒地的价格和应缴税费，即 $V+V×4\%$，计息期 $t=3$ 年；②后续投入的建设成本、管理费用、销售费用等为5亿元，假设均匀投入，可视同于期中一次性投入，计息期 $t=1.5$ 年。

$$投资利息总额 = (V+V×4\%) × [(1+8\%)^3 - 1] + 5 × [(1+8\%)^{1.5} - 1]$$
$$= 0.27V + 0.612（亿元）$$

（5）转让开发完成后熟地应缴税费总额 = 9.6 × 6% = 0.576（亿元）

（6）土地开发利润总额 = $(V+V×4\%) × 10\% × 3 + 5 × 10\% × 1.5$
$$= 0.312V + 0.75（亿元）$$

（7）将以上各项代入公式：

$$V = 9.6 - 0.04V - 5 - (0.27V + 0.612) - 0.576 - (0.312V + 0.75)$$
$$= 1.641（亿元）$$

得出：

$$荒地总价 V = 1.641（亿元）$$

$$\text{荒地单价} = \frac{1.641 \times 10^8}{2 \times 10^6}$$
$$= 82.05\,(\text{元}/\text{m}^2)$$

[例 7-2] 需要评估一宗"七通一平"熟地的价格。获知该宗土地的面积为 5 000m², 容积率为 2, 适宜建造某种类型的商品住宅。预计建造开发期为 2 年;在投入的总费用中,建筑安装工程费为每平方米建筑面积 1 500 元;勘察设计及其他工程费为建筑安装工程费的 8%, 管理费为建筑安装工程费的 6%。第一年投入总费用的 60%, 第二年投入总费用的 40%。该写字楼建成前半年开始投入广告宣传等销售费用, 该项费用预计为其售价的 2%。房地产交易中买卖双方需要缴纳的税费分别为交易价格的 3% 和 6%。预计该商品住宅在建成时全部售出, 售价平均为每平方米建筑面积 4 000 元。请利用所给资料采用假设开发法中的动态分析法测算该宗土地的总价、单价及楼面地价(折现率为 12%)。

解: 设该宗土地的总价为 V。

(1) 测算开发完成后房地产的总价值, 折现年数 $t = 2$ 年。

$$\text{开发完成后房地产的总价值} = \frac{4\,000 \times 5\,000 \times 2}{(1+12\%)^2}$$
$$= 31\,887\,700\,(\text{元})$$
$$= 3\,188.77\,(\text{万元})$$

(2) 取得该宗土地时应缴纳的税费总额 = $V \times 3\%$
$$= 0.03V\,(\text{万元})$$

(3) 测算建筑安装工程费等费用总额。假设各年的投入是在年中一次性投入, 则第一年投入的折现年数 $t_1 = 0.5$ 年, 第二年投入的折现年数 $t_2 = 1.5$ 年。

$$\text{建筑安装工程费总额} = 1\,500 \times (1+14\%) \times 5\,000 \times 2 \times \left[\frac{60\%}{(1+12\%)^{0.5}} + \frac{40\%}{(1+13\%)^{1.5}}\right]$$
$$= 15\,465\,500\,(\text{元})$$
$$= 1\,546.55\,(\text{万元})$$

(4) 测算销售费用总额。销售费用在写字楼建成前半年开始投入, 假设在半年的中点一次性投入, 则折现年数 $t = 1.5 + 0.5 \div 2 = 1.75\,(\text{年})$。

$$\text{销售费用总额} = \frac{4\,000 \times 5\,000 \times 2 \times 2\%}{(1+12\%)^{1.75}}$$
$$= 656\,100\,(\text{元})$$
$$= 65.61\,(\text{万元})$$

(5) 测算销售税费总额, 利用开发完成后房地产总价值求取。

$$\text{销售税费总额} = 3\,188.77 \times 6\%$$
$$= 191.33\,(\text{万元})$$

（6）将以上各项代入公式：

$$V = 3\,188.77 - 0.03V - 1\,546.55 - 65.61 - 191.33$$
$$V = 1\,344.93\,（万元）$$

得出：

$$土地总价\ V = 1\,344.93\,（万元）$$
$$土地单价 = 1\,344.93 \div 5\,000$$
$$= 2\,689.86\,（元/m^2）$$
$$楼面地价 = 13\,449\,300 \div 10\,000$$
$$= 1\,344.93\,（元/m^2）$$

[例 7-3] 某在建工程开工于 2020 年 3 月 1 日，总用地面积 3 000m²，规划总建筑面积 12 400m²，用途为写字楼，土地使用年限为 50 年，从开工之日起计。当时购买土地的价格为 800 元/m²（楼面地价）；该项目的建设费用（包括前期工程费、建筑安装工程费、管理费等）为建筑面积 2 300 元/m²；至 2021 年 9 月 1 日完成了主体结构，已投入 40% 的建设费用，估计至建成还需要 1.5 年，尚需投入 60% 的建设费用；建成后半年可出租，出租面积为建筑面积的 70%，月租金为 60 元/m²，出租率为 85%，运营费用为有效毛收入的 25%；购买在建工程买方需要缴纳的税费为购买价的 3%；销售费用如广告宣传费等在建成前半年开始投入，为售价的 3%；销售税费为售价的 6%。请利用上述资料，用假设开发法中的动态分析法测算该在建工程于 2021 年 9 月 1 日正常购买的总价和按规划建筑面积折算的单价（报酬率为 9%，折现率为 13%）。

解：设该在建工程于价值时点的正常购买总价为 V。

（1）测算续建完成后写字楼总价值。

$$续建完成后写字楼总价值 = \frac{A}{Y}\left[1 - \frac{1}{(1+Y)^n}\right] \times \frac{1}{(1+r_d)^t}$$

式中，A 为净收益；Y 为报酬率；n 为收益期；r_d 表示折现率；t 表示需要折现的年数，各项计算如下：

$$A = 60 \times 12 \times 12\,400 \times 0.7 \times 85\% \times (1 - 25\%) = 3\,984\,100\,（元）= 398.41\,（万元）$$
$$Y = 9\%$$
$$n = 50 - 3 - 0.5 = 46.5\,（年）$$
$$r_d = 13\%$$
$$t = 2\,年\,（写字楼续建完成后相距价值时点 2 年）$$

$$续建完成后写字楼总价值 = \frac{398.41}{9\%} \times \left[1 - \frac{1}{(1+9\%)^{46.5}}\right] \times \frac{1}{(1+13\%)^2}$$
$$= 3\,403.78\,（万元）$$

（2）取得该在建工程时应缴税费总额 = $V \times 3\%$
$$= 0.03V（万元）$$

（3）测算续建总费用，折现年数 $t = 0.75$ 年（按尚需建成年数 1.5 年的一半计算）。

$$续建总费用 = \frac{2\,300 \times 12\,400 \times 60\%}{(1+13\%)^{0.75}}$$
$$= 15\,613\,200（元）$$
$$= 1\,561.32（万元）$$

（4）测算销售费用总额，折现年数 $t = 1.25$ 年（销售费用在建成前半年开始投入，假设均匀投入，取其半年中点，距价值时点 1.25 年）。

$$销售费用总额 = \frac{398.41}{9\%}\left[1 - \frac{1}{(1+9\%)^{46.5}}\right] \times \frac{3\%}{(1+13\%)^{1.25}}$$
$$= 111.92（万元）$$

（5）测算销售税费。利用续建完成后写字楼的总价值求取：
$$销售税费总额 = 3\,403.78 \times 6\%$$
$$= 204.23（万元）$$

（6）将以上各项代入公式：
$$V = 3\,403.78 - 0.03V - 1\,561.32 - 111.92 - 204.23$$
$$V = 1\,481.85（万元）$$

得出：
$$在建工程总价 = 1\,481.85（万元）$$
$$在建工程单价 = 1\,481.85 \div 1.24$$
$$= 1\,195.04（元/m^2）$$

[例 7-4] 某旧厂房的建筑面积为 5 000m²，根据其位置，适宜装修改造成商场出售，并可获得政府批准，但需补交土地使用权出让金 600 元/m²（按建筑面积计），同时取得 40 年的土地使用权。购买该旧厂房时买方需要缴纳的税费为其价格的 4%；预计装修改造期为 1 年，装修改造费用为每平方米建筑面积 2 000 元；装修改造完成后即可全部售出，售价为每平方米建筑面积 8 000 元；销售费用在装修改造完成前半年开始投入，该费用预计为售价的 2%；销售税费预计为售价的 6%。请利用上述资料，采用假设开发法中的动态分析法测算该旧厂房的正常购买总价和单价（折现率为 12%）。

解：设该旧厂房的正常购买总价为 V。

（1）测算装修改造完成后的商场总价值，折现年数 $t=1$。

$$装修改造后商场总价值 = \frac{8\,000 \times 5\,000}{1+12\%}$$
$$= 35\,714\,300（元）$$
$$= 3\,571.43（万元）$$

（2）需补交土地使用权出让金的总额 = 600×5 000
$$= 3\,000\,000\,（元）$$
$$= 300\,（万元）$$

（3）购买该旧厂房的税费总额 = $V×4\%$
$$= 0.04V\,（万元）$$

（4）测算装饰装修改造总费用。假设投入均匀，可视同期中一次性投入，故折现年数 $t = 0.5$。

$$装饰装修改造总费用 = \frac{2\,000×5\,000}{(1+12\%)^{0.5}}$$
$$= 9\,449\,100\,（元）$$
$$= 944.91\,（万元）$$

（5）测算销售费用总额，折现年数 $t = 0.75$ 年（销售费用在建成前半年开始投入，假设均匀投入，取其半年中点，距价值时点为 $0.5 + 0.5 ÷ 2 = 0.75$ 年）。

$$销售费用总额 = \frac{8\,000×5\,000×2\%}{(1+12\%)^{0.75}}$$
$$= 734\,800\,（元）$$
$$= 73.48\,（万元）$$

（6）测算销售费用总额，用装修改造完成后的商场价值的折现值求取：

$$销售费用总额 = 3\,571.43×6\%$$
$$= 214.29\,（万元）$$

（7）将以上各项代入公式：

$$V = 3\,571.43 - 300 - 0.04V - 944.91 - 73.48 - 214.29$$
$$V = 1\,960.34\,（万元）$$

得出：　　　　旧厂房总价 $V = 1\,960.34$（万元）

旧厂房单价 = $1\,960.34 ÷ 0.5$
$$= 3\,920.68\,（元/m^2）$$

7.4　最佳开发经营方式的选取

运用假设开发法要确定房地产的最佳开发经营方式。选取最佳开发经营方式之前，应调查、分析待开发房地产的状况和当地房地产市场状况，然后选取最佳开发经营方式并确定未来开发完成后的房地产状况。下面以评估政府有偿出让建设用地使用权的价格为例予以说明。

在中国现行土地使用制度下，政府有偿出让建设用地使用权的地块，主要是房地产开发用地，它可能是熟地，也可能是毛地或生地。政府出让建设用地使用权的方式主要有招标、拍卖、挂牌和协议四种。无论是哪种出让方式，对于这类房地产开发用地，政府都需要估价，以确定其招标拍卖挂牌底价、协议出让最低价，或者做到心中有数；投标人、竞买人、土地使用者也需要估价，以确定其报价或出价。这类房地产开发用地的用途、容积率、使用期限等限制条件，通常政府在事先已明确，投标人、竞买人、土地使用者如果取得了该类土地，只能在政府的这些限制条件下开发利用。因此，政府的这些限制条件，也是评估这类房地产开发用地价格时必须遵守的前提条件。

1. 调查、分析该类房地产开发用地的状况

它主要包括以下三个方面：

（1）弄清地块的区位状况，包括3个层次：①地块所在城市的性质；②地块所在城市内的区域的性质；③具体的坐落状况。弄清这些，主要是为选择最佳的用途服务。例如，位于上海浦东新区的一块房地产开发用地需要估价，弄清该块土地的区位状况，需要弄清上海的性质和地位，浦东新区的性质和地位，浦东新区与上海老市区的关系以及政府对该区的政策和规划建设设想等，此外还要弄清这块土地在该区内的具体坐落状况，包括交通条件、外部配套设施、周围环境等。

（2）弄清土地的实物状况，包括面积、形状、地形、地势、地质条件、开发程度等。弄清这些，主要是为预测后续开发的必要支出服务。

（3）弄清地块的规划条件，包括弄清规划确定的用途、容积率、建筑高度、建筑密度、绿地率等。弄清这些，主要是为选取最佳的开发利用方式、确定开发完成后的房地产状况服务。

（4）弄清将拥有的土地权利，包括弄清权利性质、使用期限、能否续期，以及对该房地产开发项目及建成后的房地产转让、抵押、出租甚至价格等的有关规定等。弄清这些，主要是为预测开发完成后的房地产价格、租金等服务。

2. 选取最佳的开发利用方式

它包括选取最佳的用途、建筑规模、档次等。这些都要在规划允许的范围内选取，也就是说在规划条件给定的范围内的最佳。在选取最佳的开发利用方式中，最重要的是选取最佳的用途。选取最佳的用途要考虑该土地位置的可接受性及这种用途的现实社会需要程度和未来发展趋势，或者说，要分析当地市场的接受能力，即在项目建成后市场究竟需要什么类型的房地产。例如，某地块规划条件给定的用途，可为宾馆，也可为公寓或写字楼，但在实际估价中究竟应当选择哪种用途？这首先要调查分析该地块所在城市和区域，宾馆、公寓、写字楼的供求关系及其走向。如果对宾馆、写字楼的需求开始趋于饱和，表现为客房入住率、写字楼出租率呈下降趋势，但希望能租到或买到公寓住房的人逐渐增加，而在未来几年内能提供的数量又较少时，则应选择该地块的用途为兴建公寓。

7.5 假设开发法中各项的求取

7.5.1 后续开发经营期

为了预测开发完成后的价值和后续的各项必要支出发生的时间及金额,便于进行折现或者测算投资利息,首先需要预测后续开发经营期。后续开发经营期的起点是(假设)取得估价对象(待开发房地产)的日期(即价值时点),终点是未来开发完成后的房地产经营结束的日期,即后续开发经营期是自价值时点起至未来开发完成后的房地产经营结束时止的时间,包括后续建设期、销售期和运营期。后续建设期是自价值时点起至未来开发完成后的房地产竣工时止的时间;销售期是自未来开发完成后的房地产开始销售时起至其售出时止的时间;运营期是自未来开发完成后的房地产竣工时起至其持有期或经济寿命结束时止的时间。

求取后续开发经营期,宜先将其分成它的各个组成部分,然后分别预测出各个组成部分,再把预测出的各个组成部分连接起来。后续开发经营期的内部关系如图 7-3 和图 7-4 所示。

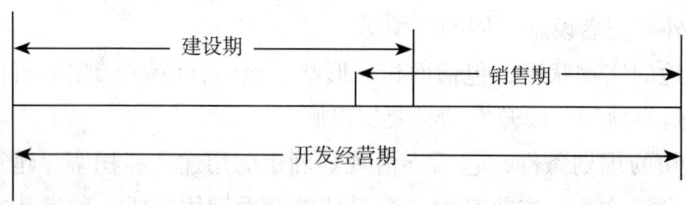

图 7-3 销售(含预售)房地产的开发经营期

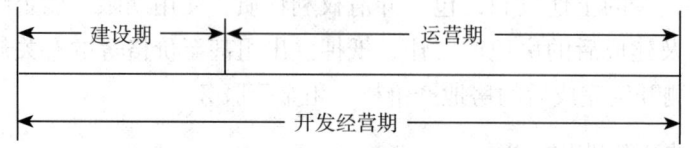

图 7-4 出租或营业房地产的开发经营期

7.5.2 开发完成后的房地产价值

开发完成后的房地产价值是指未来开发完成后的房地产的价值或价格。预测开发完成后的房地产价值,必须弄清楚以下 3 个问题,然后再进行测算。

1. 开发完成后的价值对应的房地产状况

开发完成后的价值是指未来开发完成后的房地产的价值或价格。因此开发完成后的价值对应的房地产状况是未来开发完成后的房地产状况。以估价对象为商品房开发用地为例,如果预计开发完成后的商品房为简装房,则预测的应是简装房的价值;如果预计开发完成后的商品房为精装房,则预测的应是精装房的价值;如果预计开发完成后的商品房为精装修房的,则预测的应是精装修房的价值。

2. 开发完成后的价值对应的时间

开发完成后的价值所对应的时间可能是未来开发完成之时，也可能是在此之前或之后的某个时间。因此，在预测开发完成后的价值之前，还需要弄清是预测开发完成后的房地产在哪个时间上的价值。在静态分析法中，开发完成后的价值是假设未来开发完成后的房地产在价值时点的价值；在动态分析法中，对于开发完成后的房地产适宜销售的，通常是预测它在开发完成之时的房地产市场状况下的价值；但当房地产市场较好而适宜预售的，则是预测它在预售时的房地产市场状况下的价值；当房地产市场不好而需要延迟销售的，则是预测它在延迟销售时的房地产市场状况下的价值。

3. 开发完成后的价值的预测方法

在动态分析法中测算开发完成后的价值时，一般不宜将估价时的类似房地产的市场价格直接"平移"过来作为开发完成后的价值。通常采用比较法并考虑类似房地产市场价格的未来变动趋势，或者采用市场法与长期趋势法相结合，即根据类似房地产过去和现在的市场价格及其未来可能的变化趋势来推测。比较的单位一般为单价而不是总价。例如，假设现在是2021年6月，有一宗房地产开发用地，用途为兴建商品住宅，预测建设期为1.5年(或18个月)，如果要推测该商品住宅在2022年12月建成时的价值，则可以通过收集当地该类商品住宅过去若干年和现在的价格资料以及未来可能的变化趋势来推测确定。

对于出租或营业的房地产，例如写字楼、商店、旅馆、餐馆等，预测其开发完成后的价值，可以先预测其租赁或经营收益，再采用收益法将该收益转换为价值。在这种情况下，收益法就不是一种独立的估价方法，而被包含在假设开发法之中，成了假设开发法的一个部分。例如，根据当前的市场租金水平，预测未来建成的某写字楼的月租金为每平方米使用面积35元，出租率为90%，运营费用占租金的30%，报酬率为10%，可供出租的使用面积为38 000m²，运营期为47年，则该写字楼的未来总价值可估计为

$$\frac{35 \times 90\% \times (1-30\%) \times 12 \times 38\,000}{10\%} \times \left[1 - \frac{1}{(1+10\%)^{47}}\right] = 99\,410\,000（元）= 9\,941（万元）$$

7.5.3 后续开发的必要支出及应得利润

后续开发的必要支出是将估价对象开发建设成未来开发完成后的房地产必须付出的各项成本、费用和税金，具体包括待开发房地产取得税费和后续的建设成本、管理费用、销售费用、投资利息、销售税费。这些都是在假设开发法测算中应当减去的扣除项目。后续开发的必要支出应根据估价对象状况、未来开发完成后的房地产状况及经营方式，以及估价前提、估价对象所处开发建设状态等来求取。在动态分析方法中，应为其在未来发生的金额；在静态分析方法中，应为假设其在价值时点发生的金额。具体如下：

1. 待开发房地产取得税费

待开发房地产取得税费是指假设投资者购置待开发房地产，在交易时作为买方应负

担的有关税费,如契税、印花税、交易手续费等。该项税费通常根据当地的规定,按待开发房地产价值的一定比率来测算。

2. 后续的建设成本、管理费用、销售费用等必要支出

这些必要支出应与开发完成后的房地产状况相对应,开发完成后的房地产状况不同,这些支出亦不相同。

3. 投资利息

投资利息只有在静态方法中才需要测算。在测算投资利息时要把握应计息项目、计息周期、计息期、计息方式和利率。

(1) 应计息项目包括:①待开发房地产的价值;②取得待开发房地产应当缴纳的税费;③后续的建设成本、管理费用和销售费用。销售税费一般不计息。

(2) 各项支出的计息期分别自其发生时起至建设期结束时止。一般不考虑预售和延迟销售的情况。待开发房地产价值和房地产取得税费计息的起点是价值时点;后续的建设成本、管理费用、销售费用通常不是集中在一个时点发生,而是分散在一段时间内(如开发期间)不断发生,但计息时通常将其假设为在所发生的时间段内均匀发生,并具体视为集中发生在该时间段的期中。发生的时间段通常按年来划分,精确测算要求按半年、季或月来划分。

4. 应得利润

后续开发的应得利润是将估价对象开发成未来开发完成后的房地产应获得的利润,通常为同类房地产开发项目在正常情况下所能获得的开发利润。应得利润应在明确内涵和计算基数的基础上,根据同类房地产开发项目相应的一般利润率来估算。利润率有直接成本利润率、投资利润率、成本利润率、销售利润率。采用的利润率要与计算基数相匹配。采用直接成本利润率计算后续开发的应得利润的,应计算基数为待开发房地产价值及其取得税费,以及后续的建设成本;采用投资利润率计算后续开发的应得利润的,应计算基数为待开发房地产价值及其取得税费,以及后续的建设成本、管理费用和销售费用;采用成本利润率计算后续开发的应得利润的,应计算基数为待开发房地产价值及其取得税费,以及后续的建设成本、管理费用、销售费用和投资利息;采用销售利润率计算后续开发的应得利润的,应计算基数为开发完成后的价值。

7.5.4 折现率

折现率是在采用动态分析法时需要确定的一个重要参数,与报酬资本化法中的报酬率的性质和求取方法相同,应等同于同一市场上同类房地产开发项目所要求的平均收益率,它体现了资金的利息率和开发利润率两部分。

7.6 假设开发法应用举例

本估价对象是一块房地产开发用地,面积 10 000m^2,形状规则,土地条件为"五通

一平";规划管理部门确定的规划条件:用途为商业和居住,容积率为不高于5.0,建筑密度为不高于40%;土地使用期限自国有建设用地使用权出让之日起算为50年。需要评估该块土地于2021年7月1日招标出让的正常市场价格,为出让人确定招标底价提供参考依据,估价过程如下:

(1)选用估价方法。该块土地属于待开发房地产,适用假设开发法估价,因此选用假设开发法,具体是采用假设开发法中的动态分析法。

(2)选取最佳的开发利用方式。通过市场调查研究,得知该块土地的最佳开发利用方式如下:①用途为商业与居住混合。②容积率最高为5,因此总建筑面积为10 000×5=50 000m²。③建筑密度适宜为30%。④建筑物层数确定为18层,其中,1～2层的建筑面积相同,均为3 000m²,适宜为商业用途;3～18层的建筑面积相同,均为2 750m²,适宜为居住用途;故商业用途的建筑面积共计6 000m²,居住用途的建筑面积共计44 000m²。

(3)预计建设期。预计自取得建设用地使用权之日起算,共需3年时间才能建成投入使用,即2024年7月1日建成。

(4)预测开发完成后的房地产价值。根据对房地产市场的调查、分析,预计商业部分在建成后可以全部售出,居住部分在建成后可售出30%,半年后可再售出50%,其余20%需一年后才能售出;商业部分在出售时的平均价格为每平方米建筑面积13 500元,居住部分在出售时的平均价格为每平方米建筑面积7 500元。

(5)测算有关税费和折现率。据了解,如果得到该土地,需要按照取得价款的3%缴纳契税等税费。建筑安装工程费预计为每平方米建筑面积3 600元;勘察设计和前期工程费及管理费用等预计为每平方米建筑面积1 500元;估计在未来3年的建设期内,建设费用(包括勘察设计和前期工程费、建筑安装工程费、管理费用等)的投入情况如下:第一年需投入20%,第二年需投入50%,第三年需投入余下的30%。广告宣传和销售代理费等销售费用预计为售价的3%,在建成前半年开始投入至全部售完为止;两税一费和交易手续费等销售税费预计为售价的6%。折现率选取14%。

(6)求取地价。价值时点为2021年7月1日,将所有的收入和支出均折算为该时间上的价值。

1)开发完成后的商业部分价值 $= \dfrac{13\,500 \times 6\,000}{(1+14\%)^3}$

$= 54\,672\,700$(元)

$= 5\,467.27$(万元)

2)开发完成后的居住部分价值

$= 7\,500 \times 44\,000 \times \left[\dfrac{30\%}{(1+14\%)^3} + \dfrac{50\%}{(1+14\%)^{3.5}} + \dfrac{20\%}{(1+14\%)^4} \right]$

$= 210\,207\,300$(元)

$= 21\,020.73$(万元)

3）购地税费总额 = 总地价 × 3%（万元）

4）建设费用总额 = $(3\,600+1\,500) \times 50\,000 \times \left[\dfrac{20\%}{(1+14\%)^{0.5}} + \dfrac{50\%}{(1+14\%)^{1.5}} + \dfrac{30\%}{(1+14\%)^{2.5}}\right]$

$= 207\,647\,000$（元）

$= 20\,764.70$（万元）

5）销售费用总额 = $\dfrac{(13\,500 \times 6\,000 + 7\,500 \times 44\,000) \times 3\%}{(1+14\%)^{3.25}}$

$= 8\,054\,200$（元）

$= 805.42$（万元）

6）销售税费总额 = $(5\,467.27 + 21\,020.73) \times 6\%$

$= 1\,589.28$（万元）

7）总地价 = $(5\,467.27 + 21\,020.73) -$ 总地价 $\times 3\% - 20\,764.70 - 805.42 - 1\,589.28$

总地价 = $3\,231.65$（万元）

估价结果：以上述测算结果为主，并参考房地产估价师的估价经验，将总地价的评估值确定为 3 232 万元。

对于房地产开发用地的估价，通常要给出三种价格形式，即总地价、单位地价和楼面地价。该块土地在 2021 年 7 月 1 日招标出让的正常市场价格评估结果为：总地价 3 232 万元，单位地价 3 232 元/m²，楼面地价 646.4 元/m²。

本章小结

本章阐述了假设开发法的基本原理及估价方法。假设开发法是根据估价对象预期开发完成后的价值来求取估价对象价值或价格的方法，其理论依据是预期原理，适用的估价对象是待开发房地产。假设开发法在表现形式上是成本法评估新开发房地产价值的"倒算法"，其测算结果为估价对象开发完成后的价值减去后续必要支出和应得利润。基本公式为

待开发房地产价值 = 开发完成后的价值 − 后续开发的必要支出及应得利润

开发完成后的价值可以用比较法、收益法等求取。后续必要支出和应得利润包括取得待开发房地产应缴税费、建设成本、管理费用、销售费用、投资利息、销售税费、开发利润等。根据考虑资金时间价值的方式不同，假设开发法分为动态分析法和静态分析法，前者需要将现金流折现，后者需要计算利息和利润。

实训题

以组为单位，选取某一旧房地产，调查市场上同类新装修房屋的价格，测算后续装修等必要支出和应得利润，运用假设开发法中的动态分析法测算该房地产的市场价值。

模拟试题

一、单项选择题

1. 假设开发法是一种科学实用的估价方法，其基本理论依据是（   ）。
   A. 预期原理   B. 适合原理   C. 均衡原理   D. 价值原理
2. 假设开发法是求取估价对象房地产未来开发完成后的价值，减去未来的正常建设成本、（   ）和利润等，以此估算估价对象的客观合理价值的方法。
   A. 地价   B. 税费   C. 佣金   D. 造价
3. 运用假设开发法中的静态方法估算投资利息时，（   ）一般是不计息的。
   A. 待开发的房地产的价值   B. 销售税费
   C. 管理费用   D. 建设成本
4. 下列关于动态方法和静态方法的一些说法中，不正确的是（   ）。
   A. 从理论上讲，动态方法估算结果较为精确
   B. 动态方法不单独计算投资利息和开发利润
   C. 静态方法要计算利息，确定计息期时要考虑预售和延迟销售
   D. 动态方法要求折现率既包含安全收益部分，又包含风险收益部分
5. 运用假设开发法中的动态方法估价时，无须做的是（   ）。
   A. 估算后续开发经营期
   B. 估算后续开发的各项支出、收入
   C. 估算后续开发各项支出、收入在何时发生
   D. 估算开发期中的利息和利润
6. 开发完成后的房地产价值，是指开发完成后的房地产状况的（   ）。
   A. 买卖价值   B. 市场价值   C. 开发价值   D. 成交价值
*7. 运用假设开发法中的动态分析法评估在建工程的市场价值时，在延迟销售情况下，开发完成后的房地产价值对应的房地产市场状况应是（   ）时的房地产市场状况。
   A. 价值时点   B. 开发完成   C. 未来延迟销售   D. 销售完成
*8. 下列关于假设开发法的表述中，不正确的是（   ）。
   A. 假设开发法在形式上是评估新开发房地产价格的成本法的倒算法
   B. 运用假设开发法可测算开发房地产项目的土地最高价格和预期利润
   C. 假设开发法适用于待开发土地、在建工程和不得改变现状的旧房的估价
   D. 假设开发法通常测算的是一次性的价格剩余
*9. 在使用假设开发法评估在建工程价值时，利用直接成本利润率估算开发利润的公式为开发利润＝（   ）×直接成本利润率。
   A. 后续建设成本＋管理费用
   B. 后续建设成本＋管理费用＋销售费用
   C. 待开发房地产价值＋后续建设成本

D. 待开发房地产价值 + 后续建设成本 + 取得待开发房地产的税费

*10. 运用假设开发法评估某待开发房地产的价值时，若采用动态方法计算，则该待开发房地产开发经营期的起点应是（　　）。

　　A. 待开发房地产开发建设开始时的具体日期

　　B. 待开发房地产建设发包日期

　　C. 取得待开发房地产的日期

　　D. 房地产开发完成并投入使用的日期

二、多项选择题

1. 运用假设开发法估价的关键在于正确地判断与确定（　　）。

　　A. 最佳开发利用方式　　B. 建筑费　　　　　　C. 专业费

　　D. 租售价格　　　　　　E. 开发商利润

*2. 关于假设开发法估价中开发经营期的说法，正确的有（　　）。

　　A. 开发经营期的起点是假设取得估价对象的日期

　　B. 开发经营期的终点是未来开发完成后的房地产经营结束的日期

　　C. 建造期的起点是价值时点，终点是未来开发完成后的房地产竣工之日

　　D. 销售期是自开始销售房地产之日起至将其售出之日止的时间

　　E. 经营期的起点是未来开发完成后的房地产竣工之日

3. 假设开发法除了适用于房地产估价外，还大量用于房地产开发项目投资分析，为投资者提供下列有关数据（　　）。

　　A. 确定拟开发场地的最高价格　　　　B. 确定开发项目的预期开发价值

　　C. 确定开发项目的预期利润　　　　　D. 确定项目的开发经营期

　　E. 确定开发中可能出现的最高费用

4. 假设开发法中的经营期包括（　　）。

　　A. 销售期　　　　　B. 运营期　　　　　C. 租售期　　　　　D. 保修期

5. 假设开发法在正确估算投资利息时，需要把握以下几个方面（　　）。

　　A. 应计息的项目　　B. 计息的方式　　　C. 计息期的长短

　　D. 利率的高低　　　E. 利率计算的优惠措施

6. 折现率是在采用动态方法时需要确定的一个重要参数。折现率所体现的房地产开发项目的收益中应包含：（　　）。

　　A. 建设成本　　　　B. 开发费用　　　　C. 管理费用

　　D. 开发利润　　　　E. 资金的利息

7. 假设开发法确定开发经营期的目的，是为了把握（　　）等发生的时间和数额，预测开发完成后的房地产售价或租金，以及各项收入和支出的折现或计算投资利息等服务。

　　A. 土地价格　　　　B. 建设成本　　　　C. 管理费用

　　D. 销售税费　　　　E. 专业费用

8. 假设开发法需要弄清政府对开发土地的规划限制，包括应该弄清规定的（　　）。
   A. 土地的用途　　　B. 土地面积大小　　　C. 土地平整程度
   D. 容积率　　　　　E. 建筑高度
9. 运用假设开发法估价，需要选择土地的最佳利用开发方式，通常包括（　　）。
   A. 土地开发的最佳用途　　　　　　　B. 开发的最佳规模
   C. 土地的地质和水文状况　　　　　　D. 土地的基础设施通达程度
   E. 土地利用的档次
10. 假设开发法估价时，既要把握待开发房地产在投资开发前后的状况，也要把握投资开发后的房地产经营方式。综合起来，可归纳为下列各种状况（　　）等。
    A. 估价对象为生地，将生地开发成熟地
    B. 估价对象为毛地，将毛地开发成熟地
    C. 估价对象为熟地，在熟地上建成房屋
    D. 估价对象为在建工程，将在建工程续建成房屋
    E. 估价对象为旧房，将旧房装修改造成新房

三、判断题

1. 投资开发后的房地产经营方式通常有销售、出租和营业。（　　）
*2. 假设开发法估价必须考虑资金的时间价值，一般采用计息的静态方法和折现的动态方法，由于存在众多未知因素和偶然因素易使预测偏离实际，因此，在实际估价中应尽量采用计算利息的静态方法。（　　）
3. 开发经营期的起点是（假设）取得估价对象（待开发房地产）的时间，即价值时点，终点是房地产项目开发完成后的竣工验收时间。（　　）
4. 假设开发法的静态分析法，由于不考虑各项收入与支出的时间不同，因此计算时未曾考虑资金的时间价值。（　　）
5. 计息的方式有单利计息和复利计息方式两种，单利和复利并没有实质上的区别，只是表达方式上的不同而已。（　　）
6. 假设开发法是求取估价对象房地产未来开发完成后的价值的一种估价方法。（　　）
7. 对于有城市规划条件要求，但其城市规划设计条件尚未正式明确的地块，通常不适合采用假设开发法估价。（　　）
8. 投资利息和应得利润只有在假设开发法的静态方法中才需要测算。（　　）
9. 在运用假设开发法时，可以不必考虑无形收益问题。（　　）
10. 待开发房地产价值 = 开发完成后房地产价值 − 后续必要支出及应得利润。（　　）

四、计算题

1. 某宗"七通一平"熟地的面积为 5 000m²，容积率为 2，适宜建造一幢乙级写字楼。预计建造开发期为 2 年；在投入的总费用中，建筑安装工程费为每平方米建筑面积 3 000 元；勘察设计及其他工程费为建筑安装工程费的 8%，管理费为建筑安装工程费的 6%。第一年投入总费用的 60%，第二年投入总费用的 40%。该写字楼建成前半年开始投入广告宣传等销售费用，该项费用预计为其售价的 2%。房地产交易中买卖双方需要缴纳

的税费分别为交易价格的3%和6%。预计该商品住宅在建成时全部售出，售价平均为每平方米建筑面积8 000元。请利用所给资料，采用假设开发法中的动态分析法测算该宗土地的总价、单价及楼面地价（折现率为12%）。

2. 某在建工程开工于2020年3月1日，总用地面积3 000m²，规划总建筑面积12 400m²，用途为写字楼，土地使用年限为50年，从开工之日起计算。当时购买土地的价格为800元/m²（楼面地价）；该项目的建设费用（包括前期工程费、建筑安装工程费、管理费等）为建筑面积2 300元/m²；至2021年9月1日完成了主体结构，已投入40%的建设费用，估计至建成还需要1.5年，尚需投入60%的建设费用；建成后半年可出租，出租面积为建筑面积的70%，年净收益为400万元，购买在建工程买方需要缴纳的税费为购买价的3%；销售费用如广告宣传费等在建成前半年开始投入，为售价的3%；销售税费为售价的6%。请利用上述资料，用假设开发法中的动态分析法测算该在建工程于2021年9月1日的正常购买的总价和按规划建筑面积折算的单价（报酬率为9%，折现率为13%）。

3. 某旧厂房的建筑面积为5 000m²，根据位置判断其适宜装修改造成商场出售，并可获得政府批准，但需补交土地使用权出让金等500元/m²（按建筑面积计），同时取得40年的土地使用权。购买该旧厂房买方需要缴纳的税费为其价格的4%；预计装修改造期为1年，装修改造费用为建筑面积2 000元/m²；装修改造完成后即可全部售出，售价为建筑面积8 000元/m²；销售费用在装修改造完成前半年开始投入，该费用预计为售价的2%；销售税费预计为售价的6%。请利用上述资料，采用假设开发法中的动态分析法测算该旧厂房的正常购买总价和单价（折现率为12%）。

第 8 章

其他估价方法

房地产估价方法除了常用的比较法、收益法、成本法与假设开发法，还有其他估价方法。本章介绍长期趋势法、路线价法、基准地价修正法、标准价调整法、多元回归分析法、损失资本化法、价差法及修复成本法。

学习目标

了解长期趋势法、路线价法、基准地价修正法、标准价调整法、损失资本化法、价差法的原理及方法。

技能要求

1. 能够运用长期趋势法推测房地产的未来价值。
2. 能够运用路线价法、基准地价修正法、损失资本化法、价差法测算房地产的价值或价格。

8.1 长期趋势法

8.1.1 长期趋势法的基本原理

1. 长期趋势法的含义与理论依据

长期趋势法是依据一系列已知的房地产价格数据，运用预测科学的有关理论和方法，对房地产的未来价值或价格进行推测和判断的方法。从较长时期考察，房地产市场通常会显现出一定的变动规律和发展趋势,即呈上升或下降趋势。当评估或预测房地产价格时,可以根据该房地产过去较长时期的历史价格资料,按照时间序列进行统计分析,揭示该房地产的价格随时间变化的过程和趋势,以此估算该房地产的价格。

2. 长期趋势法的适用对象

长期趋势法是根据房地产价格在过去长时期内的变动趋势做出的判断,并假设这种变动趋势会延伸到未来继续存在。因此,长期趋势法适用的对象是价值、价格有一定变动规律的房地产。

3. 长期趋势法估价需要具备的条件

长期趋势法估价需要具备的条件是拥有估价对象或类似房地产较长时期真实、可靠的历史价格资料。房地产历史价格的时间越长,越可以消除短期波动的影响,进而做出准确、可信的推测和判断。此法通常作为其他估价方法的补充和验证,不宜单独运用。

4. 长期趋势法的作用

长期趋势法主要用于推测、判断房地产的未来价格,例如用于假设开发法中预测开发完成后的房地产价值。此外还有一些其他作用,例如,用于收益法中预测未来的租金、经营收入、运营费用、空置率、净收益;用于比较法中对可比实例的成交价格进行市场状况调整;用来比较、分析两宗(或两类)以上房地产价格的发展趋势或潜力;用来填补某些房地产历史价格资料的缺乏等。

5. 长期趋势法的操作步骤

长期趋势法的操作步骤如下:①收集估价对象或类似房地产的历史价格资料,并进行检查、鉴别,保证其真实、可靠;②本着可比性原则分析、整理历史价格资料,并将其编排成时间序列;③观察、分析这个时间序列,找出估价对象价格随时间变动的规律,并以数学模型表达此规律;④以此模型去推测、判断估价对象在价值时点的价格。

8.1.2 估价方法

长期趋势法的估价方法主要有直线趋势法、平均增减趋势法、移动平均法等。

1. 直线趋势法

直线趋势法属于数学曲线拟合法,是最简单、最常用的方法。运用直线趋势法估价时,估价对象或类似房地产历史价格的时间序列散点图,应表现出明显的直线趋势。运用直线趋势法评估房地产价格的基本公式为

$$Y = a + bX$$

式中 X——时间(自变量);

Y——房地产价格(因变量);

a、b——未知参数。

根据最小二乘法,求得 a、b 值分别如下:

$$a = \frac{\Sigma Y - b\Sigma X}{N}$$

$$b = \frac{N\Sigma XY - \Sigma X \Sigma Y}{N\Sigma X^2 - (\Sigma X)^2}$$

式中，N 为时间序列的项数；ΣX、ΣX^2、ΣY、ΣXY 的值可以从时间序列的实际值中求得。为了计算方便，可以使 $\Sigma X=0$，此时：

$$a = \frac{\Sigma Y}{n}, \quad b = \frac{\Sigma XY}{\Sigma X^2}$$

使 $\Sigma X=0$ 的方法是：当时间序列的项数为奇数时，设中间项的 $X=0$，之前的项依次设为 -1，-2，-3，…，之后的项依次设为 1，2，3，…；当时间序列的项数为偶数时，以中间两项相对称，前者依次设为 -1，-3，-5，…，后者依次设为 1，3，5，…。

[**例 8-1**] 某城市某类商品房 2013～2021 年的价格如表 8-1 第 2 列所示，试预测该类房地产 2022 年和 2023 年的价格。

表 8-1　某城市某类商品房 2013～2021 年的价格　　　　（元/m²）

年份	房地产价格 Y	X	XY	X²	趋势值 (a+bX)
2013	2 200	−4	−8 800	16	1 982.22
2014	2 400	−3	−7 200	9	2 367.22
2015	2 700	−2	−5 400	4	2 752.22
2016	3 000	−1	−3 000	1	3 137.22
2017	3 400	0	0	0	3 522.22
2018	3 800	1	3 800	1	3 907.22
2019	4 200	2	8 400	4	4 292.22
2020	4 700	3	14 100	9	4 677.22
2021	5 300	4	21 200	16	5 062.22
总计	31 700	0	23 100	60	

解： 令 $\Sigma X=0$。已知 $N=9$ 为奇数，故设中间项的 $X=0$，则 X 的值见表 8-1 第 3 列。ΣY、ΣXY、ΣX^2 的计算分别见表第 2、4、5 列。求取 a，b 如下：

$$a = \frac{\Sigma Y}{N} = \frac{31\,700}{9} = 3\,522.22$$

$$b = \frac{\Sigma XY}{\Sigma X^2} = \frac{23\,100}{60} = 385$$

因此，描述该类房地产价格变动长期趋势线的方程为

$$Y = a + bX = 3\,522.22 + 385X$$

据该方程计算的 2013～2021 年该类房地产价格的趋势值见表 8-1 第 6 列。

预测该类房地产 2022 年的价格为

$$Y = a + bX$$
$$= 3\,522.22 + 385X$$
$$= 3\,522.22 + 385 \times 5$$
$$= 5\,447.22 \text{（元 /m}^2\text{）}$$

预测该类房地产 2023 年的价格为

$$Y = a + bX$$
$$= 3\,522.22 + 385X$$
$$= 3\,522.22 + 385 \times 6$$
$$= 5\,832.22 \text{（元 /m}^2\text{）}$$

2. 平均增减趋势法

平均增减趋势法是以房地产价格资料的平均数为基础来确定房地产价格的一种估价方法。主要有平均增减量法和平均发展速度法。

（1）平均增减量法。如果房地产价格时间序列的逐期增减量大致相同，时间序列显示等差数列的特性，那么就可以采用平均增减量法测算待估房地产价格。计算公式如下：

$$V_i = P_0 + d \times i$$

$$d = \frac{(P_1 - P_0) + (P_2 - P_1) + \cdots + (P_n - P_{n-1})}{n}$$

$$= \frac{P_n - P_0}{n}$$

式中　V_i——第 i 期（年、半年、季、月等）房地产价值或价格的趋势值；

　　　i——时期序数，$i=1, 2, \cdots, n$；

　　　P_0——基期房地产价值或价格的实际值；

　　　d——逐期增减量的平均数；

　　　P_i——第 i 期房地产价值或价格的实际值。

[例 8-2]　已知某类房地产的平均价格 2017～2021 年的历史数据如表 8-2 所示，请预测该类房地产 2022 年的平均价格。

表 8-2　2017～2021 年房地产平均价格

年份	实际价格（元/m²）	逐年变动额	房地产价格的趋势值
2017	6 810		
2018	7 130	320	7 145
2019	7 460	330	7 480
2020	7 810	350	7 810
2021	8 150	340	8 150

解：由表 8-2 可知该类房地产 2017～2021 年房地产平均价格逐年变动额大致相同，

可以采用平均增减量法。

该类房地产价格逐年变动额的平均数计算如下：
$$d = (320 + 330 + 350 + 340) \div 4$$
$$= 335 \text{（元}/\text{m}^2\text{）}$$

据此预测该宗房地产 2022 年的价格为
$$V_i = P_0 + d \times i$$
$$V_5 = 6\,810 + 335 \times 5$$
$$= 8\,485 \text{（元}/\text{m}^2\text{）}$$

（2）平均发展速度法。如果房地产价格时间序列的逐期发展速度大致相同，就可以采用平均发展速度法测算待估房地产价格。计算公式如下：
$$V_i = P_0 \times t^i$$

式中，t 为平均发展速度，$t = \sqrt[n]{\dfrac{P_n}{P_0}}$。

[例 8-3] 需要预测某类房地产 2022 年的价格，已知该地区该类房地产 2017～2021 年的价格及其逐年上涨速度如表 8-3 中 2、3 列所示。

表 8-3 某类房地产 2017～2021 年的价格

年份	实际价格（元/m²）	逐年上涨速度（%）	房地产价格趋势值
2017	5 600		
2018	6 750	120.5	
2019	8 200	121.5	
2020	9 850	120.1	
2021	12 000	121.8	

解： 从表 8-3 可知该类房地产逐年上涨速度大致相同，可用平均发展速度法。该类房地产价格平均上涨速度：
$$t = \sqrt[4]{\dfrac{12\,000}{5\,600}}$$
$$= 1.21$$

据此，预测该类房地产 2022 年的价格为
$$V_5 = 5\,600 \times 1.21^5$$
$$= 14\,525 \text{（元}/\text{m}^2\text{）}$$

一般来说，越接近价值时点的增减量或发展速度对于待估房地产价格影响越大。因此，对不同时期的房地产价格增减量或发展速度赋予不同的权数，更能使估价结果符合实际。

3. 移动平均法

当房地产价格的时间序列受周期变动影响较大，不易显示发展趋势时，可用移动平均法预测其未来发展趋势。移动平均法是将各期的房地产价格排列成时间序列，按一定跨越期进行平均，逐项递移，逐一求得移动平均值，并将接近价值时点的最后一个移动平均值，作为确定估价额的依据。移动平均法主要有简单移动平均法和加权移动平均法。

（1）简单移动平均法。下面举例说明该种方法的应用。某类房地产2020年1～12月的价格如表8-4第2列所示。各月份的价格受不确定因素的影响变动较大，不易显现发展趋势。对于上述房地产价格，采用每5个月的实际值计算其移动平均数。具体的计算方法是：把1～5月的价格加起来除以5得6 840元/m^2，把2～6月的价格加起来除以5得6 940元/m^2，依此类推，计算结果见表第3列。然后根据每5个月的移动平均数计算其逐月上涨额，计算结果见表第4列。

表8-4　某类房地产2020年1～12月的价格　　　　　（元/m^2）

月份	房地产价格的实际值	每5个月的移动平均数	移动平均数的逐月上涨额
1	6 700		
2	6 800		
3	6 900	6 840	
4	6 800	6 940	100
5	7 000	7 040	100
6	7 200	7 140	100
7	7 300	7 260	120
8	7 400	7 380	120
9	7 400	7 500	120
10	7 600	7 620	120
11	7 800		
12	7 900		

如果需要预测该类房地产2021年1月的价格，则计算方法如下：由于最后一个移动平均数7 620对应的时间是2020年10月，与2021年1月相差3个月，所以预测该类房地产2021年1月的价格为

$$7\ 620 + 120 \times 3 = 7\ 980\ (元/m^2)$$

（2）加权移动平均法。加权移动平均法是对各期的房地产价格赋予不同的权数，求其移动平均值，再采用上述简单移动平均法的方法进行估算。至于在估价时如何加权，一般需要根据房地产价格的变动趋势以及房地产估价师的估价经验来确定。

8.2 路线价法

8.2.1 路线价法的基本原理

1. 路线价法的含义

城镇街道两侧的商业用地，因临街状况不同，价值会有很大的差异。如果要快速且

相对科学准确、客观公平地评估出某个城镇的全部街道、某几条街道或某一条街道所有临街土地的价值或价格，可以采用路线价法。路线价法是在城镇街道上划分路线价区段并设定标准临街深度，在每个路线价区段内选取一定数量的标准临街宗地并测算其平均单价或楼面地价，利用有关调整系数将该平均单价或楼面地价调整为各宗临街土地价值或价格的方法。

2. 路线价法的理论依据

路线价法实质上是比较法的派生方法，其理论依据是替代原理。在路线价法中，"标准宗地"可视为比较法中的可比实例，"路线价"可视为可比实例的价格。路线价法与比较法的区别在于：①比较法需要做"交易情况修正"和"市场状况调整"；而路线价法可以不做这两方面的修正和调整，因为路线价已是正常价格，路线价所对应的日期就是价值时点；②比较法仅评估一个估价对象的价值，而路线价法可以同时评估多宗临街土地的价值。

3. 路线价法的适用对象

路线价法主要适用于城镇街道两侧商业用地的估价。路线价法是一种快速、省力，可以同时对大量宗地进行估价的方法，特别适用于城市土地课税、土地重划、城市房屋拆迁补偿或其他需要在大范围内同时评估多宗土地价值的场合。运用路线价法估价的前提条件是街道较规整，两侧临街土地排列较整齐。

8.2.2 估价程序与方法

运用路线价法估价一般分6个步骤：①划分路线价区段；②设定标准临街深度；③选取标准临街宗地；④调查评估路线价；⑤制作价格修正率表；⑥计算临街土地的价值。

1. 划分路线价区段

路线价区段位于街道两侧是带状的。一个路线价区段是指具有同一路线价的地段。在划分路线价区段时，土地条件大致相同的地段应划为同一路线价区段，原则上以地价有显著差异的地点为区段界，通常是从十字路口或丁字路口中心处划分，路口与路口之间的地段为一个路线价区段。一条街道通常只设一个路线价。但对于特别繁华、土地条件变化较大的街道，也可以分设路线价；非繁华地区也可延长至数个街道。在同一街道上，两侧的繁华状况有显著差异时，同一路线价区段也可附设两种不同的路线价，这时应视为两个路线价区段。

2. 设定标准临街深度

标准临街深度是街道对地价影响的转折点，由此点面向街道的方向，地价逐渐升高，由此点背离街道的方向，地价可视为基本不变。在实际估价中，设定标准临街深度的方法通常采取临街各宗土地深度的众数。如某个路线价区段内土地的临街深度大多为20m，则标准临街深度应设为20m。这不仅使路线价具有代表性，还减少计算工作量。

3. 选取标准临街宗地

标准临街宗地是路线价区段内具有代表性的宗地。选取标准宗地的具体要求是：①一面临街；②土地形状为矩形；③临街深度为标准临街深度；④临街宽度为标准临街宽度（临街各宗地宽度的众数）；⑤用途、容积率等具有代表性。

4. 调查评估路线价

路线价是附设在街道上的若干标准临街宗地的平均价格，可为土地单价，也可为楼面地价。评估路线价时，通常选取一定数量的标准临街宗地，运用收益法、比较法等，分别求取土地单价或楼面地价，然后求其算术平均数、中位数、众数等，即得该路线价区段的路线价。

5. 制作价格修正率表

价格修正率表有临街深度价格修正率表和其他价格修正率表。

（1）制作临街深度价格修正率表。临街土地的价值随其背离街道的深度而递减，被称为"深度价格递减现象"，如图8-1所示，临街深度价格修正率表正是基于这一现象制作的。制作临街深度价格修正率表以"四三二一"法则为典型代表，此法则认为每一等份的土地价值与其深度有相应的比例关系。将临街深度100ft的土地，划分为与街道平行的四等份，随着距离街道的远近不同，价值有所不同。从街道方向算起，第一个25ft等份的价值占整块土地价值的40%，第二个25ft等份的价值占整块土地价值的30%，依此类推，第三、第四个25ft等份的价值分别占整块土地价值的20%、10%。如果超过100ft，则以"九八七六"法则来补充，即超过100ft的第一、二、三、四个25ft的价值，分别为临街深度100ft土地价值的9%、8%、7%、6%，如图8-1所示。据此，可以制定单独深度价格修正率、累计深度价格修正率和平均深度价格修正率，如表8-5所示。

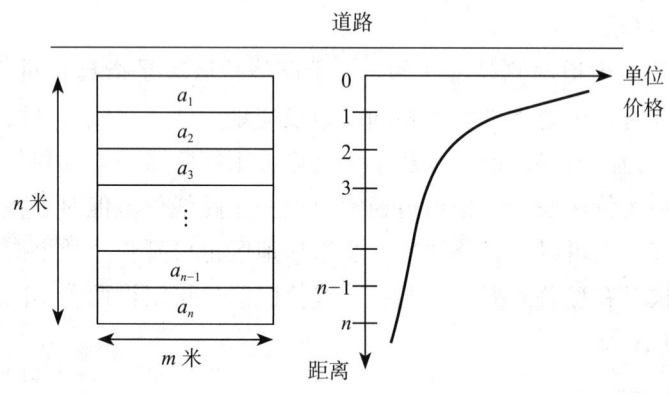

图8-1 临街深度价格递减图

表8-5 临街深度价格修正率表

临街深度（ft）	25	50	75	100	125	150	175	200
"四三二一"法则（%）	40	30	20	10	9	8	7	6

(续)

单独深度价格修正率（%）	40	30	20	10	9	8	7	6
累计深度价格修正率（%）	40	70	90	100	109	117	124	130
平均深度价格修正率（%）	160	140	120	100	87.2	78.0	70.8	65.0

注：表中的平均深度价格修正率，是将上述临街深度100ft的平均价格修正率25%乘以4转换为100%，同时为保持与其他数字的关系不变，其他数字也相应乘以4所得。

（2）制作其他价格修正率表。在一个路线价区段内的各宗地，因其形状、宽度等差异表现出价格不同，因此计算三角形等形状的土地价值，还需要制作其他价格修正率表。

6. 计算临街土地的价值

运用路线价法计算临街土地的价值，需要弄清路线价和临街深度价格修正率的含义、标准临街宗地的条件等。路线价的含义不同，临街深度价格修正率及运用的公式也有所不同。

（1）如果估价对象为一面临街的矩形土地，则有下列情形：

1）当以标准临街宗地的总价作为路线价时，应采用累计深度价格修正率（Σ单独深度价格修正率），计算公式为：

$$V(总价) = 路线价 \times \Sigma 单独深度价格修正率 \times \frac{临街宽度}{标准宽度}$$

$$V(单价) = \frac{V(总价)}{估价对象土地面积}$$

2）当以标准临街宗地的单价作为路线价时，应采用平均深度价格修正率，计算公式为：

$$V(单价) = 路线价 \times 平均深度价格修正率$$

$$V(总价) = V(单价) \times 估价对象土地面积$$

（2）如果估价对象为形状和临街状况特殊（非一面临街、非矩形）的土地，则在上述公式的基础上，要做价格调整，计算公式如下：

$$V(单价) = 路线价 \times 平均深度价格修正率 \times 其他价格修正率$$

$$V(总价) = V(单价) \times 土地面积$$

8.2.3 应用举例

下面以标准临街宗地的单价为路线价的情形为例，说明路线价法的应用。各类宗地情况如图8-2所示。

（1）一面临街的矩形土地价值的计算。计算一面临街矩形土地的价值，是利用所在区段的路线价乘以平均深度价格修正率求得。如果计算总价，再乘以土地面积。

[例8-4] 如图8-2中的宗地A为一临街深度15.24m（即50ft）、临街宽度20m的矩形土地，其所在区段的路线价为1500元/m²。该宗土地的单价和总价分别是多少？

解： 以标准临街宗地的单价作为路线价时，应采用平均深度价格修正率。根据表8-5

查出临街深度价格修正率为140%，得出：

$$V（单价）=1\,500\times140\%=2\,100（元/m^2）$$
$$V（总价）=V（单价）\times20\times15.24=640\,000（元）=64（万元）$$

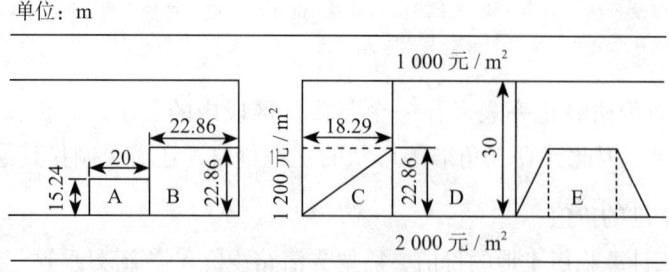

图8-2 各类临街宗地示例

（2）矩形街角地的价值计算。街角地是指位于十字路口或丁字路口的土地。对于街角地的估价，一般先求取"正街"（高价街）的价值，再求取"旁街"（低价街）的影响加价，将两者之和作为该街角地的总价。这种方法被称为"正旁两街分别轻重估价法"。

[例8-5] 如图8-2中的宗地B为一块矩形街角地，两条街的路线价分别为2\,000元/m² 和1\,200元/m²，临正街和旁街的深度均为22.86m（即75ft），旁街影响加价率为20%，请计算该块土地的单价和总价。

解：该块土地的单价和总价计算如下：

$$V（单价）=2\,000\times120\%+1\,200\times120\%\times20\%=2\,688（元/m^2）$$
$$V（总价）=2\,688\times22.86\times22.86=1\,404\,700（元）=140.47（万元）$$

（3）直角三角形土地价值的计算。计算直角三角形土地的价值，通常是先将该三角形土地做辅助线，使其成为一面临街的矩形土地，然后依照一面临街的矩形土地的计算方法，再乘以三角形土地价格修正率，便得到该三角形土地的价值。如果需要计算总价，则再乘以该三角形土地的面积即可。

[例8-6] 如图8-2中的宗地C为一块直角三角形的土地，路线价为2\,000元/m²。即临街宽度18.29m，临街深度22.86m，即75ft。临街深度75ft的三角形土地价格的修正率为62.5%，试计算该块三角形土地的价值。

解：根据表8-5，临街深度为75ft的平均深度价格修正率为120%，则有：

$$该三角形土地的总价=2\,000\times120\%\times62.5\%\times（18.29\times22.86\div2）$$
$$=313\,600（元）$$
$$=31.36（万元）$$

（4）前后两面临街的矩形土地价值的计算。对于前后两面临街的矩形土地，通常采取"重叠价值估价法",即先确定前街(高价街)与后街(低价街)影响深度的分界线,依此分界线分别求取前街与后街的地价,最后将两者合计,即为全部土地的价格。

[例 8-7] 如图 8-2 中的宗地 D 为一块前后两面临街的矩形土地,总深度 30m,前街路线价为 2 000 元 / m²,后街路线价为 1 000 元 / m²。试采用"重叠价值估价法"计算前街和后街影响深度。

解:该矩形土地的前街和后街影响深度计算如下:

$$前街影响深度 = \frac{30 \times 2\,000}{1\,000 + 2\,000} = 20\,(m)$$

$$后街影响深度 = 30 - 20 = 10\,(m)$$

计算梯形、平行四边形等其他形状土地的价值或价格时,通常是先将其划分为矩形、三角形土地,然后分别计算这些矩形、三角形土地的价值或价格,再将它们相加减。

8.3 基准地价修正法

8.3.1 基本原理

基准地价修正法是在政府或其有关部门已公布基准地价的地区,利用有关调整系数对估价对象宗地所在位置的基准地价进行调整后得到估价对象宗地价值或价格的方法。所谓基准地价,是在某个城镇的一定区域范围内,划分土地级别或不同均质地域,按照商业、居住、工业等用途,分别评估确定的一定使用期限的建设用地使用权在某一时点的平均价格。

基准地价修正法的基本原理是替代原理,即在正常市场条件下,具有相似土地条件和使用功能的土地,在正常的房地产市场中,应当具有相似的价格。由于基准地价是区域平均价格,因此,要评估该区域中某一宗地的价格,还必须通过比较待估宗地与基准地价的土地条件、区域条件、使用年期、容积率等方面的差异,对基准地价进行修正,方能得出宗地价格。因此,基准地价修正法的实质是比较法。

8.3.2 估价步骤与方法

运用基准地价修正法估价,应按下列步骤进行:

(1)收集有关基准地价资料。包括收集估价对象宗地所在城镇的基准地价图、基准地价表、基准地价修正系数表、基准地价内涵(如基准地价对应的土地权利类型、使用期限、用途、容积率、开发程度和估价期日)和说明等。

(2)查找估价对象宗地所在位置的基准地价。通常是先根据估价对象宗地的具体用途,确定其所属的用途类型,例如是属于住宅用途、商服用途还是工业用途等;再根据估价对象宗地的用途类别和位置,确定其所处的土地级别或均质地域;然后根据估价对象宗地所处的土地级别或均质地域,确定其适用的基准地价。

（3）对基准地价进行市场状况调整。将基准地价在其估价期日的值，调整为在价值时点的值，调整方法与市场法中市场状况调整的方法相同。

（4）对基准地价进行土地状况调整。将估价对象宗地状况，包括具体区位、具体用途、土地使用期限、容积率、土地开发程度等，与基准地价对应的土地状况进行比较，根据它们之间的差异对基准地价进行相应调整，调整的内容和方法与比较法中房地产状况调整的内容和方法相似。

（5）求取估价对象宗地价值或价格。调整系数连乘的基准地价修正法公式为

宗地价值或价格 = 适用的基准地价 × 土地市场状况调整系数 × 区位调整系数 × 用途调整系数 × 土地使用期限调整系数 × 容积率调整系数 × 土地开发程度调整系数 × 其他因素调整系数

值得说明的是：对于宗地估价而言，基准地价修正法只是在政府确定并公布了基准地价的地区可以选择的估价方法之一，除采用基准地价修正法之外，还可以直接运用比较法、成本法、收益法、假设开发法等来评估。例如利用待开发土地建造商品住宅或写字楼、商店、宾馆等，适用假设开发法估价；对于新近开发或改造的土地，如征用农地或城市拆迁改造后进行"三通一平"的土地，适用成本法估价；对于已有建筑物如写字楼、商场、宾馆等的宗地，适用收益法（土地剩余技术）估价。更重要的一点，不论宗地的类型如何，只要该类宗地有较发达的交易市场存在，可以找到较多的交易案例，均适用比较法估价。

8.3.3 应用举例

[例 8-8] 估价对象为××市××区××大街××号××公寓2号楼，土地面积 5 550m^2，用途为居住用地，容积率为2.71。要求用基准地价修正法评估该宗地于2021年5月21日的价格。估价过程如下：

（1）确定对应的基准地价。该宗地属于市区居住一级地，查《××市基准地价表》（居住）如表 8-6 所示。

表 8-6 《××市基准地价表》

土地级别	一级	二级	三级	四级	五级
基准地价（楼面熟地价）元/m^2	4 740～7 000	3 800～5 760	2 730～4 590	2 090～3 600	1 500～2 790

得知该市一级地段居住用途土地使用权楼面熟地价在 4 740～7 000 元/m^2 之间，计算高低限的平均值，确定楼面熟地价为 5 870 元/m^2。

（2）确定区位调整系数。根据《××市基准地价因素修正系数说明表》，查一级居住用地影响因素及调整幅度如表 8-7 所示。

表 8-7 《××市基准地价因素修正系数说明表》

影响因素	调整幅度（%）	修正系数（%）
居住社区成熟度	−2～2	−2.00

(续)

影响因素	调整幅度（%）	修正系数（%）
交通便捷度	−4～4	−2.00
区域土地利用方向	−2～2	0
临街状况	−2～2	−2.00
宗地形状及可利用程度	−1.6～1.6	1.50
公共服务、基础设施状况	−2.4～2.4	−1.00
自然和人文环境状况	−4～4	3.00
与商业中心的接近程度	−2～2	0
合计	−20～20	−2.50

$$\text{确定因素调整系数} = 1 - 2.5\%$$
$$= 97.5\%$$

（3）确定土地市场状况调整系数。基准地价的基准日期为 2017 年 1 月 1 日，基准日期至价值时点期间，估价对象所在区域土地使用权价格基本没有变化，所以不需要修正。

（4）确定土地使用期限调整系数。基准地价界定的居住用途土地使用权年限为 70 年，估价对象土地使用权终止日期为 2080 年 10 月 30 日，土地剩余使用年限为 59.48 年。

$$\text{土地使用期限调整系数} = \{1-[1/(1+r)^n]\} \div \{1-[1/(1+r)^m]\}$$
$$= 0.994$$

式中　r——土地报酬率（取 8.00%）；

　　　n——宗地剩余使用年限（59.48 年）；

　　　m——法定最高出让年限（70 年）。

（5）确定土地容积率调整系数。按照城市规划管理部门给定的宗地容积率（R），查相应的居住用地《容积率修正系数表》确定容积率调整系数。估价对象现状容积率约为 2.71，确定容积率调整系数为 0.932，如表 8-8 所示。

表 8-8 《容积率修正系数表》

容积率	2.3	2.4	2.5	2.6	2.7	2.8	2.9	3.0
修正系数	0.966	0.956	0.947	0.940	0.933	0.927	0.922	0.918

（6）估价对象楼面熟地价的确定。

楼面熟地价 = 适用的楼面熟地价 × 区位调整系数 × 使用期限调整系数 × 容积率调整系数

楼面熟地价 = 5 870 × 1 × 0.994 × 0.932 × 0.975
　　　　　 = 5 302（元/m²）

8.4　标准价调整法

标准价调整法是指对估价范围内的所有被估价房地产进行分组，使同一组内的房地产具有相似性，在每组内选定或设定标准房地产并测算其价值或价格，利用有关调整系数将标准房地产价值或价格调整为各宗被估价房地产价值或价格的方法。该方法是一种批量估价方法，主要用于存量房交易税收估价和房地产税计税价值评估。

运用标准价调整法估价，一般分为下列6个步骤：

（1）确定估价范围。估价范围包括估价的区域范围和房地产种类。估价的区域范围即需要对哪个地区范围内的房地产进行估价，例如某个城市的全部行政区，还是其规划区、建成区、某个或某几个辖区内的房地产。估价的房地产种类即需要对哪些用途和类型的房地产进行估价，例如住宅，还是商店、办公楼、旅馆厂房、仓库等，或是各种房地产。

（2）进行房地产分组。这是对估价范围内的所有被估价房地产进行分组，使同一组内的房地产具有相似性。通常先将估价范围内的所有被估价房地产按用途划分，如分为居住、商业、办公、旅馆、工业、仓库等用途的房地产；再按类型划分，如将住宅分为高层住宅、多层住宅、低层住宅等，将商业房地产分为大型商场、小型店等，将办公楼分为甲级办公楼、乙级办公楼、普通办公楼等；然后按区位划分，如成片开发的住宅按自然小区划分，临街商业房地产按路线价区段划分。从理论上讲，划分的组越小，组内的房地产越相似，从而需要调整的因素就会越少。但如果分组过小，令组内的交易实例等"样本"较少，将难以满足测算标准房地产价值或价格的需要。

（3）设定标准房地产。标准房地产是指一个组内具有代表性的典型房地产。标准房地产最好是实际存在的，在没有合适的实际房地产作为标准房地产的情况下，可以虚拟某种状况的房地产作为标准房地产。标准房地产无论是实际存在的还是虚拟的，都要对其基本状况（如用途、位置、楼层、朝向、户型、面积等影响同一组内不同房地产价值和价格的主要因素）做出明确界定。

（4）测算标准价。标准价即标准房地产的价值或价格，其测算方法与测算路线价、基准地价的方法相似。

（5）确定有关调整系数。如楼幢、楼层、朝向、户型、面积等调整系数。

（6）计算各宗被估价房地产的价值或价格。这是利用有关调整系数，将标准房地产价值或价格调整为各宗被估价房地产的价值或价格。

8.5 多元回归分析法

多元回归分析法是对估价范围内的所有被估价房地产进行分组，使同一组内的房地产具有相似性，在每组内把房地产价值或价格作为因变量，把影响房地产价值或价格的若干因素作为自变量来设定多元回归模型，并收集大量房地产成交价格及其影响因素数据，经过试算优化和分析检验，确定多元回归模型，利用该模型计算出各宗被估价房地产价值或价格的方法。该方法是一种批量估价方法，主要用于存量房交易税收估价和房地产税计税价值评估。

运用多元回归分析法估价，一般分为下列5个步骤：

(1)确定估价范围。这与标准价调整法中的确定估价范围相同。
(2)进行房地产分组。这与标准价调整法中的进行房地产分组相同。
(3)设定多元回归模型。常见的多元回归模型为

$$V=b_0+b_1x_1+b_2x_2+\cdots+b_nx_n$$

式中 V——因变量(被解释变量),为被估价房地产价值或价格;

x_1,x_2,…,x_n——自变量(解释变量),为影响房地产价值或价格的若干因素,如 x_1 代表房龄,x_2 代表楼层,x_3 代表朝向,等等;

n——自变量的数量;

b_0——常数项,b_1,b_2,…,b_n 是自变量的系数。

(4)确定多元回归模型。
(5)计算各宗被估价房地产的价值或价格。

8.6 损失资本化法

损失资本化法是预测估价对象未来各年的净收益减少额或收入减少额、运营费用增加额,将其现值之和作为房地产价值减损额的方法。该方法主要用于评估不可修复的房地产价值减损额,如不可修复的房屋质量缺陷、噪声污染以及通风、采光、日照、景观等受到影响导致房地产租金降低或运营费用增加所造成的房地产价值减损额。

损失资本化法可分为"收益损失资本化法""收入损失资本化法""超额费用资本化法"。这些方法的计算公式与收益法相似,只是将收益法中的净收益改为净收益减少额或收入减少额、运营费用增加额。

[例 8-9] 某套住宅因采光受到影响,其市场租金由每月 3 500 元降到 3 000 元,运营费用每月增加 60 元。预计该住宅的剩余使用寿命为 45 年,该类房地产的报酬率为 8.5%。请计算该住宅因采光受到影响而造成的价值减损额。

解: 该住宅因采光受影响造成的价值减损额计算如下:

(1)该住宅的年净收益减少额为

$$A = [(3\,500-3\,000)+60] \times 12$$
$$= 6\,720\,(元)$$

(2)该住宅的价值减损额为

$$V = \frac{A}{Y}\left[1-\frac{1}{(1+Y)^n}\right]$$
$$= \frac{6\,720}{8.5\%} \times \left[1-\frac{1}{(1+8.5\%)^{45}}\right]$$
$$= 77\,047\,(元)$$

8.7 价差法

价差法是分别评估房地产在改变之前和改变之后状况下的价值，再将两者之差作为房地产价值减损额或增加额的方法。该方法主要用于评估房地产价值减损额或价值增加额。

房地产在改变之前和改变之后状况下的价值，通常采用比较法、收益法来评估。改变之前和改变之后状况下的价值均采用比较法来评估的，除可分别采用比较法评估出改变之前和改变之后状况下的价值后将两者相减外，还可直接采用价值影响因素状况的改变所造成的价值增减得出价值减损额或价值增加额，相应的计算公式如下：

估价对象价值减损额或增加额 = 估价对象在改变之前状况下的价值 × Σ 价值影响因素状况改变造成的价值增减系数

例如采用价差法评估因房屋日照受影响而造成的价值减损额，可先评估出房屋日照未受影响下的市场价值，然后将日照受影响造成的各种危害因素对市场价值的影响程度进行分析，确定相关系数。这些危害因素包括：①房屋实物因素危害（如造成房屋潮湿、室内空气流通不畅、缺乏阳光照射杀菌、影响房屋构件及室内物品使用寿命）；②区位因素危害（如造成房屋视觉环境、私密性差，甚至相当于改变了房屋朝向，如使朝南的房屋相当于朝北）；③使用人心理和生理因素危害（如造成房屋使用人压抑感，生理机能受损，健康状况下降，会让小孩身体发育受影响）；④经济因素危害（如造成照明、取暖费用增加，房屋使用成本上升）等。

价差法是用于评估房地产价值增加额的一种情形，用来测算补地价。所谓补地价，是指建设用地使用权人因改变建设用地使用权出让合同的土地使用条件，应向国家缴纳的建设用地使用权出让金、土地出让价款、租金、土地收益等。简而言之，补地价是用地者应向国家补交的地价。需要补地价的情形可分为以下3类：①改变土地用途、容积率等规划条件；②延长土地使用期限；③转让、出租、抵押以划拨方式取得建设用地使用权的房地产。对于改变土地用途、容积率等规划条件的，补地价的数额应等于批准变更时新旧规划条件下的土地市场价格之差额，基本公式为

补地价 = 新规划条件下的土地市场价格 − 旧规划条件下的土地市场价格

对于单纯提高容积率，或者改变土地用途并提高容积率的补地价来说，补地价的数额为

补地价（单价）= 新楼面地价 × 新容积率 − 旧楼面地价 × 旧容积率

补地价（总价）= 补地价（单价）× 土地总面积

如果楼面地价不变，只是容积率改变，则：

补地价（单价）= 楼面地价 ×（新容积率 − 旧容积率）

或者：

$$补地价（单价）= \frac{旧容积率下的土地单价}{旧容积率} \times (新容积率 - 旧容积率)$$

或者：

$$\text{补地价（单价）} = \frac{\text{新容积率下的土地单价}}{\text{新容积率}} \times (\text{新容积率} - \text{旧容积率})$$

[例 8-10] 某宗面积为 3 000m² 的工业用地，容积率为 0.8，相应的楼面地价为 700 元/m²。现按城市规划拟变更为商业用地，容积率为 5，相应的楼面地价为 960 元/m²。试计算应补地价的数额。

解：应补地价的数额计算如下：

$$\text{补地价（单价）} = 960 \times 5 - 700 \times 0.8$$
$$= 4\ 240\ (\text{元/m}^2)$$
$$\text{补地价（总价）} = 4\ 240 \times 3\ 000$$
$$= 12\ 720\ 000\ (\text{元})$$
$$= 1\ 272\ (\text{万元})$$

[例 8-11] 某宗土地总面积 1 000m²，容积率为 3，相应的土地单价为 900 元/m²，现允许将容积率提高至 5，楼面地价不变。请计算应补地价的数额。

解：应补地价的数额计算如下：

$$\text{补地价（单价）} = \frac{900}{3} \times (5-3)$$
$$= 600\ (\text{元/m}^2)$$
$$\text{补地价（总价）} = 600 \times 1\ 000$$
$$= 600\ 000\ (\text{元})$$
$$= 60\ (\text{万元})$$

现实中的补地价数额取决于政府的政策。例如，已购公有住房和经济适用住房的建设用地使用权一般属于划拨性质，其上市出售从理论上讲应缴纳较高的出让金等费用，但政府为了促进房地产市场发展和存量住房流通，满足居民改善居住条件的需要，鼓励已购公有住房和经济适用住房上市出售，可能只要求缴纳较低的出让金等费用，如为房价的 1%~3%。

除上述估价方法外，还有修复成本法。修复成本法是一种评估房地产价值减损额的方法。运用修复成本法进行房地产价值减损评估时，应测算修复的必要支出及应得利润，将其作为房地产价值减损额。

■ 本章小结

本章阐述了房地产估价的其他方法。房地产估价除可选用比较法、收益法、成本法、假设开发法外，还可根据估价目的和估价对象等情况，选用表 8-9 中的其他估价方法。

表 8-9 其他估价方法

序号	估价方法	适用范围
1	长期趋势法	有一定变动规律的房地产预测估价
2	路线价法	城镇临街商业用地批量估价
3	基准地价修正法	政府或其有关部门已公布基准地价地区的土地估价
4	标准价调整法	大量相似的房地产批量估价
5	多元回归分析法	大量相似的房地产批量估价
6	损失资本化法	不可修复的房地产价值减损评估
7	价差法	不可修复的地产价值减损评估、房地产价值增加评估
8	修复成本法	可修复的房地产价值减损评估

模拟试题

一、单项选择题

1. 采用长期趋势法估价所适用的对象，主要是那些（　　）。
   A. 价格在不断上涨的房地产　　B. 价格在不断下降的房地产
   C. 价格呈有规律变化的房地产　　D. 价格并无明显季节波动的房地产

2. 加权移动平均法是将价值时点前每若干时期的房地产价格的实际值经过（　　）之后，再采用类似简单移动平均法的方法进行趋势估计。
   A. 修匀　　B. 修正　　C. 加权　　D. 平滑

3. 长期趋势法主要用于对房地产未来价格的推测、判断，如用于（　　）中预测未来开发完成后的房地产价值。
   A. 比较法　　B. 成本法　　C. 假设开发法　　D. 收益法

4. 路线价法在实际估价时，设定的标准深度通常是路线价区段内临街各宗土地的临街深度的（　　）。
   A. 算术平均数　　B. 加权平均数　　C. 中位数　　D. 众数

5. 对于（　　），其临街深度虽然各不相同，但只要先查出其所在区段的路线价，再根据临街深度查出相应的深度价格修正率，就可计算此宗土地的价格，而不必再考虑其他价格修正率。
   A. 一面临街的矩形地　　B. 前后两面临街的矩形地
   C. 矩形街角地　　D. 三角地

6. 补地价（单价）= 新楼面地价 ×（　　）– 旧楼面地价 × 旧容积率
   A. 新容积率　　B. 土地总面积率　　C. 旧容积率　　D. 建筑密度

7. 路线价法主要适用于城市（　　）的估价。
   A. 居住用地　　B. 工业用地　　C. 公益事业用地　　D. 商业街道两侧用地

*8. 随着临街深度的递增，临街深度价格修正率递增的是（　　）。
   A. 单独深度价格修正率　　B. 累计深度价格修正率
   C. 平均深度价格修正率　　D. 加权深度价格修正率

*9. 城市基准地价是根据用途相似、地块相连、地价相近的原则划分地价区段，调查评估的各地价区段在某一时点的（　　）。

　　A. 最低价格　　　　B. 平均价格　　　　C. 出让地价　　　　D. 标定地价

*10. 在运用长期趋势法测算房地产未来价格时，当房地产价格的变动过程是持续上升或者下降的，并且各期上升或下降的幅度比率大致接近，则宜选用（　　）方法进行测算。

　　A. 平均增减量法　　B. 平均发展速度法　　C. 移动平均法　　D. 指数修匀法

二、多项选择题

1. 长期趋势法评估房地产价格适用的条件是（　　）。
   A. 同一供求范围内存在较多的类似房地产的交易
   B. 拥有估价对象或类似房地产的较长时期的历史价格资料
   C. 那些既无收益又很少发生交易的房地产
   D. 估价对象或类似房地产的历史价格资料要真实
   E. 那些有收益又有潜在收益的房地产

2. 运用平均增减量法对房地产进行估价的条件是（　　）。
   A. 同一供求范围内存在较多的类似房地产的交易
   B. 房地产价格变动过程是持续上升或持续下降的
   C. 那些有收益或潜在收益的房地产
   D. 房地产价格各期上升或下降的数额大致比较接近
   E. 那些既无收益又很少发生市场状况调整的房地产

*3. 关于路线价法和基准地价修正法相同之处的说法，正确的有（　　）。
   A. 本质上都是比较法　　　　　　　　B. 都需要进行市场状况调整
   C. 都需要进行交易情况修正　　　　　D. 都需要进行土地状况调整
   E. 都是批量估价方法

4. 长期趋势法主要用于对房地产未来价格的推测、判断，如（　　）。
   A. 用于假设开发法中预测未来开发完成后的房地产价值
   B. 用于比较法中对可比实例价格进行市场状况调整
   C. 用于收益法中对未来净收益等的预测
   D. 用来填补某些房地产历史价格资料的缺乏
   E. 用来比较、分析两宗（或两类）以上房地产价格的发展趋势或潜力

5. 在用路线价法评估地价时，不需要做"交易情况修正"和"市场状况调整"，其原因是（　　）。
   A. 因为还需要划分路线价区段
   B. 因为所求得的标准宗地的平均水平价格已经是正常价格
   C. 因为还要做深度价格修正
   D. 因为还要做其他价格修正
   E. 因为求得的路线价所对应的日期，与欲求取的其他临街土地价值的日期一致，都是

价值时点上的价格。

6. 运用路线价法对土地价格进行估价的前提条件是（　　）。
   A. 道路比较规整　　　　　　　　　　B. 各宗土地的排列比较整齐
   C. 有妥善合理的深度价格修正率表　　D. 有妥善合理的其他价格修正率表
   E. 土地交易情况比较活跃

7. 标准宗地是路线价区段内具有代表性的宗地。选取标准宗地的具体要求有以下几项：（　　）。
   A. 一面临街，且土地形状为矩形
   B. 临街深度为标准深度，临街宽度为标准宽度
   C. 用途为所在区段具有代表性的用途
   D. 建筑容积率为所在区段具有代表性的容积率
   E. 土地使用权年限、土地生熟程度等也应具有代表性

8. 路线价是附设在道路上的若干标准宗地的平均水平价格，通常为（　　）。
   A. 土地单价　　　B. 土地总价　　　C. 楼面地价
   D. 用货币表示　　E. 用相对数表示

*9. 长期趋势法除了用于推测、判断房地产的未来价格，还可用于（　　）。
   A. 假设开发法中开发完成后的房地产价值的预测
   B. 收益法中未来租金、运营费用的预测
   C. 成本法中对先前发生费用的正确性的校核
   D. 比较法中对房地产状况进行调整
   E. 某些缺乏的房地产历史价格资料的填补

*10. 运用政府已公布的基准地价及其修正体系评估宗地市场价格时，应进行修正调整的价格因素包括（　　）
   A. 市场状况　　　B. 交易情况　　　C. 区位状况
   D. 使用期限　　　E. 开发程度

三、判断题

*1. 由于路线价是若干标准临街宗地的平均价格，因此在采用路线价法估价时，一般不做因素修正。（　　）

2. 加权移动平均法是将价值时点后每一若干时期的房地产价格的实际值经过加权之后，再采用类似简单移动平均法的方法进行趋势估计。（　　）

3. 长期趋势法一般多用于比较法中对可比实例价格进行市场状况调整，而不适宜于用来比较、分析两宗（或两类）以上房地产价格的发展趋势或潜力。（　　）

4. 在同一条道路上，只能附设一种路线价。（　　）

*5. 基准地价修正法估价结果的准确性，主要取决于基准地价的准确性以及调整系数的完整性和合理性。（　　）

6. 计算前后两面临街矩形宗地的价格，通常是采用"正旁两街分别轻重估价法"。（   ）
7. 街角地是指位于十字路口或丁字路口的土地。计算街角地的价格，通常是采用"重叠价值估价法"。（   ）
*8. 移动平均法是对原有价格按照时间序列进行修匀，即采用逐项递移方法分别计算一系列移动的时序价格平均数，形成一个新的派生平均价格的时间序列，借以消除价格短期波动的影响，显现出价格变动的基本发展趋势。（   ）
*9. 房地产价格上涨或下降趋势的强弱与房地产目前价格的高低无关，价格较低的房地产其价格上涨趋势可能更强劲。（   ）
*10. 标准价调整法是对估价范围内的所有被估价房地产进行分组，使同一组内的房地产具有相似性，并收集大量房地产成交价格及其影响因素数据，经过分析，利用模型计算出各宗被估价房地产价值或价格的方法。

四、计算题

1. 通过市场调研，获得某类房地产2002～2006年的价格分别为3 405元/m^2、3 565元/m^2、3 730元/m^2、3 905元/m^2、4 075元/m^2，请采用平均增减量法预测该类房地产2008年的价格。
2. 已知临街矩形地块甲的总价为36万元，临街宽度为20ft，临街深度为75ft。现有一宗相邻矩形地块乙，临街宽度为30ft，临街深度为125ft。请运用"四三二一"法则，测算地块乙的总地价。
3. 一块前后临街、总深度为50m的矩形宗地，其前街路线价为5 000元/m^2，后街路线价为3 800元/m^2。如果按"重叠价值估价法"，该宗地的前街影响深度是多少？
4. 某房地产开发用地，其土地面积为10 000m^2，土地使用条件与规划限制所规定的容积率为1.2，楼面地价为1 500元/m^2。后经规划调整，容积率提高到1.6，楼面地价不变，试求该房地产开发用地因容积率提高需补交的地价。

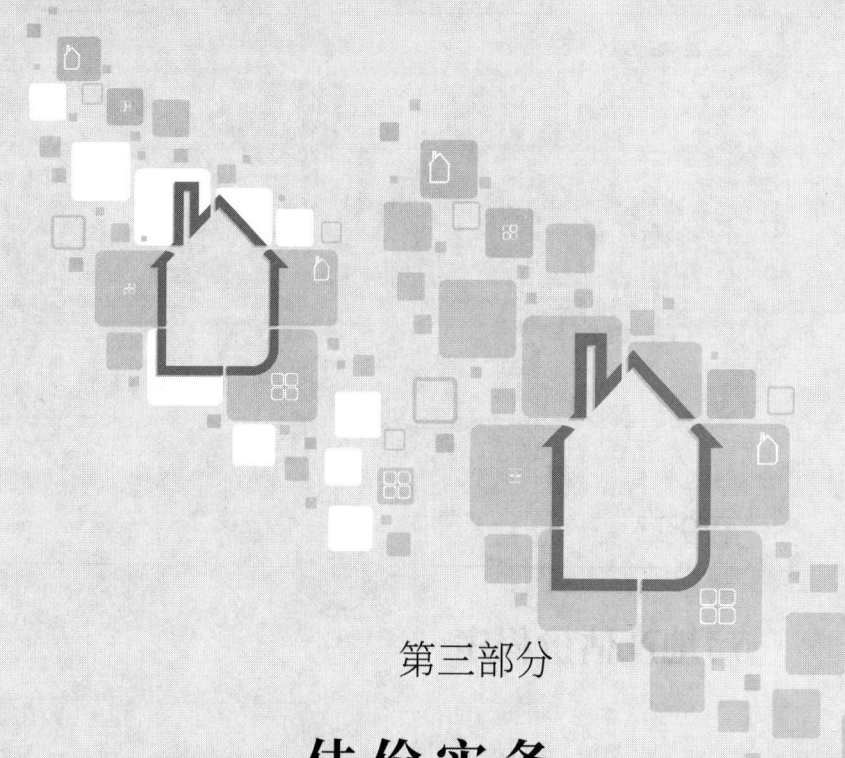

第三部分

估价实务

第 9 章 房地产估价程序
第 10 章 房地产估价报告

第 9 章

房地产估价程序

本章介绍房地产估价程序的具体内容,较详细介绍受理估价委托,确定估价基本事项,制定估价作业方案,搜集估价所需资料,实地查勘估价对象等工作。

学习目标

了解房地产估价程序的含义、作用及具体内容。

技能要求

1. 能够模拟签订房地产估价委托合同。
2. 能够实地查勘估价对象并填写实地查勘记录表。

9.1 房地产估价程序概述

1. 房地产估价程序的含义

房地产估价程序是指完成估价项目所需要做的各项工作进行的先后次序。为了保质、按时完成每个估价项目,估价机构和估价师应不断总结和梳理一个估价项目所需要做的各项工作及其进行的先后次序,形成一套科学、严谨、完整的估价程序。

房地产估价的基本程序是:①受理估价委托;②确定估价基本事项;③编制估价作业方案;④收集估价所需资料;⑤实地查勘估价对象;⑥选用估价方法进行测算;⑦确定估价结果;⑧撰写估价报告;⑨内部审核估价报告;⑩交付估价报告;⑪保存估价资料。上述估价程序中的某些工作之间不是绝对分隔开的,可以有某些交叉,有时甚至需要一定的反复，但不得随意简化和省略。

2. 房地产估价程序的作用

估价机构和估价师应按照科学、严谨、完整的估价程序有条不紊地开展估价工作，可以使估价工作具有计划性并规范化、精细化，避免疏忽遗漏、顾此失彼或重复浪费，从而可以保证估价工作质量，提高估价工作效率。

履行必要的估价程序是完成任何估价项目的基本要求，也是估价机构和估价师防范估价风险、有效保护自己的重要手段。作为专业服务的房地产估价，不仅其估价结果很重要，而且其形式和过程也很重要。因为如果"过程"真正做到位了，"结果"一般不会出错。对于因估价结果异议所引起的估价鉴定，其中一项重要的鉴定内容就是检查估价机构和估价师是否履行了必要的估价程序来开展估价工作，是否存在简化、省略或疏漏等问题。因此，任何估价项目都必须在估价程序上经得起严格检查。概括起来，房地产估价程序的作用主要有4个：①规范估价行为；②保证估价质量；③提高估价效率；④防范估价风险。

9.2 受理估价委托

1. 估价业务的主要来源

估价业务的来源主要有以下两类：一类是被动接受的估价业务，即坐等估价需求者找上门来寻求估价服务。如政府为征收房地产税，委托估价机构对课税对象房地产进行估价；城市房屋拆迁的拆迁人委托估价机构对被拆迁房屋进行估价等。还有一类是主动争取的估价业务，即估价机构和估价人员走出门去力争为他人提供估价服务。在估价机构多、竞争激烈的情况下，主动争取成为估价业务的主要来源。但是有些估价业务，估价机构和估价人员是不应承接的，比如与本机构有利害关系或利益冲突的业务、超出本机构业务范围的业务、本机构专业能力难以胜任的业务、有较大风险的估价业务等。

2. 签订估价委托合同

估价机构、估价师与估价需求者在相互了解、沟通并协商议定后，由估价需求者出具估价委托书，估价机构与估价需求者签订估价委托合同。估价委托合同是房地产估价机构和估价委托人之间就估价服务事宜订立的协议，其作用主要有：①建立受法律保护的委托与受托关系；②约定双方的权利和义务；③载明估价的有关事项。

估价委托合同的内容一般包括：①委托人和估价机构的基本情况，如委托人的名称或者姓名和住所，估价机构的名称、资质等级和住所。②负责本估价项目的注册房地产估价师，包括注册房地产估价师的姓名和注册号。每个估价项目应至少明确一名能够胜任该项目估价工作的注册房地产估价师担任项目负责人。③本估价项目的估价基本事项，包括估价目的、估价对象、价值时点和价值类型。④委托人应提供的估价所需资料，包括资料的目录和数量,如委托人应向估价机构提供估价对象的权属证明、历史交易价格、运营收入和费用、开发成本以及有关会计报表等资料。⑤估价过程中双方的权利和义务,如估价机构和注册房地产估价师应保守在估价活动中知悉的委托人的商业秘密,不得泄露委托人的个人隐私;委托人应保证所提供的资料是合法、真实、准确和完整的,没有隐匿或虚报的情况,并协助注册房地产估价师对估价对象进行实地查勘,收集估价所需资料。⑥估价费用及收取方式。⑦估价报告及其交付,包括交付的估价报告类型、份数以及估价报告交付期限、交付方式等。例如,交付的估价报告是鉴证性报告还是咨询性报告,是仅提供估价结果报告还是既提供估价结果报告又提供估价技术报告等。在确定估价报告交付期限时,应保证有足够的时间以保质完成该估价项目,不能"立等可取"。⑧违约责任。⑨解决争议的方法。⑩其他需要约定的事项。此外,在估价委托合同中还应注明估价委托合同签订日期。估价委托合同示例如下:

估价委托合同

××评字[　　]号

甲方(估价委托人):＿＿＿＿＿＿＿＿＿＿＿＿＿＿＿＿＿＿＿＿＿＿＿＿＿

住所:＿＿＿＿＿＿＿＿＿＿＿＿＿＿＿＿＿＿＿＿＿＿＿＿＿＿＿＿＿＿＿＿＿

乙方(估价机构):＿＿＿＿＿＿＿＿＿＿＿＿＿＿＿＿＿＿＿＿＿＿＿＿＿＿

住所:＿＿＿＿＿＿＿＿＿＿＿＿＿＿＿＿＿＿＿＿＿＿＿＿＿＿＿＿＿＿＿＿＿

一、估价范围

根据甲方的委托,本项目估价对象和评估范围为:＿＿＿＿＿＿＿＿＿＿＿＿

二、估价目的

甲方设定本次估价目的为:＿＿＿＿＿＿＿＿＿＿＿＿＿＿＿＿＿＿＿＿＿＿

三、估价内容(价值类型)

本次委托评估内容为:＿＿＿＿＿＿＿＿＿＿＿＿＿＿＿＿＿＿＿＿＿＿＿＿＿

四、价值时点

甲方设定本次价值时点为:＿＿＿＿年＿＿＿＿月＿＿＿＿日。

五、甲乙双方的责任

(一)甲方的责任

1. 甲方保证估价对象的安全完整,对所提供资料的真实性、合法性、完整性负责。

2. 甲方及时为乙方的评估工作提供其所要求的评估明细表、数据资料和其他有关资料并加盖公章,确保向乙方提供的相关资料的复印件与原件一致,且确保在实地查勘现场时所指示的估价对象实物与甲方提供的相关资料指向的实物一致。

3. 甲方应积极配合评估工作,对乙方派出的有关工作人员提供必要的工作条件。

4. 甲方按本合同的规定及时足额支付评估费用。

5. 未经乙方同意,评估报告的内容不得被补抄、引用或披露于公开媒体,法律、法规以及相关当事方另有约定的除外。

(二) 乙方的责任

1. 乙方应按照国家有关法律法规和估价技术标准、规范进行评估，出具评估报告，保证评估报告的客观、公正、公平。

2. 乙方在评估过程中，应自觉维护甲方及相关当事人各方的正当利益。

3. 在评估过程中，乙方应与甲方充分交换意见，对甲方提出的真实、客观、合理的意见应当予以充分考虑。

4. 乙方应对执行业务过程中知悉的甲方商业秘密严加保密。除非国家执业准则另有规定，或经甲方同意，乙方不得将其知悉的商业秘密和甲方提供的资料对外泄露。

5. 未经甲方书面许可，乙方及参与项目的注册房地产估价师不得将评估报告的内容向甲方以外的单位或个人提供或者公开，法律、法规另有规定的除外。

六、评估报告使用者

评估报告使用者为_____和国家法律、法规规定的评估报告使用者。

评估报告仅供_____使用，法律、法规另有规定的除外。乙方及参与项目的估价师对甲方和其他国家法律、法规规定的评估报告使用者不当使用评估报告所造成的后果不承担责任。

七、评估报告提交期限和方式

评估报告的提交期限为：在甲方提交评估资料后_____个工作日内出具评估报告初稿；经甲方和乙方沟通确认后，乙方在_____个工作日内出具正式的评估报告。

乙方向甲方出具的评估报告正本一式_____份。

八、评估服务费总额、支付时间和方式

经友好协商，本次评估服务费总额为人民币_____。甲乙双方自本评估合同签订之日起，甲方向乙方预付人民币_____。其余费用人民币_____在乙方提交评估报告时一并付清。

九、合同的有效期间

本委托合同书一式两份，各方各执一份，同具法律效力。本合同自签署之日起生效，并在本合同事项全部完成日之前有效。

十、约定事项的变更

由于出现不可抗力的情况，影响评估工作如期完成，或需提前出具评估报告，各方可要求变更约定事项，但应及时通知各方，并由各方协商解决。

十一、违约责任和争议解决

1. 在本委托合同执行过程中如因委托人的变更或延误，本委托合同的履行将顺延；如甲单方终止本委托合同，甲方应支付受托方已付出的相应费用，但不得高于本项目收费总额。

2. 乙方如无特殊原因和正当理由，不得迟于本合同规定的时间交付估价报告书，每逾期一日未交付估价报告书应赔偿甲方估价服务费____‰；甲方如不按本合同规定的时间向乙方提交前述有关文件、图纸、凭证等资料，乙方可按耽误时间顺延估价报告书的交付时间。

3. 甲方接到乙方提交的估价报告书次日起＿＿＿＿＿＿＿日内，如果对估价结果有异议，且有正当理由，可向乙方提出复估或重估，乙方应在接到甲方申请复估或重估书次日起＿＿＿＿＿＿日内完成委托房地产的复估或重估报告书并交付甲方。甲方逾期不提出者，估价报告书生效。

4. 当合同履行过程中产生争议时，各方应当友好协商；协商不成，任何一方可将争议提交仲裁委员会申请仲裁。

十二、其他事项

1. 当评估程序所受的限制对与评估目的相对应的评估结论构成重大影响时，乙方可以中止履行合同。相关限制无法解除时，乙方可以解除合同。

2. 提供必要的资料并保证所提供资料的真实性、合法性、完整性以及恰当使用评估报告是甲方和相关当事人的责任。

3. 其他有关事项

甲方（签字）：	乙方（签字）：
地址：	地址：
法定代表人：	法定代表人：
授权签约代表：	授权签约代表：
电话：	电话：
年　月　日	年　月　日
	合同签订地点：

9.3　确定估价基本事项

受理估价委托后，应明确估价的基本事项，估价基本事项是估价目的、价值时点、估价对象和价值类型的统称。其中估价目的引发并决定其他的估价事项。

1. 确定估价目的

任何估价项目都有估价目的，因为委托人不会无故委托估价。估价目的通常由委托人提出，通过双方商议确定。当委托人不能提出明确的估价目的时，估价师可以通过询问委托人欲将估价报告作何用途、提供给谁等来了解估价目的。

2. 确定估价对象

估价对象是估价师根据估价目的，依据合法原则，征求委托人同意后确定的。确定估价对象首先要弄清哪些可以作为估价对象，哪些不能作为估价对象；其次要界定估价对象的范围，包括估价对象实物构成上的范围、权益上的范围和空间上的范围；最后，还要进一步明确估价对象状况，包括实物状况、权益状况和区位状况。

3. 确定价值时点

价值时点应是估价师根据估价目的并经委托人认可后确定的。价值时点为现在的，一般以估价作业期间特别是实地查勘估价对象期间的某个日期为价值时点，一般不得早于受理估价委托之日，不得晚于出具估价报告之日。价值时点为过去的，确定的价值时点应早于受理估价委托之日。价值时点为将来的，确定的价值时点应晚于出具估价报告之日。

4. 确定价值类型

确定价值类型是确定将要评估的是哪种具体价值或价格，包括其名称、定义或内涵。多数估价项目是评估市场价值，如房屋征收、房地产司法拍卖都是对房地产市场价值的评估。但在某些情况下需要评估的可能是非市场价值，如房地产抵押估价，评估的应是谨慎价值；为房地产开发企业取得待开发房地产服务的估价，评估的一般是投资价值。

9.4 编制估价作业方案

在明确了估价基本事项及确定了估价报告交付期限的基础上，应再次对估价项目进行分析，制订估价作业方案，保证估价机构能够有序、按时、按质地完成估价项目。估价作业方案是为完成特定估价项目而制订的用于指导未来估价工作的计划，包括工作的主要内容、质量要求、作业步骤、时间进度、人员安排等。制订估价作业方案主要包括以下内容：

1. 拟采用的估价技术路线和估价方法

估价技术路线是评估估价对象价值或价格所遵循的基本途径和指导整个估价过程的技术思路。在明确了估价的基本事项后，可以根据估价对象状况、估价目的、价值要求初步拟订相应的估价技术路线和估价方法方案，再分析不同方案获取资料的难易程度、实施过程的难易程度、时间和人员安排的难易程度等，确定最终采用的估价技术路线和估价方法。

2. 拟订资料收集渠道

针对估价对象、估价目的、估价技术路线和选用的估价方法等，拟订需要调查、收集哪些资料。资料获取渠道可以通过：①请估价委托人提供；②估价人员实地查勘；③询问中介机构、房地产业务当事人及其亲朋、邻居等知情人士；④查阅估价机构自己的资料库；⑤查阅政府有关部门的资料；⑥查阅有关报刊或登录有关网站等。

3. 预计需要的时间、人力和经费

根据估价对象、估价目的、价值时点、估价报告交付日期判断本次估价项目的大小、难易程度、时间缓急，从而可以确定需要多少人员，需要什么样的人员，根据各个估价师的特长、专业水平、目前的工作安排等确定相应参加人员，组成项目组，明确负责人，确定估价时间。

4. 估价作业步骤和时间进度安排

针对估价项目各个工作环节，如资料收集、实地查勘、估价测算、估价结果确定等环节，根据各工作环节的难易程度确定每个工作环节所需时间和相应的人员安排，估价作业步骤和时间进度安排最好采用相应的流程图、进度表等，特别是对一些大型、复杂的估价项目更应如此。

9.5 收集估价所需资料

估价所需资料主要包括以下4类：①对房地产价值有普遍影响的资料；②对估价对象所在地区的房地产价值有影响的资料；③相关实例资料；④反映估价对象状况的资料。估价机构和估价师平常就应留意收集和积累估价所需的资料，建立估价资料库。

1. 对房地产价值有普遍影响的资料

对房地产价格有普遍影响的资料多指宏观环境资料，包括经济发展、银行存贷款利率、物价、人均可支配收入等经济因素资料，政治安定状况、城市化等社会因素资料，房地产制度、房地产价格政策、行政隶属变更、地区特殊政策、税收政策等行政因素资料，世界经济状况、国际竞争状况、国际政治对立状况、国际军事冲突等国际因素资料。

2. 对地区房地产价值有影响的资料

对估价对象所在地区的房地产价格有影响的资料，多指微观区域环境的资料，包括大气环境、水文环境、声觉环境、视觉环境、卫生环境等环境资料，基础设施完备程度资料，商店、医院、学校、餐馆、金融机构、公园、娱乐设施等公共配套设施资料，市内交通的通达度、可及性，对外交通的方便程度等交通状况资料，人口数量和质量、家庭规模、风土人情、消费特征等人口状况资料，城市区域规划、交通管制、社会治安状况、房地产投机、居民收入等区域性行政、社会经济状况资料，不同用途、不同规模、不同档次、不同平面布置、不同价格房地产的供求状况资料，等等。

3. 相关实例资料

相关实例资料包括类似房地产的交易实例资料，租赁实例资料，空置实例资料，收益实例资料，租赁价格实例资料，建安造价资料，房地产开发市政配套费用等资料，开发利润率资料，基准地价资料，路线价资料，资本化率、报酬率、折现率资料，销售费用率资料，营业税及其附加税率资料，契税税率资料，开发经营期资料，等等。

4. 反映估价对象状况的资料

反映估价对象状况的资料是指反映估价对象区位、实物、权益状况的资料。

（1）估价对象为土地使用权的，需要收集：

①土地实物状况；②土地开发程度；③土地登记状况；④土地权利状况；⑤土地利用状况；⑥土地使用管制状况等。

（2）估价对象为建筑物的，需要收集：

①建筑物的三维空间位置；②面积；③层数及总高、层高；④建筑式样、风格、色调，结构，设备、设施，装饰装修，朝向，平面布局，通风，采光，隔声、隔振、隔热；⑤建筑物建成年月，维修养护及完损状况、新旧程度；⑥产权状况；⑦利用状况等。

本次估价应收集哪些资料，主要取决于拟采用的估价方法。对比较法而言，主要是收集交易实例资料；对收益法而言，主要是收集收益实例资料；对成本法和假设开发法而言，主要是收集开发成本实例资料。而具体应收集的内容，应根据采用估价方法中所需的计算数据进行收集。

（3）收集资料的渠道主要有以下几个：

①要求委托人提供；②在实地查勘估价对象时获取；③查阅估价机构自己的资料库；④到有关政府部门和专业机构、单位查阅；⑤询问有关知情人士；⑥查阅有关报刊、网站等媒体。

9.6 实地查勘估价对象

实地查勘是指估价师到估价对象或可比实例现场，观察、询问、检查、核对、记录估价对象的状况。实地查勘可以核实委托人提供的估价对象的有关情况；可以亲身感受估价对象的区位、实物的优劣；可以了解估价对象的建造、维修保养、使用历史状况；可以了解当地房地产市场行情及市场特征。这些有利于估价师加深对估价对象的认识，形成一个直观、具体的印象，获取文字、图纸、照片等资料难以反映的细节。

实地查勘的工作内容包括：①感受估价对象的区位优劣；②核对之前收集的估价对象的坐落、四至、面积、用途等情况；③观察估价对象的内外部状况，如土地形状、建筑结构、设施设备、装饰装修、维修养护等；④拍摄反映估价对象内外部状况以及周围环境或临路状况的照片等影像资料；⑤调查估价对象的历史使用状况（例如是否存放过污染物）、周边以及当地同类房地产的市场行情；⑥补充收集估价所需的其他资料。

在实地查勘时，要记载实地查看的对象、内容、结果、人员和时间等内容，即实地查勘记录。一般需要委托人和被查勘房地产业主等当事人到场，估价师要认真听取他们关于估价对象的情况介绍，详细询问估价需要弄清的问题，并将有关情况和数据记录下来，形成实地查勘的记录材料。

为了全面、高效完成实地查勘，就需要制作详细、容易操作的《估价对象实地查勘记录表》。不同类型估价对象进行实地查勘时，其查勘的侧重点会有所不同，实地查勘记录表内容会相应不同。以住宅为例，住宅房地产实地查勘主要包括以下内容：①估价对象位置、四至、楼盘名称；②估价对象建筑结构、户型结构、楼层；③估价对象通风、采光、噪声状况；④估价对象周边景观及配套设施状况；⑤估价对象类型，如属于住宅小区、大院、单体楼等；⑥估价对象使用状况，如目前是自用、空置、出租等；⑦估价对象设施及管理状况；⑧估价对象内部装修状况；⑨估价对象实地查勘时间、人员、联系方式。住宅实地查勘记录表如表9-1所示。

表 9-1 住宅房地产实地查勘记录表

标的坐落				楼盘名称：		
标的所在楼层/总层数：__/__层			使用状况	□自用 □空置 □出租	建筑面积：____m²	成新率：
现状用途	□住宅 □办公 □商铺		户型结构	__房__厅__厨__卫__阳	楼龄：____年	朝向：
维修保养	□良好 □一般 □较差		通风采光	□良好 □一般 □较差	物业类型	□小区 □大院 □单体楼 □封闭 □半封闭 □开放
四至：东：		南：	西：		北：	
公交线路：共__条，步行____分钟				地铁站名：	步行至该地铁站口约____分钟	
景观	□小区公园 □小区园景 □望江 □人工湖 □山 □球场 □泳池 □无					小区配套：

物业设施及管理	电梯	□__部电梯 __部货梯 每层__户 □无 □完好 □轻度破损 □一般破损 □严重破损	通信	□电话 □有线电视 □网络 □完好
	水电	□明敷 □暗敷 □无 □完好 □轻度破损 □一般破损 □严重破损	管道煤气	□有 □无 □完好 □轻度破损
	消防	□消防栓 □自动喷淋 □烟感报警 □无 □完好 □轻度破损 □一般破损 □严重破损	物业管理	□防盗门 □自动对讲系统 □可视对讲系统 □小区监视系统 □24小时保安 □无

周边配套	□商场 □幼儿园 □学校 □医院 □邮局 □菜市场 □超市 □公园 □体育设施等			
物业外墙	□马赛克 □条形砖 □玻璃幕墙 □水刷石 □涂料	装修档次	□毛坯 □普通 □精装 □豪华	
楼梯间	地面：	墙面：	天花板：	其他：
公共通道	地面：	墙面：	天花板：	其他：

内部装修		基本状况	使用状况
客厅	地面		□完好 □轻度破损 □一般破损 □严重破损
	墙面		□完好 □轻度破损 □一般破损 □严重破损
	天花板		□完好 □轻度破损 □一般破损 □严重破损
	门		□完好 □轻度破损 □一般破损 □严重破损
	窗		□完好 □轻度破损 □一般破损 □严重破损
房间	地面		□完好 □轻度破损 □一般破损 □严重破损
	墙面		□完好 □轻度破损 □一般破损 □严重破损
	天花板		□完好 □轻度破损 □一般破损 □严重破损
	门		□完好 □轻度破损 □一般破损 □严重破损
	窗		□完好 □轻度破损 □一般破损 □严重破损
厨房	地面		□完好 □轻度破损 □一般破损 □严重破损
	墙面		□完好 □轻度破损 □一般破损 □严重破损
	天花板		□完好 □轻度破损 □一般破损 □严重破损
卫生间	地面		□完好 □轻度破损 □一般破损 □严重破损
	墙面		□完好 □轻度破损 □一般破损 □严重破损
	天花板		□完好 □轻度破损 □一般破损 □严重破损
阳台		□外阳台____个 □内阳台____个	□完好 □轻度破损 □一般破损 □严重破损
备注			

9.7 选用估价方法进行测算

在根据估价对象初步选择了估价方法的基础上，再根据估价对象及其所在地的房地产市场状况等客观条件，包括根据收集到的估价所需资料的数量、质量及当地本类房地产市场状况等情况，对比较法、收益法、成本法、假设开发法等估价方法进行适用性分析，然后确定采用的估价方法。根据《房地产估价规范》，估价对象的同类房地产有较多交易的，应选用比较法。估价对象或其同类房地产通常有租金等经济收入的，应选用收益法。估价对象可假定为对独立的开发建设项目进行重新开发建设的，宜选用成本法；当估价对象的同类房地产没有交易或交易很少，且估价对象或其同类房地产没有租金等经济收入时，应选用成本法。估价对象具有开发或再开发潜力，且开发完成后的价值可采用除成本法以外的方法测算的，应选用假设开发法。当估价对象仅适用一种估价方法进行估价时，可只选用一种估价方法进行估价。当估价对象适用两种或两种以上估价方法进行估价时，宜同时选用所有适用的估价方法进行估价，不得随意取舍，如必须取舍，应在估价报告中说明并陈述理由。

估价方法选定之后就是进行有关测算，测算时要做到基础数据和技术参数选取得准确且有充分的依据或理由，计算公式和计算过程正确无误。

9.8 确定估价结果

在评估一宗房地产价值时，理论上适用的估价方法都应选用，不得随意取舍，但不同的估价方法的测算结果通常是不同的。应在对各种估价方法的测算结果进行比较、检查、分析的基础上判断估价对象的价值，具体包括3个步骤：

（1）对各种估价方法的测算结果进行校核。当不同的估价方法的测算结果之间有较大差异时，应寻找导致较大差异的原因，并消除不合理的差异。

（2）将各种估价方法的测算结果综合为一个结果。在确认了各种估价方法的测算结果无误且差异不是很大的情况下，应根据具体情况选用简单算术平均数、加权算术平均数等数学方法将它们综合为一个结果，并在估价报告中简要说明选用不同数学方法的理由。

（3）确定最终的估价结果。在综合出一个结果的基础上，还应考虑一些不可量化的价值影响因素，同时可听取有关专家的意见，对该结果进行适当的调整、取整或者认定该结果，从而确定出最终的估价结果。当有调整时，应在估价报告中充分说明调整的理由。

9.9 撰写估价报告

估价人员在确定了最终估价结果后，应当撰写估价报告。估价报告是房地产估价机构和注册房地产估价师向委托人所做的关于估价情况和结果的正式陈述。估价报告一般应采取书面形式。书面报告按照格式，分为叙述式报告和表格式报告。估价报告应全面、公正、客观、准确地记述估价过程和结论。

估价报告的质量包括内在质量和外在质量两个方面。内在质量包括估价程序的完整性和合法性，估价结果的合理性和准确性，估价方法选用的正确性和全面性，估价基础数据的正确性，估价参数选取的合理性和准确性等。外在质量包括文字表述水平、文本格式和印刷质量等。

9.10 审核估价报告

对估价报告进行审核，类似于对生产出的产品在出厂之前进行质量检验，是防范估价风险的最后一道防线。为了保证出具的每份估价报告都是合格的，估价机构应建立并不断完善估价报告内部审核制度，由本机构业务水平高、为人正直、责任心强的房地产估价师或者外聘房地产估价专家担任审核人员，按照合格的估价报告要求，对撰写完成尚未出具的估价报告，从形式到内容进行全面、认真、细致的审查核定，确认估价结果是否合理，并提出审核意见。审核意见应尽可能具体地指出估价报告存在的问题，审核结论可为下列之一：①可以出具报告；②适当修改后出具报告；③重新撰写估价报告；④重新估价。估价机构可以将内部审核意见作为考核估价师执业水平的重要依据。

9.11 交付估价报告

估价报告经内部审核合格并完成有关签字、盖章等手续后，估价机构应按照有关规定或者与委托人约定的方式，及时将估价报告交给委托人。在交付估价报告时，可由委托人或者其指定的接收人在《估价报告交接单》上签收。在交付估价报告时，估价师可以主动对估价报告中的某些问题特别是估价报告使用建议作口头说明。委托人对估价过程或者估价报告提出询问的，估价师应给予解释和说明。

9.12 保存估价资料

估价报告交付委托人后，估价师和估价档案管理人员应按有关规定及时收集整理估价报告及其他在估价活动中获得和形成的文字、图表、声像等形式的资料，对其中具有保存价值的资料进行分类，形成估价档案，并予以妥善保存。保存估价资料的目的是建立估价档案和估价资料库，为今后的相关估价及管理工作奠定基础。保存估价资料有助于解决日后可能发生的估价争议，有助于估价机构和估价师展现估价业绩，有助于有关行政主管部门和行业组织对估价机构和估价师开展相关监督检查。

估价机构应建立估价资料的立卷、归档、保管、查阅和销毁等估价资料管理制度，保证估价资料的妥善保管、有序存放、方便查阅，不得擅自改动、更换、删除或销毁。估价师和相关工作人员不得将估价资料据为己有或拒不归档。保存的估价资料一般包括：①估价报告；②估价委托书和估价委托合同；③估价所依据的委托人提供的资料；④估价项目来源和沟通情况记录；⑤估价作业方案；⑥估价对象实地查勘记录；⑦估报告内部审核记录；⑧估价中的不同意见记录；⑨外部专业帮助的专业意见。

估价资料保存期限自估价报告出具之日起计算。根据《资产评估法》和《房地产估价规范》，估价资料的保存期限不少于15年；属于法定评估业务的，保存期不少于30年；估价资料保存已超过15年或30年而估价服务的行为尚未结束的，应保存到估价服务的行为结束。例如，某个住房抵押贷款估价项目，如果不属于法定评估业务，该笔住房抵押贷款期限为20年，则为该笔住房抵押贷款服务的估价资料应保存20年以上。

实训题

1. 模拟签订估价委托合同。
2. 选择某居住房地产进行实地查勘，并填写查勘记录表。

第 10 章

房地产估价报告

本章介绍房地产估价报告的形式、写作要求、组成部分及估价案例。

◉ **学习目标**

1. 了解房地产估价报告的含义、估价报告的种类与形式。
2. 熟悉估价结果报告与估价技术报告的组成部分及写作要领。

📖 **技能要求**

能够撰写房地产估价报告。

10.1 房地产估价报告概述

10.1.1 房地产估价报告的含义

房地产估价报告是房地产估价机构和注册房地产估价师向委托人所做的关于估价情况和结果的正式陈述。通过估价报告,不仅可以了解房地产估价的最后结果,而且能够了解整个估价过程的技术路线、使用方法和评估依据,是估价师提供给委托方的"产品"。房地产估价报告的作用主要体现在以下几方面:①结束估价委托,向委托方说明估价工作已经完成;②提供估价结果;③说明估价报告中的有关情况,如限定估价结果的应用条件,明确估价机构和估价人员的责任界限;④详细记载估价过程,体现估价结果的科学性,增强可信度,一旦发生估价争议,可以为估价机构提供申述依据。

10.1.2 房地产估价报告的种类与形式

1. 房地产估价报告的种类

（1）估价结果报告。估价结果报告是简要记载估价委托人、房地产估价机构、注册房地产估价师、估价目的、估价对象、价值时点、价值类型、估价原则、估价依据、估价方法、估价结果、实地查勘期、估价作业期等内容的估价报告。

（2）估价技术报告。估价技术报告是详细记载估价对象描述与分析、市场背景描述与分析、估价方法适用性分析、估价测算过程、估价结果确定等内容的估价报告。

2. 房地产估价报告的形式

（1）叙述式报告。叙述式报告是最常见的报告形式，它让估价师有机会论证和解释其分析意见和结论，使估价结果更具有说服力，被认为是估价师履行估价责任的最佳方式。

（2）表格式报告。表格式报告通常用于成片估价或多宗房地产估价且单宗房地产的价值较低的情况，如旧城区居民房屋拆迁估价、成批房地产处置估价、居民预购商品住宅的抵押估价等。成套住宅的抵押估价报告也可以采取表格形式。

10.1.3 房地产估价报告的要求

房地产估价报告总的要求是应全面、公正、客观地记述估价过程和结论。估价报告应完整地反映估价所涉及的事实、推理过程和结论，正文内容和附件资料应齐全、配套，使估价报告使用者能够理解估价结果；估价报告应站在中立的立场上对影响估价对象价值的因素进行客观的介绍、分析和评论，得出的结论应有充分的依据；要选择有代表性、能反映事情本质特征的资料来说明情况和表达观点。

估价报告的质量要求，既包括估价结果合理、估价方法正确、估价参数准确等内在质量，还包括文字表述水平、文本格式及印刷质量等外在质量，两者不可偏废。估价报告的写作要求，主要有对词义、语句的要求，防止错字漏字等，还有段落、结构安排、文字说明、图表的结合使用，专业术语规范等问题。

1. 估价报告对词义的要求

（1）用词要准确。用词准确是对词义的基本要求，要善于根据内容表达的需要，在众多同义词、近义词中选用最确切的词语，以准确地表现事物的特征和作者的意图。例如："这里有可能成为繁华商业区""预计这里将成为繁华商业区"和"这里必然会成为繁华商业区"，在这三种表达方式中，由于用词的强度不同，表达的意思也有很大差异。

（2）语义要鲜明。在房地产估价报告中会经常使用表达分寸的词语，比如范围、程度、条件等，使用这类词语要恰当，不能含混不清、模棱两可。不能使用"大概""可能"等字样，特别是估价结论，不能模棱两可。例如，某房地产估价报告陈述估价结果时这样表达："估价对象房地产每平方米建筑面积的价格大约在 5 800 元"，"大约"一词出现在估价结论中是不妥当的，不妨说："估价对象房地产每平方米建筑面积的价格在

5 790～5 810 元",这样的表述可以确定价格的变动范围。

(3)尽量使用中性的词汇。估价报告用词的褒贬要得当,不可带有强烈的感情色彩,避免使用过于华丽的辞藻。例如,"该公司上下努力、团结奋进、勇于开拓、奋力拼搏,在过去几年中取得了令人瞩目的成绩",这种带有感情色彩的评语不十分恰当,应该改用比较中性的、冷静的、叙述性的语气。例如改为"从财务报告可见,该公司过去几年的经营业绩比较理想"(可具体引用财务报告的一些主要指标,例如利润率、资产负债率等),用数据说话比较有说服力。再如,"该地区发展潜力与其他地区相比,不可同日而语",这样过分褒此贬彼的做法也是不可取的。

(4)用词要标准。不可用非标准的用语,比如将"素质"写为"质素"(香港地区的习惯用法),或是用动词作形容词:"这个小区的价位比附近同档次的小区低,非常吸引"(应为:"非常有吸引力")。

2. 估价报告对语句的要求

(1)语句简洁、概括性强。估价报告应使用简洁的文字对估价所涉及的内容进行高度概括,还要注意语句的完整性,清楚地表达所要陈述的内容。

(2)语句搭配得当。语义上要符合情理,符合语法规则,语句之间的意思要衔接、连贯,不能脱节。

(3)逻辑严密。不能出现自相矛盾的现象,造成逻辑混乱。逻辑混乱的情况主要有:一是前后没有照应,如前面定下的报酬率是13%,后面又采用15%;二是数据来源没有出处或是有错,如房地产税、营业税的税率错误;三是判断推理没有充足的理由,如简单地下结论,却没有充足的理由支持该结论。

3. 估价报告对字的要求

估价报告对"字"的要求是文字正确,数字无缺漏,以下是一些容易混淆的字,需要特别注意:

坐(非座)落　　坐(非座)标　　签订(非定)
订(非定)货　　好像(非象)　　想象(非像)
图像(非象)　　其他(非它)　　部分(非份)
身份(非分)　　成分(非份)　　内涵(非含)
账(非帐)目　　撤销(非消)　　抵消(非销)

另外,估价报告的纸张、封面设计、排版、装订应有较好的质量,尽量做到图文并茂。

10.2 房地产估价报告的写作

依据《房地产估价规范》的规定,房地产估价报告通常由8个部分组成:①封面;②致估价委托人函;③目录;④估价师声明;⑤估价的假设和限制条件;⑥估价结果报告;

⑦估价技术报告；⑧附件。对特定目的的房地产估价报告，如房地产抵押贷款前的估价报告，还应包括估价对象变现能力分析和风险提示。

10.2.1 封面

房地产估价报告的封面应写明估价报告名称、估价报告编号、估价项目名称、估价委托人、房地产估价机构（名称）、注册房地产估价师及估价报告出具日期。

（1）估价报告名称。估价报告名称一般为"房地产估价报告"。为了一目了然，也可以按照估价目的来起名，例如"房地产抵押估价报告""城市房屋征收估价报告"等。

（2）估价报告编号。封面上的估价报告编号即为本估价报告在本估价机构内的编号。将估价报告编号写在封面上便于估价报告的档案管理及查阅。封面上的估价报告编号要与估价结果报告中的编号一致。

（3）估价项目名称。封面上的估价项目要写清项目的全称。其中重点要突出估价对象所在的区位、名称及用途。如"深圳市罗湖区布吉路××花园××阁第20层A、C、D、E、F、H共六套住宅价值评估"。"深圳市罗湖区布吉路"表示估价对象的区位；"××花园××阁第20层A、C、D、E、F、H"表示估价对象的名称，这个名称是估价对象在价值时点所使用的名称，也是本估价报告中所使用的名称；"住宅"表示估价对象的用途。

（4）估价委托人。封面上的委托人，需要准确无误地写明其全称。如"××贸易有限公司"为委托人的全称。如果是个人委托估价的，则写明委托人的姓名。

（5）房地产估价机构。封面上的房地产估价机构，同估价委托人相对应，应准确无误地写明房地产估价机构的全称。如"××房地产估价有限公司"为估价机构的全称。

（6）注册房地产估价师。封面上所写的注册房地产估价师，主要是负责本次估价的注册房地产估价师的姓名及其注册号。

（7）估价报告出具日期。封面上的估价报告出具日期，是指本次估价出具报告的年、月、日。需要注意的是，封面上的估价报告出具日期要与致估价委托人函中的致函日期一致。

[例10-1] 某房地产估价报告封面的写作实例：

房地产估价报告

估价报告编号：××估字（2021）第××号
估价项目名称：××市××区××花园第18层A、B共两套住宅房地产价值评估
估价委托人：××市×××贸易公司
房地产估价机构：××房地产评估有限公司
注册房地产估价师：×××（注册号××）、×××（注册号××）、×××（注册号××）
估价报告出具日期：2021年8月3日

10.2.2 致估价委托人函

致估价委托人函是房地产估价机构和注册房地产估价师正式地向估价委托人报告估价结果，呈送估价报告的文件。写作内容应包括：致函对象、估价目的、估价对象（名称、坐落、范围、规模、用途、权属）、价值时点、价值类型、估价方法、估价结果、与估价结果和使用估价报告有关的特别提示、致函日期。

致估价委托人函应加盖房地产估价机构公章，不得以其他印章代替公章，法定代表人或执行合伙人宜在其上签名或盖章。受函方要写明委托人的全称，致函方要署估价机构的全称，致函日期为估价报告出具日期。致估价委托人函中的文字应表述准确、简洁，应特别注意估价结果与估价结果报告或者估价技术报告中的结果必须一致，落款日期必须在房地产估价机构的资质有效期内。

[例10-2] 致估价委托人函的写作实例：

致估价委托人函

××公司：

受贵公司委托，我们对位于××市××区××路××号的××购物中心房地产的抵押价值进行了评估。估价目的是：为确定房地产抵押贷款额度提供参考依据而评价房地产抵押价值。价值时点是：2021年10月22日。经过实地查勘和市场调查，遵照《中华人民共和国城市房地产管理法》、国家标准《房地产估价规范》《房地产抵押估价指导意见》等法律法规和技术标准，遵循独立、客观、公正、合法、谨慎的原则，选用收益法和市场法进行了分析、测算和判断，确定××购物中心房地产的抵押价值为人民币 1 548 165 140 元，大写金额人民币壹拾伍亿肆仟捌佰壹拾陆万伍仟壹佰肆拾元整。

报告使用人在使用本报告之前须对报告全文，特别是"估价的假设和限制条件"认真阅读，以免使用不当，造成损失！估价的详细结果、过程及有关说明，请见《估价结果报告》《估价技术报告》。

××房地产评估有限公司
法定代表人：×××
二〇二一年十月二十五日

10.2.3 目录

估价报告目录的编写，需要注意与后面的报告内容相匹配，应按估价报告各个组成部分的前后次序列出其名称及对应的页码，以便估价委托人或估价报告使用者对估价报告的框架和内容有一个总体了解，并容易找到其关注的内容。估价报告目录应包括：标题（目录）、注册房地产估价师声明、估价的假设和限制条件、估价结果报告、估价技术报告、附件，其中估价结果报告、估价技术报告还应出现二级目录。

10.2.4 估价师声明

估价师声明是注册房地产估价师在估价报告中对其估价职业道德、专业胜任能力和勤勉尽责估价等做出承诺和保证，主要内容如下：

（1）估价师在估价报告中对事实的说明是真实和准确的，没有虚假记载、误导性陈述和重大遗漏。

（2）估价报告中的分析、意见和结论是估价师独立、客观、公正的专业分析、意见和结论，但受到估价报告中已经说明的估价假设和限制条件的限制。

（3）估价师与估价报告中的估价对象没有现实或潜在的利益，与估价委托人及估价利害关系人没有利害关系。

（4）估价师对估价报告中的估价对象、估价委托人及估价利害关系人没有偏见。

（5）估价师是依照中华人民共和国国家标准《房地产估价规范》《房地产估价基本术语标准》以及相关房地产估价专项标准进行分析，形成意见和结论，撰写估价报告。

（6）估价师对估价报告中的估价对象进行了实地查勘（若不是所有在本声明上签名的注册房地产估价师都对估价对象进行了实地查勘，应写明对估价对象进行了实地查勘的注册房地产估价师姓名）。

（7）没有人对估价报告提供重要专业帮助（若有例外，应写明提供重要专业帮助者的姓名或名称和帮助的内容）。

估价师声明应注明所有参加估价的注册房地产估价师的姓名、注册号，并经本人签名，不得以个人印章代替签名，非注册房地产估价师和未参加估价的注册房地产估价师不得在其上签名。

值得注意的是，估价师声明的写作内容不能与估价假设和限制条件的内容相混淆，不能把注册房地产估价师声明变成免责声明。

[例 10-3] 估价师声明的写作实例：

估价师声明

我们根据自己的专业知识和职业道德，在此郑重声明：

（1）我们在本估价报告中对事实的说明是真实和准确的，没有虚假记载、误导性陈述和重大遗漏。

（2）本估价报告中的分析、意见和结论是我们独立、客观、公正的专业分析、意见和结论，但受到本估价报告中已经说明的估价的假设和限制条件的限制。

（3）我们与本估价报告中的估价对象没有现实或潜在的利益，与估价委托人及估价利害关系人没有利害关系。

（4）我们对本估价报告中的估价对象、估价委托人及估价利害关系人没有偏见。

（5）我们是依照中华人民共和国国家标准《房地产估价规范》《房地产估价基本术语标准》《房地产抵押估价指导意见》进行分析，形成意见和结论，撰写本估价报告。

10.2.5 估价的假设和限制条件

估价的假设和限制条件是估价报告中对估价假设和估价报告使用限制的说明，包括一般假设、不确定事项假设、背离实际情况假设、不相一致假设、依据不足假设以及估价报告使用限制。以下我们着重解说其中几项。

（1）一般假设：包括对估价所依据的估价委托人提供的估价对象权属、面积等资料进行了审慎检查，无理由怀疑其合法性、真实性、准确性和完整性，但在未予以核实的情况下，对其合法性、真实性、准确性和完整性的合理假定；对房屋安全、环境污染等重大影响估价对象价值的因素给予必要关注，无理由怀疑估价对象存在安全隐患，但在无相应的专业机构进行鉴定、检测的情况下，对其安全等的合理假定。

（2）不确定事项假设：对估价所必需的尚未明确或不够明确的土地用途、容积率等事项所做的合理的、最可能的假定。

（3）背离实际情况假设：因估价目的的特殊需要所做的与实际情况不一致的假定。

（4）估价报告使用限制：估价报告的用途、使用者、使用期限等使用范围的限定，以及在使用估价报告时需要注意的其他事项。其中，估价报告使用者是依法使用估价报告的单位或个人；估价报告使用期限是自估价报告出具之日起计算，使用估价报告不得超过的时间。

[例 10-4] 估价的假设和限制条件的写作实例：

估价的假设和限制条件

1. 本次估价的一般假设

（1）估价对象产权明晰，手续齐全，可在公开市场上自由转让。

（2）估价对象建筑面积来源于委托人提供的《关于申领建设工程规划许可证的复函》（××规建函[××××]××××号）复印件，若与实际不符，应据实调整评估价值。因其不实造成的影响，本公司不承担任何责任。

（3）市场供应关系、市场结构保持稳定，未发生重大变化或实质性改变。

（4）本次估价未对估价对象做建筑物基础和结构上的测量和实验，本次评估假设其无基础、结构等方面的重大质量问题。

（5）交易双方都具有完全市场信息，对交易对象具有必要的专业知识，不考虑特殊买家的附加出价。

2. 不确定事项假设

（1）估价时没有考虑国家宏观经济政策发生变化、市场供应关系变化、市场结构转变和其他不可抗力等因素对房地产价值的影响，也没有考虑估价对象将来可能承担违约责任的事宜，以及特殊交易方式下的特殊交易价格等对评估价值的影响。

（2）假设估价对象于价值时点无抵押情况或原有的抵押情况已注销。

3. 背离实际情况假设

（1）本报告出具的价格包含了固有土地使用权出让金。如至价值时点止，原产权人尚有任何有关估价对象的应缴未缴税费，应按照规定缴纳或从评估价值中相应扣减。

（2）估价结果未考虑未来处置风险。

（3）估价结果未考虑估价对象及其运营企业已承担的债务，有债务及经营决策失误或市场运作失当对其价值的影响。

（4）估价对象 T25～T28 型住宅楼和 T11～T12 型住宅楼主体框架均已封顶，内、外墙均未砌筑。本次评估假设估价对象能按计划开发完成且本次评估出具的评估结果为假设估价对象在取得预售证后于价值时点的预售市场价格。

4. 本报告使用的限制条件

（1）本报告仅为委托人提供估价对象在取得预售证后于价值时点的预售市场价格参考，不作他用。

（2）本报告使用期限为一年。即估价目的在报告完成后的一年内实现，估价结果可作估价对象在取得预售证后于价值时点的预售市场价格参考，超过一年，需重新进行估价。

（3）本报告专为委托人所使用，未经本公司同意，不得向委托人和估价报告审查部门之外的单位和个人提供。报告的全部或部分内容不得发表于任何公开媒体。

10.2.6 估价结果报告

估价结果报告应记载以下事项：

1. 估价委托人

估价结果报告上的委托人，不仅要写明本估价项目的委托单位的全称，还要写明委托单位的法定代表人和住所；如果是个人委托估价，不仅要写明委托人的姓名，还要写明其住所和身份证号码。

2. 房地产估价机构

估价结果报告上的估价机构与委托人相对应，不仅要写明本估价项目的估价机构的全称，还要写明估价机构的法定代表人或者执行合伙人、住所、资质等级、资质证书编号。

3. 估价目的

估价目的就是指每宗房地产估价是为什么服务，即估价报告的具体用途，具体包括估价理由和作业范围，估计何种房地产权益的何种价值，或进行何种有关房地产投资决策分析和咨询服务，具体估价目的通常由客户设定。因此，估价结果报告中不同种类的估价目的表述应不同。如以抵押为估价目的表述为："为确定房地产抵押贷款额度提供参考依据而评估房地产抵押价值"；以国有土地房屋征收补偿为估价目的表述为："为房屋征收部门与被征收人确定被征收房屋价值的补偿提供依据，评估被征收房屋的价值"；以房地产转让为估价目的可表述为："为委托人转让估价对象提供市场价值参考"；以企业入股、合并等涉及的房地产为估价目的可表述为："为企业入股、合并等发生房地产权属转移的作价提供价值依据"；以房地产投资决策分析和咨询服务为估价目的可表述为："为房地产投资提供价值参考依据"。

4. 估价对象

估价对象的写作应包括四方面的内容：①估价对象范围：土地、房屋、构筑物、树木等，同时应说明估价对象范围是否包含动产、债权债务、特许经营权等其他财产或者权益；②估价对象基本状况：名称、坐落、规模、用途、权属等；③土地基本状况：四至、面积、形状、周围环境、景观、基础设施完备程度、土地平整程度、地势、地质、水文状况、规划限制条件、利用现状、权属状况、土地使用期限；④建筑物基本状况：层数、用途、建筑结构、装修、设施设备、平面布置、工程质量、建成年月、维护保养和使用情况、公共配套设施完备程度，对估价对象的描述应做到层次清晰，用语表达简单、准确。

5. 价值时点

价值时点是所评估的估价项目客观合理价格或价值对应的年月日。价值时点也是估价结果所对应的日期。价值时点要说明所评估的估价对象价值对应的年、月、日及其确定的简要理由。

6. 价值类型

价值类型是指在某个房地产估价项目中根据估价对象由估价目的决定的具体某种价值。不同估价对象、同一估价对象但不同估价目的往往具有不同类型的价值。因此，估价结果报告中不同价值类型表述应不同，如抵押估价的价值类型表述为："估价对象房地产的抵押价值是在估价时假定未设立优先受偿权利下的市场价值（或有限市场价值）扣除法定优先受偿款后的余额。"

7. 估价原则

估价原则主要说明本次估价遵循的房地产估价原则，并对所列估价原则进行简要定义，不能滥列估价原则，必须具有针对性。房地产估价应遵循独立、客观、公正原则；合法原则；价值时点原则；替代原则；最高最佳利用原则。

8. 估价依据

估价依据要说明本次估价所依据的法律法规和技术标准，国家和地方的法律、法规，委托人提供的有关资料，估价机构和估价人员掌握与收集的有关资料。所列的估价依据要有针对性，不能滥列估价依据，不能将已过时或者失效的估价依据列出。

9. 估价方法

估价方法要说明本次估价所采用的方法以及这些估价方法的定义。所采用的估价方法定义应准确、简明。在估价方法选用说明中，应对理论上适用的估价方法进行阐述，对理论上适用但未选用的估价方法要充分说明理由。

10. 估价结果

估价结果应符合下列要求。

（1）除房地产抵押估价外，当估价对象为单宗房地产时，可按表10-1格式列出不同估价方法的测算结果和最终评估价值。

表 10-1　估价结果汇总表

币种：

相关结果	估价方法			
测算结果	总价（元或万元）			
	单价（元/m²）			
评估价值	总价（元或万元）			
	单价（元/m²）			

（2）除房地产抵押估价外，当估价对象为多宗房地产时，可按表 10-2 格式列出不同估价方法的测算结果和最终评估价值。

表 10-2　估价结果汇总表

币种：

估价对象及结果	估价方法及结果	测算结果			估价结果
估价对象 1	总价（元或万元）				
	单价（元/m²）				
估价对象 2	总价（元或万元）				
	单价（元/m²）				
估价对象 3	总价（元或万元）				
	单价（元/m²）				
……	……				
	……				
汇总评估价值	总值（元或万元）				
	平均单价（元/m²）				

（3）房地产抵押估价中假定未设立法定优先受偿权下的价值，可按表 10-1 或表 10-2 格式说明不同估价方法的测算结果和最终评估价值。

（4）房地产抵押价值评估结果，可按表 10-3 格式说明最终评估价值。

表 10-3　房地产抵押价值评估结果汇总表

币种：

项目及结果	估价对象	估价对象 1	估价对象 2	估价对象 3	……
1.假定未设立法定优先受偿权下的价值	总价（元或万元）				
	单价（元/m²）				
2.估价师知悉的法定优先受偿款	总额（元或万元）				
2.1 已抵押担保的债权数额	总额（元或万元）				
2.2 拖欠的建设工程价款	总额（元或万元）				
2.3 其他法定优先受偿款	总额（元或万元）				
3.抵押价值	总价（元或万元）				
	单价（元/m²）				

（5）当估价对象无法用单价表示时，最终评估价值可不注明单价，除此之外的最终评估价值均应注明单价和总价，且总价应注明大写金额。

（6）当最终评估价值的币种为外币时，应说明国务院金融主管部门公布的价值时点的人民币市场汇率中间价，并应注明最终评估价值的单价和总价所折合的人民币价值。

11. 注册房地产估价师

说明所有参加估价的注册房地产估价师的姓名、注册号，并由本人签名，不得以个人印章代替签名，如表10-4所示。

表10-4 注册房地产估价师

姓名	注册号	签名	签名日期
			年　月　日
			年　月　日

12. 实地查勘期

说明实地查勘期的起止日期，自进入估价对象现场之日起至完成实地查勘之日止。

13. 估价作业期

估价作业期是估价工作的起止日期，自受理估价委托之日起至估价报告出具之日止。

10.2.7 估价技术报告

房地产估价技术报告应包括以下内容。

1. 估价对象描述与分析

估价对象描述与分析主要包括估价对象实物状况、权益状况与区位状况的描述与分析。

（1）估价对象实物状况的描述与分析。估价对象实物状况的描述与分析，一般分为土地实物状况和建筑物实物状况两部分。对土地实物状况的描述主要说明以下内容：土地面积，四至，土地用途，土地形状，地形、地势，土壤，地基，土地开发程度，其他等。对建筑物实物状况的描述主要说明以下内容：建筑规模，用途，层数和高度，建筑结构，设施设备，装饰装修，防水、保温、隔热、隔声、通风、采光、日照，层高和室内净高，空间布局，建成时间和设计使用年限，使用维护状况及完损状况，其他等。

（2）估价对象权益状况描述与分析。估价对象权益状况描述与分析，一般分为土地权益状况和建筑物权益状况两部分。对土地权益状况的描述主要说明以下内容：土地所有权状况，土地使用权状况，他项权利设立情况，土地使用管制，目前使用状况，其他特殊情况等。对建筑物权益状况的描述主要说明以下内容：房屋所有权状况，出租或者占用情况，他项权利设立情况，其他特殊情况等。对在建工程权益状况描述还应包括：建设用地规划许可证，建设工程规划许可证，建设工程施工许可证等的取得情况。

（3）估价对象区位状况描述与分析。估价对象区位状况描述与分析，主要描述估价对象的位置状况、交通状况、环境状况、外部配套设施状况等。其中位置状况描述内容包括坐落、方位、与重要场所（设施）的距离、临街（路）状况、朝向、楼层等；交通状况描述内容包括道路状况、出入可利用交通工具、交通管制情况、停车方便程度等；环境状况描述内容包括自然环境、人文环境、景观等。

2. 市场背景描述与分析

市场背景描述与分析是要说明和分析类似房地产的市场状况，包括过去、现在和可预见的未来。市场背景描述与分析就是要分析影响类似房地产价格的主要因素。由于估价对象的类型不同，估价的目的不同，所以影响其市场价格变动的主要因素会有所不同。或者虽然是影响因素相同，但它们对估价对象价格的影响深度也会有所不同。因此不同估价报告的写作、市场背景描述与分析会有较大的差异，这一部分也是房地产估价报告写作当中难度较大的部分，特别是一些大型项目的估价报告。对市场背景的描述与分析应注意把握好以下方面：

（1）要按照从宏观到微观、由大区域市场到小片区市场的写作顺序系统地分析估价对象所处房地产的市场背景，并且重点针对估价对象所处片区和类似物业市场。

（2）要注意与估价目的的关联性。因为估价目的不同，估价对象的范围、价值时点、评估的价值类型、估价依据可能不同，因此估价应考虑的市场背景因素也可能不同。

（3）要注意与估价方法的对应。如采用比较法时，则要分析估价对象所处片区市场类似物业的买卖交易活跃程度、类似物业的价格水平等，而采用收益法则要侧重于分析估价对象所处片区市场类似物业租赁的活跃程度以及租金水平。

（4）房地产市场是一个动态的市场，因此要对估价对象所处区域房地产市场一定时期内的供需状况及价格走势进行一定的预测。

（5）应注意一定时期相关政策、法规的出台对房地产市场的影响。

（6）要注意引用的宏观经济数据、房地产市场数据以及估价对象相关行业信息、政策法规等的时效性、准确性。

3. 估价对象最高最佳使用分析

最高最佳使用分析是按照最高最佳使用原则分析估价对象，即法律上允许、技术上可能、经济上可行，能够使估价对象的价值达到最大化的一种最可能的使用。房地产估价中的最高最佳，是针对估价对象的使用状况和估价结果而言的。简言之，在最高最佳使用状况下的估价对象，应是：最佳规模（如建筑面积、建筑高度、层数等）；最佳内部组合，实现最佳经营和使用；最佳使用效果，包括最好的使用状况，最好的室内外环境条件，取得最高的经济效益和最理想的使用效果。

（1）法律上的许可，是估价对象最高最佳使用分析的前提条件。离开法律上的允许，则无法考虑和实现估价对象的最高最佳使用。对估价对象目前的用途或每一种潜在用途，都必须审查分析估价对象是否为法律所许可，不被法律许可的估价对象，其价值是无法在市场中实现的。

（2）技术上的可能，是指估价对象为单纯的土地、单纯的建筑物和房地，在物质和技术条件上应具备实现最高最佳使用和价值最大化的可能性。其中，物质上的可能、物理上的可能强调具备的客观条件，比如：建筑面积、建筑结构、空间高度、朝向、周边环境等。技术上的支持，则更侧重建筑功能、使用效果以及为达到一定的功能条件，而采取的设计、施工、设备与材料选用等。当然，技术是以物质为基础的，是更好地实现物质条件的手段。同时，物质本身也是各类不同技术的体现。

（3）经济上的可行，一般是指对于法律上允许、技术上可能的每一种潜在使用方式，利用预测估价对象未来的收入与支出，通过两者现值的比较，将其收入现值大于支出现值的使用方式确定为具有可行性。

4. 估价方法适用性分析

估价方法适用性分析就是要逐一分析比较法、收益法、成本法、假设开发法等方法是否适用于估价对象。对于理论上不适用的，简述理由；对于理论上适用但客观条件不具备而不能选用的，充分说明理由。对于选用的估价方法，说明其名称、定义和估价思路。

5. 估价测算过程

估价测算过程就是要详细说明运用各种估价方法的全部测算过程及相关参数的确定。尤其是技术复杂的估价报告，报告的写作者要在准确掌握各种估价方法的基础上，按照估价方法的操作步骤，因果关系明确、条理清楚地表述每种方法的测算过程，对于相关参数的确定既要符合有关数学公式的要求，又要符合逻辑推理。

6. 估价结果确定

估价结果确定就是要说明不同估价方法的测算结果和最终的估价结果，并较详细说明最终的估价结果确定的方法和理由。因为我们在估价报告中要采用两种或两种以上的方法进行估价测算，用不同估价方法得出的结论会有一定的差异，为此最终选用何种数学方法确定估价结果或对其进行进一步的调整都需在此说明理由。

10.2.8 估价对象变现能力分析与风险提示

当出具房地产抵押估价报告时，需要进行估价对象变现能力分析与风险提示。变现能力分析主要包括：①估价对象的通用性、独立使用性、可分割转让性、区位、开发程度、价值大小以及房地产市场状况等影响变现能力的因素及其对变现能力的影响；②假定估价对象在价值时点拍卖或变卖时最可能实现的价格与其市场价值或市场价格的差异程度；③变现的时间长短以及费用、税金的种类和清偿顺序。风险提示分析主要包括：①关注在房地产抵押价值未来下跌的风险期中可能导致的房地产抵押价值下跌的因素，并进行分析说明；②评估续贷房地产的抵押价值时，对房地产市场已发生的变化予以考虑说明；③估价对象状况和房地产市场状况因时间变化对房地产抵押价值可能产生的影响；④抵押期间可能产生的房地产信贷风险关注点；⑤合理使用评估价值；⑥定期或在房地产市场价格变化较快时对房地产抵押价值进行再评估等。

10.2.9 附件

附件主要需列明以下内容:

(1) 估价委托书复印件。

(2) 估价对象位置示意图。

(3) 估价对象实地查勘情况和相关照片,应说明对估价对象进行的实地查勘和进行实地查勘的注册房地产估价师。当无法进入估价对象内部进行实地查勘时,应说明未进入估价对象内部进行实地查勘及其具体原因。实地查勘的相关照片应包括估价对象的内部状况、外部状况和周围环境状况的照片。对未进行实地查勘的估价对象内部状况,可不包括估价对象的内部状况照片,但应作为估价假设中的依据不足假设在估价报告中说明。

(4) 估价对象权属证明复印件,当估价委托人不是估价对象权利人且估价报告为非鉴证性估价报告时,可不包括估价对象权属证明复印件,但应说明无估价对象权属证明复印件的具体原因,并将估价对象权属状况作为估价假设中的依据不足假设在估价报告中说明。

(5) 估价对象法定优先受偿款调查情况,应说明对估价对象法定优先受偿权设立情况及相应的法定优先受偿款进行的调查,并应提供反映估价对象法定优先受偿款的资料。当不是房地产抵押估价报告时,可不包括该情况。

(6) 可比实例位置图和外观照片。当未采用比较法进行估价时,可不包括该图和照片。

(7) 专业帮助情况和相关专业意见。

(8) 估价所依据的其他文件资料。

(9) 房地产估价机构营业执照和估价资质证书复印件。

(10) 注册房地产估价师估价资格证书复印件。

10.3 房地产估价案例

居住房地产估价案例:

××区××号房地产抵押价值评估结果报告(节选)

一、估价委托人(略)

二、估价机构(略)

三、估价目的

为委托方向中国工商银行××分行申请确定房地产抵押贷款额度提供参考依据而评估房地产抵押价值。

四、估价对象(略,详见技术报告)

五、价值时点

本次价值时点委托方未作特别要求,估价人员根据《房地产估价规范》规定,以评估人员现场勘查之日 2021 年 11 月 5 日作为本次评估对象的价值时点。

六、价值定义

本次评估估价对象的房地产抵押价值。房地产抵押价值为抵押房地产在价值时点 2021 年 11 月 5 日的市场价值，等于假定未设立法定优先受偿权利下的市场价值减去房地产估价师知悉的法定优先受偿款。

市场价值是指估价对象在公开市场标准及满足估价的假设和限制条件下，于价值时点 2021 年 11 月 5 日所具有的客观合理价值。

法定优先受偿款是指假定在价值时点实现抵押权时，法律规定优先于本次抵押贷款受偿的款额，包括发包人拖欠承包人的建筑工程价款、已抵押担保的债权数额，以及其他法定优先受偿款。

七、估价依据（略）

八、估价原则（略）

九、估价方法（略，详见技术报告）

十、估价结果

估价对象建筑面积 96.283m^2，规划用途为住宅，在符合本报告价值类型和满足本报告假设与限制条件的前提下，采用收益法测算的市场价值为 14 668 元/m^2，采用市场法测算的市场价值为 16 630 元/m^2，采用加权算术平均法最终确定估价对象于价值时点 2021 年 11 月 5 日扣除房地产估价师知悉的法定优先受偿款后含地价及相关转让税费的抵押价值为 1 544 514 元（人民币壹佰伍拾肆万肆仟伍佰壹拾肆圆整），单价 16 041 元/m^2。

十一、注册房地产估价师（略）

十二、实地查勘期：2021 年 11 月 5 日。

十三、估价作业期：2021 年 11 月 3 日至 2021 年 11 月 10 日。

××区××号房地产抵押价值评估技术报告（节选）

一、估价对象描述与分析

（一）估价对象实物状况描述与分析

1. 土地实物状况描述

（1）名称：××区××路××街 20 号。

（2）四至：东临××路，南临其他建筑物，西临××路，北临其他建筑物。

（3）面积：估价对象共用地面积为 4 250.583 1m^2。

（4）用途：住宅用地。

（5）形状：土地形状为较规则长方形。

（6）地势：估价对象所在地块地势较平坦。

（7）开发程度：至价值时点，土地开发程度达到宗地红线内外"五通"（通路、通电、通信、给水、排水）及场地平整，已建有多栋住宅楼。

2. 建筑物实物状况描述

（1）名称及坐落：××区××路××街20号201房。

（2）规模：房地产建筑面积为96.283m²。

（3）房屋用途：居住用房。

（4）建筑结构及层数：钢筋混凝土结构12层。

（5）设备设施：楼宇配备1台客梯、自动喷淋消防系统、可视电子系统、24小时保安、电子防盗门，设施设备完善。

（6）装饰装修：估价对象外墙贴条形瓷砖；内部装修情况：客厅地面铺地砖，内墙贴墙纸，天花板为铝扣板吊顶；房间地面铺实木地板，内墙贴墙纸，天花板为木板装饰吊顶；卫生间、厨房地面铺防滑地砖，内墙贴瓷片到顶，天花板为铝扣板，室内安装有防盗门、实心木门、落地玻璃窗、铝合金窗。

（7）层高：约3m。

（8）空间布局：共三房二厅一厨一卫双阳台，布局规则。

（9）建成时间：约2011年。

（10）使用及维护状况：目前自住，维护状况较好。

（11）完损状态：无明显的损毁状况，现状良好，使用正常，属完好房，约八成五新。

（二）估价对象权益状况描述与分析

1. 土地权益状况描述

根据委托方提供的《房地产权证》等资料记载显示：

（1）土地所有权状况：未记载，根据《中华人民共和国土地管理法》《中华人民共和国城市房地产管理法》等相关法律法规，确定为国家所有。

（2）土地使用权状况：国有土地使用权，使用权人为张××。

（3）他项权利设立情况：根据委托方提供的《声明》等相关资料，至价值时点估价对象未设定有抵押权。

（4）土地使用管制：住宅用地。

（5）其他特殊情况：无。

2. 建筑物权益状况描述

根据委托方提供的《房地产权证》等资料记载显示：

（1）房屋所有权状况：房屋所有权人为张××。

（2）他项权利设立状况：根据房产证记载及委托方提供的《声明》等相关资料，至价值时点估价对象未设定有抵押权。

（3）出租或占有情况：自用，无出租或占用情况。

（4）其他特殊情况：无记载。

（三）估价对象区位状况描述与分析

1. 位置状况描述

（1）坐落：估价对象位于××区××路××街20号。

（2）方位：东、南面临××路，西面临××路，北面临××路。

（3）距离：距离××公园约1.3km、地铁五号线××站约2km，与所在地市一级的（医院、中学、电影院、行政服务中心等）重要设施距离多数在5km以上，服务半径较长。

（4）临街（路）状况：临××路。

（5）朝向：北向，望内街。

（6）楼层：位于第2层。

2．交通状况描述

（1）道路状况：估价对象所在小区东、南面临××路，西面临××路，北面临××路。主要由××路及××大道构成其对外交通路网。

（2）出入可利用的交通工具：附近设有××客运站、××站公交车站，有B3路、B6路、B5路等多路公交车及出租车经过，交通比较便捷。

（3）交通管制情况：无交通管制。

（4）停车方便程度：周边物业以商业、住宅小区为主，设有地下车库及临路停车位，停车方便。

3．环境状况描述

（1）自然环境：周边主要为商业街和住宅小区，靠近××公园及××江，自然环境较好。

（2）人文环境：周边主要为商业街和住宅小区，人文环境一般。

（3）景观：周边有××公园等，估价对象望小区内街，景观一般。

4．外部配套设施状况描述

（1）基础设施：估价对象共用地块开发红线内外"五通"（通上水、通下水、通电、通路、通信），宗地红线内土地平整，基础设施完善。

（2）公共服务设施：估价对象附近有××花园、××花园、××中英文学校、××幼儿园、中国工商银行、超市等，生活配套设施和公共配套设施比较齐全。

5．区位状况分析

估价对象位于××区是××市20世纪90年代崛起的新区，位于××市老城区东部，是建设中的××市城市中心区。按照××市发展的总体规划，××区是××沿××江向东延伸带状发展的第二组团，是××市东南部大经济规划区的重要组成部分，又是××市正在建设的新城市中心。××区是××市历史形成的高新科研产业集中区，结合总体发展规划，××区将是未来××市的文化科技、体育娱乐、商业金融中心，并以××东站——××体育中心——××新城——××新领事馆区为轴心构成新的××城市中轴线。××新区已完善建设大量的基础配套设施，形成了以南北交通干线××大道，东西干道××大道、××路，以及地铁1号线组成的道路体系。

估价对象位于××居××一座，周边生活配套设施和公共配套设施齐全，所在区域居住氛围较好，与区域发展规划相协调。鉴于估价对象所在区域有较突出的区位优势，区位状况将有利于估价对象房地产价值的平稳增值。

二、市场背景状况描述与分析（略）

三、最高最佳使用分析（略）

四、估价方法适用性分析

估价人员认真分析所掌握的资料，根据《房地产估价规范》及周边同类房地产市场状况，结合估价对象的具体特点及估价目的，选取适当的估价方法对估价对象进行评估。

（一）适用的估价方法

本报告估价目的是为确定房地产抵押价值提供参考，估价对象的实际及评估设定用途均为居住用房，鉴于估价对象所在地区房地产市场发育充分，区域内类似物业的市场交易案例及市场租赁案例较多，宜采用比较法与收益法进行评估。估价人员对两种方法测算的结果综合分析后，确定估价对象的评估价格。

（二）估价技术路线

1. 比较法

运用比较法进行测算的基本公式为

比准价格 = 可比实例价格 × 交易情况修正 × 市场状况调整 × 区位状况调整 × 实物状况调整 × 权益状况调整

估价对象评估单价 = （实例1修正后单价 + 实例2修正后单价 + 实例3修正后单价）÷ 3

2. 收益法

运用收益法进行测算的基本公式为

$$V = \sum_{i=1}^{n} \frac{A_i}{(1+Y_i)^i}$$

式中　V——收益价值（元或元/m²）；

　　　A_i——未来第 i 年的净收益（元或元/m²）；

　　　Y_i——未来第 i 年的报酬率（%）；

　　　n——收益期（年）。

3. 综合分析确定市场价值最终估价结果

通过两种不同的技术路径，分别得到估价对象的评估单价，经分析两种方法结果的差异及导致差异的原因后，结合当前同类市场实际和估价师经验，分别确定两种方法结果的影响权重，最后确定估价对象在假定未设立法定优先受偿权利下的市场价值单价和总价，公式为

估价对象评估单价 = 比较法评估单价 × 权重1 + 收益法评估单价 × 权重2

估价对象评估总价 = 估价对象评估单价 × 评估建筑面积

五、估价测算过程

（一）比较法

比较法的具体测算过程如下：

1. 选取比较案例

根据估价人员对估价对象及其周边区域的房地产市场调查,选择了近期发生交易或拟进行交易的与估价对象属同一供需圈的 3 个交易案例,各比较案例与估价对象的对比情况如下:

可比实例 A:位于 ×× 区 ×× 街 1 号 808 房,南向、望园景,层高约 3m,居住氛围浓厚,建筑面积约为 69m^2,成交单价 14 500 元/m^2,交易日期为 2021 年 10 月。

可比实例 B:位于 ×× 区 ×× 大道 1104 号 904 房,北向、望花园、楼房,层高约 3m,居住氛围浓厚,建筑面积约为 72m^2,成交单价为 13 500 元/m^2,交易日期为 2021 年 8 月。

可比实例 C:位于 ×× 区 ×× 街 10 号 304 房,南向、望楼房,层高约 3m,居住氛围浓厚,建筑面积约为 79m^2,成交单价为 15 190 元/m^2,交易日期为 2021 年 9 月。

2. 建立比较基础(略)

3. 比较因素条件说明

估价对象和比较实例的比较因素条件详述如表 10-5 所示。

表 10-5　比较因素条件说明表

比较因素		估价对象与实例			
		估价对象	可比实例 A	可比实例 B	可比实例 C
位置		×× 区 ×× 路 ×× 街 20 号 201 房	×× 区 ×× 街 1 号 808 房	×× 区 ×× 大道 1104 号 904 房	×× 区 ×× 街 10 号 304 房
用途		住宅	住宅	住宅	住宅
成交价格(元/m^2)		待估	17 800	13 900	17 400
建筑面积(m^2)		96.283	69	72	79
交易情况		正常交易	正常交易	正常交易	正常交易
市场状况		2021 年 11 月 5 日	2021 年 10 月	2021 年 8 月	2021 年 9 月
房地产状况	区位状况				
	交通条件	交通比较便捷	交通比较便捷	交通便捷	交通比较便捷
	公共配套设施状况	周边公共配套设施较齐全	周边公共配套设施较齐全	周边公共配套设施较齐全	周边公共配套设施较齐全
	环境质量	自然及人文环境较好	自然及人文环境较好	自然及人文环境一般	自然及人文环境较好
	噪声	无噪声影响	无噪声影响	有一定噪声影响	无噪声影响
	环境	良好	良好	良好	良好
	规划	较好	较好	较好	较好
	所在楼层	第 2 层	第 18 层	第 9 层	第 3 层
	朝向	北向	南向	北向	南向
	采光	二面采光	二面采光	二面采光	二面采光
	景观	望内街	望花园、楼房	望花园、楼房	望楼房
实物状况	建筑结构	钢筋混凝土	钢筋混凝土	钢筋混凝土	钢筋混凝土
	面积大小	适中	适中	适中	适中
	平面布置	三室两厅	两室一厅	两室一厅	三室一厅
	装修情况	精装修	精装修	普通装修	精装修
	物业管理	小区管理完善	小区管理完善	小区管理完善	小区管理完善

(续)

比较因素		估价对象与实例			
		估价对象	可比实例 A	可比实例 B	可比实例 C
房地产状况	实物状况	层高	标准层高	标准层高	标准层高	标准层高
		实用率	约 80%	约 77%	约 82%	约 80%
		新旧程度	约建于 2011 年，八成五新	约建于 2013 年，八成八新	约建于 2008 年，八成新	约建于 2011 年，八成五新
	权益状况	土地使用年限	2080 年 9 月	2081 年 12 月	2077 年 1 月	2080 年 9 月
		容积率	2.88	2.3	4.1	2.88
		租约限制	无	无	无	无
		其他限制	无特别限制	无特别限制	无特别限制	无特别限制

4. 编制比较因素条件指数表

根据估价对象与比较实例各种因素具体情况，编制比较因素条件指数表。比较因素指数确定如下：

（1）交易情况修正。各比较实例均为正常市场价，取比较实例的交易情况修正均为 100。

（2）市场状况修正。市场状况修正是将实例在成交日期的价格调整为价值时点的价格。通过估价人员对当地市场的调查、了解，参考该市住宅类房地产价格指数，取三个案例的市场状况修正系数为 1 547/1 536，1 547/1 502，1 547/1 524。

（3）房地产状况调整。将各项调整因素分为优、较优、稍优、相同或相似、稍差、较差、差 7 个等级，以估价对象为基准，每相差一个等级，结合具体情况，向上或向下调整 1%～3%。表 10-6 为可比案例比较分析表。

表 10-6 可比实例比较分析表

比较因素		估价对象与实例			
		估价对象	可比实例 A	可比实例 B	可比实例 C
成交价格（元/m²）		待估	17 800	13 900	17 400
交易情况		设定为正常交易	正常交易	正常交易	正常交易
市场状况		11 月房地产价格指数 1 547	10 月房地产价格指数 1 536	8 月房地产价格指数 1 502	9 月房地产价格指数 1 524
房地产状况	区位状况	交通状况	基准	相似	较优	相同
		公共配套设施状况	基准	相似	相似	相同
		环境质量	基准	相似	稍差	相同
		噪声影响	基准	相似	较差	相同
		居住氛围	基准	相似	相似	相同
		规划前景	基准	相似	相似	相同
		所在楼层	基准	优	较优	稍优
		朝向	基准	优	相同	优
		采光	基准	相似	相似	相似
		景观	基准	相似	稍优	相similar

(续)

比较因素		估价对象与实例			
		估价对象	可比实例 A	可比实例 B	可比实例 C
房地产状况	实物状况	建筑结构	基准	相同	相同	相同
		面积大小	基准	稍差	稍差	稍差
		平面布置	基准	稍差	稍差	相似
		装修情况	基准	相似	较差	相似
		物业管理	基准	相似	相似	相同
		层高	基准	相同	相同	相同
		实用率	基准	稍差	稍优	相同
		新旧程度	基准	稍优	较差	相同
	权益状况	土地使用年限	基准	稍优	较差	相同
		容积率	基准	稍优	较差	相同
		租约限制	基准	相同	相同	相同
		其他因素	基准	相同	相同	相同

根据因素条件说明表中的估价对象与可比实例的因素情况，编制比较因素修正系数表，如表 10-7 所示。

表 10-7 比较因素修正系数表

比较因素			估价对象与实例			
			估价对象	可比实例 A	可比实例 B	可比实例 C
成交价格（元/m²）			待估	17 800	13 900	17 400
交易情况			100	100	100	100
市场状况			1 547	1 536	1 502	1 524
房地产状况	区位状况	交通状况	0	0	3	0
		配套设施	0	0	0	0
		环境质量	0	0	−1	0
		噪声影响	0	0	−3	0
		居住氛围	0	0	0	0
		规划前景	0	0	0	0
		所在楼层	0	5	3	1
		朝向	0	4	0	4
		采光	0	0	0	0
		景观	0	1	1	0
		小计	100	110	103	105
	实物状况	建筑结构	0	0	0	0
		面积大小	0	−1	−1	−1
		平面布置	0	−2	−2	0
		装修情况	0	0	−5	0
		物业管理	0	0	0	0
		层高	0	0	0	0

(续)

比较因素			估价对象与实例			
			估价对象	可比实例 A	可比实例 B	可比实例 C
房地产状况	实物状况	实用率	0	-1	1	0
		新旧程度	0	1	-3	0
		小计	100	97	90	99
	权益状况	土地使用年限	0	1	-3	0
		容积率	0	1	-3	0
		租约限制	0	0	0	0
		其他因素	0	0	0	0
		小计	100	102	94	100

根据比较因素修正系数表测算估价对象的比准价格，分别得出三个比准价格，如表 10-8 所示。

表 10-8　比准价格测算表

项目	可比实例 A	可比实例 B	可比实例 C
成交价格（元 /m²）	17 800	13 900	17 400
交易情况修正	100/100	100/100	100/100
市场状况调整	1 547/1 536	1 547/1 502	1 547/1 524
区位状况调整	100/110	100/103	100/105
实物状况调整	100/97	100/90	100/99
权益状况调整	100/102	100/94	100/100
比准价格（元 /m²）	16 472	16 429	16 991

5. 求取调整后的比准单价

经过比较分析，认为三个比准价格调整后的结果较符合客观情况，故以三者的算术平均数确定最终比准价格。

最终比准价格 =（16 472 + 16 429 + 16 991）÷ 3 = 16 630（元 /m²）

（二）收益法

收益法的测算过程如下：

1. 选择具体估价方法

根据估价对象市场租金变化情况分析，选择等比递增方法，即

$$V = \frac{A_1}{Y-g}\left[1-\left(\frac{1+g}{1+Y}\right)^n\right]$$

式中　V——收益价格（元或元 /m²）；

A_1——未来第 1 年的净收益（元或元 /m²）；

Y——报酬率（%）；

n——未来可获收益的期限（年）；

g——年净收益递增率。

2.收益期限测算

估价对象建筑物于2011年建成,至价值时点止,房屋已使用10年,估价对象为钢筋混凝土结构,房屋的经济耐用年限为70年,则房屋剩余使用年限为60年;根据委托人提供的《房地产权证》,估价对象证载土地使用年限70年,从2010年09月05日起,至价值时点剩余使用年限为59.83年,根据国家相关法律法规,按照孰短原则,确定房地产收益期限为59.83年。

3.年净收益的确定

(1)采用比较法测算估价对象的月毛租金收入。比较法测算估价对象租金水平的具体测算过程略,测算结果为31元$/m^2 \cdot$月。估价对象(未考虑租金损失的情况下)每年的客观租金收入为

$$31 \times 12 = 372(元/m^2)$$

(2)租约限制。据估价人员现场勘查了解,于价值时点估价对象为自住,故本次评估不考虑相关租赁权益限制对估价对象房地产价值的影响。

(3)空置和收租损失。根据估价人员对类似物业的调查和分析,本次评估的空置和收租损失为租金收入的3%。

(4)有效毛收入。

$$372 \times (1-3\%) = 361(元/m^2)$$

(5)其他收入。其他收入主要包括押金利息收入。押金为两个月租金,利率取价值时点中国人民银行一年期定期存款利率3%,利息税为0,则其他收入为

$$31 \times 2 \times 3\% = 2(元/m^2)$$

(6)年收入合计。

$$年收入合计 = 有效毛收入 + 其他收入 = 361 + 2 = 363(元/m^2)$$

4.运营费用

计算公式:

$$年运营费用 = 出租综合税费 + 管理费 + 维修费 + 保险费$$

(1)出租综合税费。根据《××市个人出租房屋税收一览表》,个人出租住宅租金在2 000元以上(含2 000元),20 000元以下,综合税率为6.7%(房产税4%、个人所得税2.7%)。

$$综合税费 = 361 \times 6.7\% = 24(元/m^2)$$

(2)管理费。指对出租房屋进行的必要管理所需的费用,包括业主对租赁物业的管理费用和租赁中介费用支出等。结合估价对象的具体情况,管理费按租金收入的2%取值。

$$管理费 = 361 \times 2\% = 7(元/m^2)$$

(3)维修费。按××市的实际情况,该类房屋的年维修费一般为房屋重置价的1%。本次评估中房屋重置价格主要依据《××省建筑工程计价办法》和《××省建筑工程综合定额》,结合目前××市建材市价信息,并参照类似房地产的开发资料,综合考虑建筑物的建筑结构、装饰装修情况等,确定建筑物重置价格为2 600元/m²。

$$维修费 = 2\,600 \times 1\% = 26\,(元/m^2)$$

(4)保险费。参照现行的保险公司保费标准,投保普通险的房屋,一等建筑(钢骨、水泥、砖石结构),费率为0.3%;二等建筑(砖、瓦含木质材料结构)费率为0.4%;三等建筑(一、二等以外的)费率为0.5%。按房屋重置价乘以保险费率计算,房屋的保险费率取0.3%。

$$保险费 = 2\,600 \times 0.3\% = 8\,(元/m^2)$$

(5)其他相关费用。在租赁过程中,会发生中介代理、租赁登记等其他相关费用,其中中介代理费用占主要部分,一般中介机构收取的费用为月总租金的30%~100%,多数集中在40%~60%的区间,连同其他费用,约占年租金收入的0.5%~1.0%左右。根据估价对象的情况,估价人员确定其相关费用合计为年租金收入的1%。

$$其他相关费用 = 361 \times 1\% = 4\,(元/m^2)$$
$$年运营费用 = (1) + (2) + (3) + (4) + (5)$$
$$= 24 + 7 + 26 + 8 + 4 = 69\,(元/m^2)$$

5. 净收益

$$年净收益 = 年收益 - 运营费用$$
$$= 363 - 69 = 294\,(元/m^2)$$

6. 变化趋势分析

经估价人员市场调查及查询同类物业近年租赁合同的租金水平变化情况,类似物业在租赁期间的租金年增长率一般为3%~5%,结合估价对象所在区域的同类物业供求状况,本次评估取租金年增长率为4.0%。估价人员市场调查,现时市场上同类型住宅类物业的运营费用变化与租金变化大致成等比例,设定运营费用变化趋势分析与租金变化趋势分析一致,因此可推算净租金增长率。

7. 报酬率

$$报酬率 = 存款利率 + 投资风险补偿率 + 管理负担补偿率 +$$
$$缺乏流动性补偿率 - 投资带来的优惠率$$

报酬率 = 4.5%(具体测算过程略)

8. 公式选用和计算过程

收益法计算公式:$V = \dfrac{A_1}{Y-g}\left[1 - \left(\dfrac{1+g}{1+Y}\right)^n\right]$

$$V = \frac{294}{4.5\% - 4.0\%} \times \left[1 - \left(\frac{1+4.0\%}{1+4.5\%}\right)^{59.83}\right] = 14\,668 \text{ (元/m}^2\text{)(取整)}$$

六、估价结果确定

（一）估价对象市场价值的确定

综合考虑当前××市房地产市场状况及评估方法等因素，结合本次估价目的，确定市场法权重为0.7，收益法权重为0.3，则：

估价对象评估单价 = 16 630×0.7+14 668×0.3=16 041（元/m²）(取整)

估价对象评估总价 = 评估单价 × 建筑面积

= 16 041×96.283

= 1 544 475（元）

估价结果如表10-9所示。

表10-9 估价结果汇总表

相关结果		估价方法	
		比较法	收益法
测算结果	总价（元）	1 601 186	1 412 279
	单价（元/m²）	16 630	14 668
评估价值	总价（元）	1 544 514	
	单价（元/m²）	16 041	

（二）估价对象抵押价值的确定

估价对象房地产抵押价值 = 假定未设立法定优先受偿权下的价值 - 房地产估价师知悉的法定优先受偿款。在本次估价中，根据估价人员所掌握的资料和情况，未发现估价对象在价值时点之前已设立法定优先受偿权利，故在价值时点估价人员所知悉的法定优先受偿款为零元，则估价对象的抵押价值即为市场价值，即估价对象抵押价值总价为1 544 514元，单价为16 041元/m²。估价结果汇总如表10-9所示。

实训题

以小组为单位，选择学校附近某一宗房地产，模拟评估其市场价值，并撰写房地产估价报告。

附录 A

房地产估价公式

第4章 比较法

4.4.1 统一财产范围

不带债权债务的房地产价格 = 带有债权债务的房地产价格 − 债权 + 债务

房地产价格 = 含有房地产以外的资产的价格 − 房地产以外的资产的价值

4.4.5 统一税费负担

正常负担下的价格 − 应由卖方缴纳的税费 = 卖方实得金额

正常负担下的价格 + 应由买方缴纳的税费 = 买方实付金额

4.5.1 交易情况修正

1. 金额修正

可比实例成交价格 ± 交易情况修正金额 = 可比实例正常价格

2. 百分比修正

可比实例成交价格 × 交易情况修正系数 = 可比实例正常价格

$$可比实例成交价格 \times \frac{1}{1 \pm S\%} = 可比实例正常价格$$

$$可比实例成交价格 \times \frac{100}{100 \pm S} = 可比实例正常价格$$

4.5.2 市场状况调整

可比实例在成交日期的价格 × 市场状况调整系数 = 可比实例在价值时点的价格

1. 采用定基价格指数

$$可比实例在成交日期的价格 \times \frac{价值时点的定基价格指数}{成交日期的定基价格指数} = 可比实例在价值时点的价格$$

2. 采用环比价格指数

可比实例在成交日期的价格 × 成交日期的下一时期的环比价格指数 × 再下一时期的环比价格指数 ×…× 价值时点的环比价格指数 = 可比实例在价值时点的价格

3. 采用逐期递增或递减的价格变动率

可比实例在成交日期的价格 ×（1± 价格变动率）^{期数} = 可比实例在价值时点的价格

4. 采用期内平均上升或下降的价格变动率

可比实例在成交日期的价格 ×（1± 价格变动率 × 期数）= 可比实例在价值时点的价格

4.5.3 房地产状况调整

1. 金额调整

可比实例在自身状况下的价格 ± 房地产状况调整金额 = 可比实例在估价对象状况下的价格

2. 百分比调整

可比实例在自身状况下的价格 × 房地产状况调整系数 = 可比实例在估价对象状况下的价格

（1）直接调整：

$$可比实例在自身状况下的价格 \times \frac{100}{(\quad)} = 可比实例在估价对象状况下的价格$$

（2）间接调整：

$$可比实例在自身状况下的价格 \times \frac{100}{(\quad)} \times \frac{(\quad)}{100} = 可比实例在估价对象状况下的价格$$

4.6.1 求取单个可比实例的比较价值

1. 金额修正与调整

比较价值 = 可比实例成交价格 ± 交易情况修正金额 ± 市场状况调整金额 ± 房地产状况调整金额

2. 百分比修正与调整

比较价值 = 可比实例成交价格 ×（1+ 交易情况修正系数 + 市场状况调整系数 + 房地产状况调整系数）

$$\text{比较价值} = \text{可比实例成交价格} \times \text{交易情况修正系数} \times$$
$$\text{市场状况调整系数} \times \text{房地产状况调整系数}$$

(1) 直接比较修正与调整：

$$\text{比较价值} = \text{可比实例成交价格} \times \text{交易情况修正系数} \times \text{市场状况调整系数} \times$$
$$\text{房地产状况调整系数}$$

$$= \text{可比实例成交价格} \times \frac{100}{(\quad)} \times \frac{(\quad)}{100} \times \frac{100}{(\quad)}$$

$$= \text{可比实例成交价格} \times \frac{\text{正常价格}}{\text{实际成交价格}} \times \frac{\text{价值时点价格}}{\text{成交日期价格}} \times \frac{\text{对象状况价格}}{\text{实例状况价格}}$$

(2) 间接比较修正与调整：

$$\text{比较价值} = \text{可比实例成交价格} \times \text{交易情况修正系数} \times \text{市场状况调整系数} \times$$
$$\text{标准化调整系数} \times \text{房地产状况调整系数}$$

$$= \text{可比实例成交价格} \times \frac{100}{(\quad)} \times \frac{(\quad)}{100} \times \frac{100}{(\quad)} \times \frac{(\quad)}{100}$$

$$= \text{可比实例成交价格} \times \frac{\text{正常价格}}{\text{实际成交价格}} \times \frac{\text{价值时点价格}}{\text{成交日期价格}} \times$$
$$\frac{\text{标准状况价格}}{\text{实例状况价格}} \times \frac{\text{对象状况价格}}{\text{实例状况价格}}$$

第5章 收益法

5.2.1 报酬资本化法最一般的公式

$$V = \frac{A_1}{1+Y_1} + \frac{A_2}{(1+Y_1)(1+Y_2)} + \frac{A_3}{(1+Y_1)(1+Y_2)(1+Y_3)} + \cdots + \frac{A_n}{(1+Y_1)(1+Y_2)\cdots(1+Y_n)}$$

$$= \sum_{i=1}^{n} \frac{A_i}{\prod_{j=1}^{i}(1+Y_j)}$$

简化公式：

$$V = \sum_{i=1}^{n} \frac{A_i}{(1+Y)^i}$$

5.2.2 净收益每年不变

1. 收益期有限

$$V = \frac{A}{Y}\left[1 - \frac{1}{(1+Y)^n}\right]$$

2. 收益期无限

$$V = \frac{A}{Y}$$

5.2.3 净收益在前后两段变化规律不同

1. 收益期有限

$$V = \sum_{i=1}^{t} \frac{A_i}{(1+Y)^i} + \frac{A}{Y}\left[1 - \frac{1}{(1+Y)^{n-t}}\right] \times \frac{1}{(1+Y)^t}$$

2. 收益期无限

$$V = \sum_{i=1}^{t} \frac{A_i}{(1+Y)^i} + \frac{A}{Y} \times \frac{1}{(1+Y)^t}$$

5.2.4 净收益按一定数额递增的公式

1. 收益期有限

$$V = \left(\frac{A}{Y} + \frac{b}{Y^2}\right)\left[1 - \frac{1}{(1+Y)^n}\right] - \frac{b}{Y} \times \frac{n}{(1+Y)^n}$$

2. 收益期无限

$$V = \frac{A}{Y} + \frac{b}{Y^2}$$

5.2.5 净收益按一定数额递减

$$V = \left(\frac{A}{Y} - \frac{b}{Y^2}\right)\left[1 - \frac{1}{(1+Y)^n}\right] + \frac{b}{Y} \times \frac{n}{(1+Y)^n}$$

5.2.6 净收益按一定比率递增

1. 收益期有限

$$V = \frac{A}{Y-g}\left[1 - \left(\frac{1+g}{1+Y}\right)^n\right]$$

2. 收益期无限

$$V = \frac{A}{Y-g}$$

5.2.7 净收益按一定比率递减

1. 收益期有限

$$V = \frac{A}{Y+g}\left[1-\left(\frac{1-g}{1+Y}\right)^n\right]$$

2. 收益期无限

$$V = \frac{A}{Y+g}$$

3. 有效毛收入与运营费用递增率不等

（1）收益期有限：

$$V = \frac{I}{Y-g_I}\left[1-\left(\frac{1+g_I}{1+Y}\right)^n\right] - \frac{E}{Y-g_E}\left[1-\left(\frac{1+g_E}{1+Y}\right)^n\right]$$

（2）收益期无限：

$$V = \frac{I}{Y-g_I} - \frac{E}{Y-g_E}$$

5.2.8 预知未来若干年后价格

1. 一般公式

$$V = \sum_{i=1}^{t}\frac{A_i}{(1+Y)^i} + \frac{V_t}{(1+Y)^t}$$

2. 期间收益每年不变

$$V = \frac{A}{Y}\left[1-\frac{1}{(1+Y)^t}\right] + \frac{V_t}{(1+Y)^t}$$

3. 期间收益按一定数额递增

$$V = \left(\frac{A}{Y}+\frac{b}{Y^2}\right)\left[1-\frac{1}{(1+Y)^t}\right] - \frac{b}{Y}\times\frac{t}{(1+Y)^t} + \frac{V_t}{(1+Y)^t}$$

4. 期间收益按一定数额递减

$$V = \left(\frac{A}{Y}-\frac{b}{Y^2}\right)\left[1-\frac{1}{(1+Y)^t}\right] + \frac{b}{Y}\times\frac{t}{(1+Y)^t} + \frac{V_t}{(1+Y)^t}$$

5. 期间收益按一定比率递增

$$V = \frac{A}{Y-g}\left[1-\left(\frac{1+g}{1+Y}\right)^t\right] + \frac{V_t}{(1+Y)^t}$$

6. 期间收益按一定比率递减

$$V = \frac{A}{Y+g}\left[1-\left(\frac{1-g}{1+Y}\right)^t\right] + \frac{V_t}{(1+Y)^t}$$

5.3.1 净收益的测算

净收益 = 潜在毛租金收入 + 其他收入 − 空置和收租损失 − 运营费用
       = 有效毛收入 − 运营费用

承租人权益的价值 = 无租约限制下的房地产价值 − 有租约限制下的房地产价值

5.3.4 净收益流模式

$$A = \frac{Y(1+Y)^t}{(1+Y)^t - 1} \times \sum_{i=1}^{t}\frac{A_i}{(1+Y)^i}$$

5.4.1 报酬率的求取（累加法）

报酬率 = 安全利率 + 投资风险补偿率 + 管理负担补偿率 + 缺乏流动性补偿率 − 投资带来的优惠率

5.5.2 直接资本化法

1. 资本化率法

$$房地产价值(V) = \frac{房地产未来第一年的净收益(\text{NOI})}{资本化率(R)}$$

2. 收益乘数法

$$房地产价值 = 年收益 \times 收益乘数$$

5.6.1 投资组合技术

1. 土地与建筑物组合

（1）综合资本化率：

$$R_0 = \frac{V_L \times R_L + V_B \times R_B}{V_L + V_B}$$

$$R_0 = L \times R_L + B \times R_B$$

（2）土地资本化率：

$$R_L = \frac{(V_L + V_B)R_0 - V_B \times R_B}{V_L}$$

（3）建筑物资本化率：

$$R_B = \frac{(V_L + V_B)R_0 - V_L \times R_L}{V_B}$$

2. 抵押贷款与自有资金组合

（1）综合资本化率：

$$R_0 = M \times R_M + (1-M)R_E$$

（2）抵押贷款常数：

$$R_M = Y_M + \frac{Y_M}{(1+Y_M)^n - 1}$$

5.6.2 剩余技术

1. 土地价值

$$V_L = \frac{A_0 - V_B \times R_B}{R_L}$$

2. 建筑物价值

$$V_B = \frac{A_0 - V_L \times R_L}{R_B}$$

第6章 成本法

6.2 房地产的价格构成

$$房地产价格 = 土地成本 + 建设成本 + 管理费用 + 销售费用 + \\ 投资利息 + 销售税费 + 开发利润$$

6.2.7 开发利润

1. 直接成本利润率

$$直接成本利润率 = \frac{开发利润}{土地成本 + 建设成本}$$

2. 投资利润率

$$投资利润率 = \frac{开发利润}{土地成本 + 建设成本 + 管理费用 + 销售费用}$$

3. 成本利润率

$$成本利润率 = \frac{开发利润}{土地成本 + 建设成本 + 管理费用 + 销售费用 + 投资利息}$$

4. 销售利润率

$$销售利润率 = \frac{开发利润}{开发完成后的房地产价值}$$

6.3.1 新开发建设的房地产

1. 新开发的房地价值

新开发的房地价值 = 土地成本 + 建设成本 + 管理费用 + 销售费用 + 投资利息 + 销售税费 + 开发利润

2. 新开发的土地价值

新开发的土地价值 = 待开发土地成本 + 土地开发成本 + 管理费用 + 销售费用 + 投资利息 + 销售税费 + 开发利润

3. 新建成的建筑物价值

新建成的建筑物价值 = 建筑物建设成本 + 管理费用 + 销售费用 + 投资利息 + 销售税费 + 开发利润

4. 在建工程价值

在建工程价值 = 土地成本 + 已投入的建设成本 + 管理费用 + 销售费用 + 投资利息 + 销售税费 + 开发利润

6.3.2 旧的房地价值

1. 旧房地价值

（1）旧房地价值 = 房地重新购建成本 − 房地折旧

（2）旧房地价值 = 土地重新购建成本 + 建筑物重新购建成本 − 建筑物折旧

（3）旧房地价值 = 土地成本 + 建设成本 + 管理费用 + 销售费用 + 投资利息 + 销售税费 + 开发利润 − 建筑物折旧

2. 旧建筑物价值

旧建筑物价值 = 建筑物重新购建成本 − 建筑物折旧

6.4.1 求取建筑物重新购建成本

建筑物重新购建成本 = 建筑安装工程费 + 专业费用 + 管理费用 + 销售费用 + 投资利息 + 销售税费 + 开发利润

6.5 建筑物折旧的测算

建筑物折旧 = 建筑物重新购建成本 − 建筑物市场价值

剩余经济寿命 = 经济寿命 − 有效年龄

6.5.2 建筑物折旧的求取方法

1. 年限法

（1）年折旧额：

$$D_i = D = \frac{C-S}{N} = \frac{C(1-R)}{N}$$

（2）折旧总额：

$$E_t = D \times t$$

（3）建筑物折旧后价值：

$$V = C - E_t$$

（4）成新折扣法求取建筑物价值：

$$V = C \times q$$

2. 市场提取法

（1）建筑物折旧：

建筑物折旧 = 土地重置成本 + 建筑物重新购建成本 − 旧的房地价值
　　　　　 = 建筑物重新购建成本 −（旧的房地价值 − 土地重新购建价格）

（2）总折旧率：

$$总折旧率 = \frac{建筑物折旧}{建筑物重新购建价格}$$

（3）年折旧率：

$$年折旧率 = \frac{总折旧率}{建筑物年龄}$$

（4）建筑物经济寿命：

$$建筑物经济寿命 = \frac{1}{年折旧率}$$

（5）建筑物成新率：

$$建筑物成新率 = 1 - 总折旧率$$

第7章　假设开发法

7.3.1　假设开发法最基本的公式

待开发房地产价值 = 开发完成后的价值 − 后续开发的必要支出及应得利润

7.3.2 假设开发法具体细化公式

1. 求取土地价值

生地价值 = 开发完成后的价值 − 生地取得税费 − 由生地建成房屋的成本 −
管理费用 − 销售费用 − 投资利息 − 销售税费 − 开发利润

生地价值 = 开发完成后的熟地价值 − 生地取得税费 − 由生地开发成熟地的成本 −
管理费用 − 销售费用 − 投资利息 − 销售税费 − 开发利润

毛地价值 = 开发完成后的价值 − 毛地取得税费 − 由毛地建成房屋的成本 −
管理费用 − 销售费用 − 投资利息 − 销售税费 − 开发利润

毛地价值 = 开发完成后的熟地价值 − 毛地取得税费 − 由毛地开发成熟地的成本 −
管理费用 − 销售费用 − 投资利息 − 销售税费 − 开发利润

熟地价值 = 开发完成后的价值 − 熟地取得税费 − 由熟地建成房屋的成本 −
管理费用 − 销售费用 − 投资利息 − 销售税费 − 开发利润

2. 求取在建工程价值

在建工程价值 = 续建完成后的价值 − 在建工程取得税费 − 续建成本 − 管理费用 −
销售费用 − 投资利息 − 销售税费 − 续建利润

3. 求取旧房价值

旧房价值 = 重新改造或改变用途后的价值 − 旧房取得税费 − 重新改造或改变用途的
成本 − 管理费用 − 销售费用 − 投资利息 − 销售税费 − 利润

4. 开发完成后为出售房地产的价值

$$V = V_P - C$$

5. 开发完成后为出租或自营房地产的价值

$$V = V_R - C$$

第8章 其他估价方法

8.1.2 长期趋势法

1. 直线趋势法

$$Y = a + bX$$

2. 平均增减趋势法

$$V_i = P_0 + d \times i$$

$$V_i = P_0 \times t^i$$

8.2.1 路线价法

1. 一面临街的矩形土地

(1) 以标准临街宗地的总价作为路线价：

$$V(总价) = 路线价 \times \Sigma 单独深度价格修正率 \times \frac{临街宽度}{标准宽度}$$

(2) 以标准临街宗地的单价作为路线价：

$$V(单价) = 路线价 \times 平均深度价格修正率$$

2. 形状和临街状况特殊的土地：

$$V(单价) = 路线价 \times 平均深度价格修正率 \times 其他价格修正率$$

8.3.2 基准地价修正法

宗地价值或价格 = 适用的基准地价 × 土地市场状况调整系数 × 区位调整系数 × 用途调整系数 × 土地使用期限调整系数 × 容积率调整系数 × 土地开发程度调整系数 × 其他因素调整系数

8.5 多元回归分析法

$$V = b_0 + b_1 x_1 + b_2 x_2 + \cdots + b_n x_n$$

8.7 价差法

估价对象价值减损额或增加额 = 估价对象在改变之前状况下的价值 × Σ价值影响因素状况改变造成的价值增减系数

补地价 = 新规划条件下的土地市场价格 − 旧规划条件下的土地市场价格 补地价（单价）= 新楼面地价 × 新容积率 − 旧楼面地价 × 旧容积率

附录 B

全国房地产估价师执业资格考试真题

房地产估价理论与方法

一、单项选择题（共 35 题，每题 1 分。每题的备选答案中只有 1 个最符合题意）

1. 关于房地产估价误差的说法，错误的是（   ）。
   A. 房地产估价难免会有误差
   B. 房地产评估价值与实际成交价的差异即为估价误差
   C. 不应采用一般物理测量的误差标准来要求估价的误差标准
   D. 可通过严格履行估价程序来减小估价误差

2. 关于房地产估价结果的说法，错误的是（   ）。
   A. 估价结果是通过估价活动得出的估价对象价值或价格及提供的相关专业意见
   B. 注册房地产估价师在完成估价之前应征求估价委托人对估价结果的意见
   C. 估价结果可能与估价对象在市场上进行交易的成交价格有所不同
   D. 估价结果可能受注册房地产估价师的专业水平和职业道德的影响

3. 估价中应尽量采用多种估价方法，其主要原因是（   ）。
   A. 估价对象适宜采用多种方法估价
   B. 各种估价方法都有一定的局限性
   C. 各种估价方法之间具有理论统一性
   D. 难以通过分析排除不适用的估价方法

4. 下列引起某商业房地产价格上涨的因素，不属于该商业房地产价格自然增值因素的是（   ）。

   A. 该商业房地产所在地区经济发展、人口增加

   B. 该商业房地产附近修建地铁、交通条件改善

   C. 该商业房地产所在区域规划为城市中央商务区

   D. 该商业房地产拥有者聘用了优秀的物业服务企业

5. 下列估价对象区位状况的描述中，不属于位置状况描述的是（   ）。

   A. 估价对象距离机场 35km

   B. 估价对象东面临街，所临街道为城市主干道

   C. 估价对象建筑物坐北朝南

   D. 估价对象附近有 3 条公交线路经过

6. 下列影响房地产供求变化的因素中，不会引起房地产需求量增加的是（   ）。

   A. 消费者的收入水平增加　　　　　B. 该种房地产的价格水平下降

   C. 该种房地产的开发成本上升　　　D. 消费者预期该种房地产价格上涨

7. 购买一套建筑面积为 120m²，单价为 18 000 元/m² 的住宅。下列付款方式，名义价格和实际价格相符的是（   ）。

   A. 于成交日期 1 年后一次性支付所有款项

   B. 于成交日期一次性付清，给予 5% 的优惠

   C. 于成交日期支付 50 万元，余款在第 1 年年末支付

   D. 首付 50%，余款以期限 10 年、年利率 7%，按月等额本息还款的抵押贷款支付

8. 距离是衡量房地产区位优劣最常见、最简单的指标，其中相对科学的距离指标是（   ）。

   A. 空间直线距离　　B. 交通线路距离　　C. 交通时间距离　　D. 经济距离

9. 下列影响一套住房价格的因素中，不属于实物因素的是（   ）。

   A. 朝向　　　　B. 保温　　　　C. 隔声　　　　D. 户型

10. 关于房地产估价合法原则及其运用的说法，正确的是（   ）。

    A. 只有合法的房地产才能成为估价对象

    B. 估价对象状况必须是实际状况

    C. 以公益为目的的学校教学楼可以作为抵押评估对象

    D. 估价结果应是在依法判定的估价对象状况下的价值或价格

11. 评估用于产权调换房屋为期房的价值时，价值时点和估价对象的状况匹配正确的是（   ）。

    A. 价值时点为现在，估价对象状况为现在状况

    B. 价值时点为现在，估价对象状况为未来状况

    C. 价值时点为未来，估价对象状况为现在状况

    D. 价值时点为未来，估价对象状况为未来状况

12. 某商业房地产年净收益在乐观、保守和最可能情况下的估计值分别为 6 万元、4.2 万

元和 5.4 万元。若收益期限为 30 年，报酬率为 6%，无法定优先受偿款，则该商业房地产的抵押价值为（　　）万元。

A. 57.81　　　　　B. 71.58　　　　　C. 74.33　　　　　D. 82.59

13. 评估某建筑面积为 120m² 的住宅在 2016 年 9 月 30 日前市场价格，下列交易实例中最适合作为可比实例的是（　　）。

交易实例	建筑面积（m²）	用途	成交价格	成交日期	区域	交易情况
甲	120	居住	5 800	2015.8.3	同一供需圈	正常交易
乙	105	居住	6 000	2016.6.30	同一供需圈	正常交易
丙	140	办公	6 500	2016.9.29	同一供需圈	正常交易
丁	115	居住	6 100	2016.7.31	不同供需圈	正常交易

A. 甲　　　　　　B. 乙　　　　　　C. 丙　　　　　　D. 丁

14. 卖方 5 年前以贷款方式购买了一套建筑面积为 85m² 的住宅，贷款总额为 45 万元，期限为 15 年，年利率固定不变为 6%，采用等额还本利息照付方式按月还款。现买卖合同约定买方付给卖方 50 万元，并承担卖方应缴纳的交易税费及尚未偿还的购房贷款。若卖方、买方应缴纳的交易税费分别为正常成交价格的 6% 和 4%，则该住宅的正常成交价格为（　　）元 /m²。

A. 9 787　　　　　B. 10 013　　　　　C. 10 282　　　　　D. 10 539

15. 关于比较法运用的说法，错误的是（　　）。

A. 同类数量较多，有较多交易的房地产适用比较法估价

B. 尽量不选择需进行交易情况修正的交易实例作可比实例

C. 挂牌案例不能作为可比实例，但可作为了解市场行情的参考

D. 需修正或调整的因素越多，估价结果越合理

16. 甲、乙两家相邻土地，市场价格分别为 50 万元和 70 万元，若将该两家土地合并为一家土地，合并后的土地市场价格为 150 万元。如果乙宗地的拥有者购买甲宗地，则甲宗地的拥有者合理的要价范围是（　　）万元。

A. 0 ~ 50　　　　　B. 50 ~ 65　　　　　C. 50 ~ 80　　　　　D. 62.5 ~ 150

17. 某写字楼持有期内年均有效毛收入为 400 万元，运营费用率为 30%，预计持有至 5 年末出售时的总价为 6 000 万元，销售税费率为 6%，报酬率中无风险报酬率为 6%，风险报酬率为无风险报酬率的 25%，则该写字楼目前的收益价值为（　　）万元。

A. 5 061.44　　　　　B. 5 546.94　　　　　C. 5 562.96　　　　　D. 6 772.85

18. 关于建筑物经济寿命说法，正确的是（　　）。

A. 经济寿命主要由建筑物的质量及地基稳定性决定

B. 正常情况下，经济寿命长于自然寿命

C. 经济寿命与周围环境，房地产市场状况有关

D. 建筑物更新改造后，自然寿命可以延长而经济寿命不变

19. 房地产的有租约限制价值等于（　　）。

A. 无租约限制价值减承租人权益价值
B. 出租人权益价值加承租人权益价值
C. 无租约限制价值减出租人权益价值
D. 出租人权益价值减承租人权益价值

20. 运用市场提取法求取的报酬率可能与估价对象未来收益风险不完全一致,其根本原因是（　　）。

A. 能够获得的交易实例数量较多
B. 所取得的报酬率是利用过去的数据求取的
C. 利用试错法和内插法求取报酬率时存在计算误差
D. 可比实例采用了典型买者和卖者的期望报酬率并进行适当调整

21. 某房地产的年净收益为60万元,建筑物价值为200万元,建筑物资本化率为12%,土地使用年限为30年,土地报酬率为6%,该房地产的价值为（　　）万元。

A. 489.99　　　　B. 495.53　　　　C. 695.53　　　　D. 800.00

22. 某新建房地产的土地取得成本为200万元,建设成本和管理费用之和为500万元,投资利息为50万元,销售费用和销售税费分别为重新购建价格的3%和6%,成本利润率为15%,则该房地产的重新购建价格为（　　）万元。

A. 939.56　　　　B. 947.80　　　　C. 952.51　　　　D. 986.84

23. 某房地产的土地是于8年前通过出让方式取得的,1年后房屋建成交付使用,容积率为1.2。目前该房地产的土地重新购建价格为每平方米土地面积3 000元,建筑物重新购建价格为2 800元/m^2,建筑物成新率为90%,土地使用8年的年期调整系数为94%。目前该房地产的市场价格为（　　）元/m^2。

A. 4 870　　　　B. 5 020　　　　C. 5 340　　　　D. 5 520

24. 通过房租求取房地产净收益,不应扣除（　　）。

A. 空置损失　　　B. 房产税　　　C. 房屋折旧费　　　D. 房屋保险费

25. 某住宅的建筑面积为160m^2,土地剩余使用期限为60年,以建筑面积计算的土地重新购建价格和建筑重新购建价格分别为5 000元/m^2和3 500元/m^2。目前,该房屋门窗、墙面、地面等破损引起的折旧为5万元,户型设计落后引起的折旧为8万元,位于城市衰落地区引起的折旧为6万元。若土地报酬率为6%,则该住宅的成本价格为（　　）万元。

A. 115.91　　　　B. 117.00　　　　C. 134.91　　　　D. 136.00

26. 下列引起房地产贬值的因素中,属于功能折旧的是（　　）。

A. 写字楼层高偏低　　　　　　B. 厂房受酸雨腐蚀
C. 住宅库存量过大　　　　　　D. 在建工程基础不均匀沉降

27. 关于假设开发法中后续开发利润的说法,正确的是（　　）。

A. 根据当地上年度所有新开发项目的平均利润率来计算
B. 采用直接成本利润率计算时,计算基数为后续开发建设成本

C. 静态分析法中可用总利润率或年平均利润率测算后续开发利润

D. 开发利润率应为扣除所得税后的净利润率

28. 采用假设开发法中的动态分析法评估某住宅在建工程的市场价值，预测取得在建工程后3个月开始建设，建设期1年，假设建成后3个月一次售出，同类住宅现行市场价格为8 000元/m²，预测未来2年内同类住宅价格每年递增5%，若折现率为12%，则该在建工程开发完成后房地产的现值为（　　）元/m²。

　　A. 7 262　　　　　　B. 7 380　　　　　　C. 7 500　　　　　　D. 8 670

29. 关于假设开发法估价中开发经营期、建设期、经营期等之间关系的说法，错误的是（　　）。

　　A. 开发经营期可分为建设期和经营期　　　B. 建设期的起点与开发经营期的起点相同

　　C. 经营期可具体分为销售期和运营期　　　D. 建设期和经营期不会重叠

30. 当房地产价格持续上升或持续下降且各期上升或下降的数额大致相同，宜选择的估价方法是（　　）。

　　A. 平均增减量法　　　　　　　　　　　B. 平均发展速度法

　　C. 移动平均法　　　　　　　　　　　　D. 指数修匀法

31. 关于路线价法的说法，错误的是（　　）。

　　A 实际估价中同一路线价区段内标准临街深度可以不同

　　B. 相同条件下临街深度越深的地块，累计深度价格修正率越大

　　C. 路线价为若干标准临街宗地的平均价格

　　D. 运用路线价法的前提条件是街道较规整，临街土地排列较整齐

32. 某工业用房占地面积5 000m²，容积率为1.5，土地单价为2 400元/m²。现可依法变更为商业用房并增加2 500m²建筑面积，现时商业用地的楼面地价为5 600元/m²。该工业用房变更为商业用房理论应补缴地价（　　）万元。

　　A. 1 000　　　　　　B. 3 000　　　　　　C. 3 800　　　　　　D. 4 400

33. 在国有土地上房屋征收评估中，对已出租的房地产不考虑租赁因素的影响。这一估价假设属于（　　）。

　　A. 未定事项假设　　　　　　　　　　　B. 背离事实假设

　　C. 不相一致假设　　　　　　　　　　　D. 依据不足假设

34. 关于价值时点的说法，错误的是（　　）。

　　A. 价值时点可以是过去、现在或将来

　　B. 价值时点是由估价目的决定的

　　C. 价值时点应与估价对象状况对应的时点一致

　　D. 价值时点与实地查勘日期可以不一致

35. 关于估价师声明的说法，正确的是（　　）。

　　A. 估价师声明是注册房地产估价师和房地产估价机构的免责声明

　　B. 估价师声明中应对勤勉尽责估价作出承诺和保证

C. 未参与估价的注册房地产估价师可以在估价师声明上签名

D. 估价师声明中应对估价结果成立的条件作出提示和说明

二、多项选择题（共 15 题，每题 2 分。每题的备选答案中有 2 个或 2 个以上符合题意。全部选对的，得 2 分；错选或多选的，不得分；少选且选择正确的，每个选项得 0.5 分）

1. 关于房地产估价要素的说法，正确的有（　　）。
   A. 估价目的取决于估价委托人对估价的实际需求
   B. 估价对象由估价委托人和估价目的双重决定
   C. 选取估价依据应有针对性，主要是根据估价对象和价值类型选取
   D. 估价原则应根据价值类型和估价目的进行选择
   E. 估价程序是指完成估价项目所需要的各项工作进行的先后次序，不得交叉或反复

2. 评估一套单元式住宅的抵押价值，若未做特别说明，应包含在估价对象范围内的有（　　）。
   A. 二次装修时所铺的木地板
   B. 可拆卸的水净化处理设备
   C. 嵌入式固定衣柜
   D. 随建筑配置的中央空调系统
   E. 摆在室内的沙发

3. 关于成交价格、市场价格、理论价格和评估价值的说法，正确的有（　　）。
   A. 在一笔成功的房地产交易，买房最高出价≥成交价格≥卖方最低要价
   B. 在买方市场下，成交价格会偏向卖方最低要价
   C. 市场价格和理论价格相比，市场价格是长期均衡价格，理论价格是短期均衡价格
   D. 在正常市场或正常经济发展下，市场价格基本上与理论价格相吻合，围绕着理论价格而上下波动，不会偏离太远
   E. 当交易情况正常时，成交价格接近市场价格

4. 关于相同条件下同一估价对象的市场价值和现状价值的说法，正确的有（　　）。
   A. 在合法利用下，现状价值不高于市场价值
   B. 在合法利用下，（市场价值－现状价值）≥将现状利用改变为最高最佳利用的必要支出及应得利润
   C. 在现状利用为最高最佳利用下，现状价值等于市场价值
   D. 在不是合法利用下，现状价值不低于市场价值
   E. 同一估价目的、价值类型下，不能同时评估市场价值和现状价值

5. 下列房地产价格影响因素中，属于外部因素的有（　　）。
   A. 经济因素
   B. 区位因素
   C. 权益因素
   D. 人口因素
   E. 心理因素

6. 下列房地产估价方法的运用中，符合谨慎原则要求的有（　　）。
   A. 比较法估价时，不选取成交价格明显高于市场价格的交易实例为可比实例

B. 收益法估价时，不高估收入和运营费用

C. 成本法估价时，不高估土地取得成本、建设成本、税费、利润和折旧

D. 假设开发法估价时，不高估未来开发完成后的价值或低估后续开发的必要支出及应得利润

E. 长期趋势法预测房地产未来价格时，不高估市场价格增长水平

7. 估价对象为一宗熟地，对选取的可比实例进行实物状况调整的内容有（　　）。

　　A. 土地形状　　　　　　　　　　B. 土地状况
　　C. 土地使用年限　　　　　　　　D. 土地开发程度
　　E. 容积率

8. 预计某房地产未来第一年的净收益为170万元，此后每年净收益在上一年的基础上减少8万元，报酬率为8%，则下列说法中正确的有（　　）。

　　A. 该房地产未来第30年的年净收益小于0

　　B. 该房地产的合理经营期限大于22年

　　C. 该房地产的收益价值小于1 276.47万元

　　D. 该房地产的收益价值大于875万元

　　E. 该房地产的资本化率为16%

9. 运用成本法对新开发房地产的价值进行评估，在减值或增值调整时，应考虑的影响因素主包括（　　）。

　　A. 项目选址不当　　　　　　　　B. 建设成本偏高
　　C. 运营费用是否客观　　　　　　D. 工程施工质量优劣
　　E. 该类房地产市场供求状况

10. 关于建筑物寿命的说法，正确的有（　　）。

　　A. 利用年限法求取建筑物折旧时，建筑物的年龄应采用有效年龄，寿命应采用经济寿命

　　B. 对建筑物进行更新改造可使建筑物的经济寿命长于其自然寿命

　　C. 建筑物的剩余经济寿命是其自然寿命减去有效年龄后的寿命

　　D. 建筑物的剩余自然寿命是其经济寿命减去实际年龄后的寿命

　　E. 建筑物的有效年龄与剩余经济寿命之和为建筑物经济寿命

11. 关于假设开发法中的动态分析法运用的说法，正确的有（　　）。

　　A. 各项收入、支出均为价值时点房地产市场状况下的值

　　B. 在抵押估价中一般采用"被迫转让前提"

　　C. 不需要单独计算投资利息

　　D. 不考虑预售和延迟销售的影响

　　E. 测算后续开发利润时，要求利润率与其计算基数相匹配

12. 关于假设开发法中求取开发完成后的房地产价值的说法，正确的有（　　）。

　　A. 开发完成后的价值是未来开发完成后的房地产状况所对应的价值

B. 未来开发完成后的房地产状况不能包含动产、权利等

C. 评估投资价值时，未来开发完成后的房地产价值有时要考虑无形收益

D. 对于自营的房地产，不宜运用收益法求取开发完成后的房地产价值

E. 可以运用成本法求取开发完成后的房地产价值

13. 关于房地产估价长期趋势法运用的说法，正确的有（　　）。

A. 长期趋势法一般不适用于对估价对象当前价格水平的测算或估价

B. 对价格存在明显季节波动的估价对象适宜采用移动平均法消除季节波动影响

C. 数学曲线拟合方程 $Y=a+bX$ 的参数 a、b 通常采用最小二乘法确定

D. 选择具体预测方法的主要依据是估价对象或类似房地产历史价格的变动规律

E. 可以用来比较两类房地产的价格发展潜力

14. 关于路线价区段的说法，正确的有（　　）。

A. 路线价区段位于街道两侧，是带状的

B. 应将面积相近、形状相同、位置相邻的临街土地划为同一个路线价区段

C. 两个路线价区段的分界线，原则上是地价水平有明显差异的地点

D. 较长的繁华街道，可根据地价水平差异情况划分为两个以上的路线价区段

E. 同一街道两侧的地价水平有明显差异的，应以街道中心为分界线，将该街道两侧视为不同的路线价区段

15. 关于估价方法选用的说法，正确的有（　　）。

A. 所有适用的估价方法都应该用，不得随意取舍

B. 商品住宅一般应以比较法为常用的估价方法

C. 现状空置商铺不宜采用收益法估价

D. 影剧院一般适用比较法和成本法估价

E. 市场依据不充分而不宜采用比较法、收益法、假设开发法估价的情况下，可以将成本法作为主要的估价方法

三、判断题（共 15 题，每题 1 分。请根据判断结果，用"√"表示正确，用"×"表示错误。不答不得分，判断错误扣 1 分，本题总分最多扣至 0 分）

1. 在某一价值时点下，某宗房地产的市场价值反映的是市场上潜在交易者的集体价值判断，可能高于其理论价格。（　　）

2. 房屋被征用为临时安置用房，半年后返还时发现局部毁损，补偿金额应包括使用上的补偿和相当于被征用房屋价值的补偿。（　　）

3. 某宗建设用地红线内的给水、排水、电力等基础设施属于该宗土地的实物因素。（　　）

4. 房地产投保火灾险时的保险价值，通常不应包含不可能损毁的土地价值。（　　）

5. 在卖方市场下，增加房地产开发环节的税收，通常会使房地产价格下降。（　　）

6. 房地产市场价值评估应同时遵循独立、客观、公正原则，合法原则，价值时点原则，替代原则，最高最佳利用原则。（　　）

7. 房地产市场状况调整不仅是交易日期调整,还包括一些其他因素调整。( )
8. 比较法估价中进行房地产状况调整是把可比实例在其成交日期的自身状况下的价格调整为价值时点的估价对象状况下的价格。( )
9. 某房地产未来第一年有效毛收入为10万元,运营费用为2.5万元,有效毛收入乘数为10,则该房地产的资本化率为7.5%。( )
10. 有独特设计或者只针对特定使用者的特殊需要而开发的房地产通常采用成本法估价。( )
11. 运用分解法求取建筑物折旧时,只存在不可修复的功能落后折旧,不存在可修复的功能落后折旧。( )
12. 在假设开发法的动态分析法中,开发完成后的房地产价值是未来开发完成时的房地产市场状况下的价值。( )
13. 运用平均发展速度法预测房地产价格时,可对过去各期的发展速度予以加权计算,权重应根据各期发展速度的大小,由小到大来确定。( )
14. 基准地价修正法估价结果的准确性,主要取决于基准地价的准确性以及调整系数的完整性和合理性。( )
15. 在界定估价对象的范围时,要特别注意是否不包括属于房地产的财产和包括房地产以外的财产。( )

四、计算题(共2题,每题10分。要求列出算式、计算过程;需按公式计算的,要写出公式;仅有计算结果而无计算过程的,不得分。计算结果保留小数点后2位)

1. 为评估一套建筑面积为 $75m^2$ 的酒店式公寓2016年9月30日的市场价格,选取了3个可比实例,有关资料如下:

(1)可比实例及其交易情况见下表。

可比实例	A	B	C
面积	使用面积 $60m^2$,使用面积与建筑面积比为0.72:1	建筑面积 $82m^2$	建筑面积 $70m^2$
成交价格	112万元人民币	卖方实得16.5万美元	115万元港币
成交价格说明	带家具家电整体转售,其中家具家电等价值3.5万元人民币	买卖中双方应缴的税费分别为5%、7%,双方应缴纳税费均由买方负担	首付30%,余款一年后一次付清,年利率为6%
成交日期	2016年1月31日	2016年6月30日	2016年7月31日
交易情况	-4%	+2%	+1%
比较价值权重	0.3	0.3	0.4

上表中,交易情况判断以正常价格为基准,正值表示可比实例的成交价格高于正常价格的幅度,负值表示低于正常价格的幅度。

(2)该类公寓2016年1月~2016年9月以人民币为基准的价格变动指数见下表(均以上月末为100)。

价格指数	月份								
	1	2	3	4	5	6	7	8	9
	100	98.6	98.6	96.8	96.0	98.5	98.6	99.2	98.8

（3）房地产状况比较结果见下表。

房地产状况	权重	估价对象	可比实例 A	可比实例 B	可比实例 C
因素 1	0.3	100	90	98	102
因素 2	0.3	100	92	102	104
因素 3	0.2	100	103	96	106
因素 4	0.2	100	94	96	98

假设美元与人民币的市场汇率 2016 年 6 月 30 日为 1 美元等于 6.61 元人民币，2016 年 9 月 30 日为 1 美元等于 6.65 元人民币；人民币与港币的市场汇率 2016 年 7 月 31 日为 1 元人民币等于 1.20 元港币，2016 年 9 月 30 日为 1 元人民币等于 1.226 元港币。

【问题】试利用上述资料估算该公寓 2016 年 9 月 30 日用人民币计价的市场价格。

2. 某商场的建筑面积为 35 000m²，未来收益年限为 30 年，有效毛收入为每年 1 200 元/m²，运营费用率为 30%，未来每年净收益递增 2%，第 10 年后将稳定不变。若进行装修改造，可提高商场的收益能力。预计装修改造成本费用为 1 000 元/m²，在 1 年的工期内均匀投入，改造完成后商场可立即投入使用，改造完成后的有效毛收入提高至每年 1 750 元/m²，运营费用率降至 27%，未来收益期内每年净收益稳定不变。

【问题】试根据上述资料，判断现在是否应对该商场进行装修改造（房地产报酬率为 7.5%）。

参 考 答 案

（一）模拟试题参考答案

第1章 房地产

一、单项选择题

1. B   2. C   3. D   4. C   5. A
6. B   7. B   8. C   9. C   10. C

二、多项选择题

1. ACE   2. ADE   3. ABCDE   4. ABC   5. BCD
6. ABD   7. AC   8. ABCD   9. CE   10. ABCDE

三、判断题

1. √   2. ×   3. ×   4. √   5. √
6. √   7. √   8. √   9. ×   10. √

四、计算题

1. 4，60%   2. 10层，1 200m^2 3. 3 295元/m^2

第2章 房地产价值与价格

一、单项选择题

1. D   2. A   3. A   4. B   5. C
6. D   7. A   8. C   9. B   10. B

二、多项选择题

1. CD   2. BCD   3. BCE   4. ACDE   5. BCD
6. AC   7. ABCDE   8. BCE   9. AC   10. ABC

三、判断题

1. √   2. ×   3. ×   4. √   5. √
6. ×   7. ×   8. ×   9. √   10. √

四、计算题

　　1. 3 335 元 /m² 　　　　2. 480 万元 　　　　3. 1 400 万元

第 3 章　房地产估价概述

一、单项选择题

1. D	2. D	3. C	4. B	5. B
6. B	7. C	8. B	9. A	10. C

二、多项选择题

1. BDE	2. ABD	3. ABC	4. ABCDE	5. ABC
6. AD	7. ABCD	8. ACDE	9. AB	10. ABC

三、判断题

1. √	2. ×	3. ×	4. √	5. ×
6. √	7. √	8. ×	9. ×	10. √

第 4 章　比较法

一、单项选择题

1. B	2. A	3. B	4. C	5. D
6. D	7. C	8. A	9. D	10. A

二、多项选择题

1. BC	2. ABD	3. ABE	4. ABE	5. ABE
6. BCD	7. BCE	8. BCDE	9. ACD	10. BDE

三、判断题

1. ×	2. ×	3. ×	4. ×	5. √
6. ×	7. ×	8. √	9. ×	10. √

四、计算题

　　1. 7 779 元 /m² 　　　　2. 7 440 元 /m²，8 400 元 /m²
　　3. 8 743.22 元 /m² 　　　4. 4 404.63 元 /m²

第 5 章　收益法

一、单项选择题

1. B	2. D	3. C	4. D	5. C
6. A	7. A	8. B	9. D	10. C

二、多项选择题

1. AE	2. ABCD	3. CD	4. AB	5. ABCD
6. AE	7. BCE	8. AE	9. ABE	10. ABCD

三、判断题

1. × 2. × 3. √ 4. × 5. √
6. √ 7. √ 8. √ 9. √ 10. ×

四、计算题

1. 7 328.42 元/m²   2. 310.22 万元   3. 6.19 万元
4. 460 万元   5. 1 042.87 万元   6. 521 万元

第6章 成本法

一、单项选择题

1. D 2. C 3. B 4. D 5. A
6. C 7. A 8. B 9. B 10. C

二、多项选择题

1. ABCD 2. ABD 3. ABCDE 4. ACE 5. BC
6. AB   7. ABD 8. BCD   9. ADE 10. CD

三、判断题

1. × 2. × 3. × 4. × 5. ×
6. √ 7. √ 8. × 9. √ 10. √

四、计算题

1. 13.68 万元，136.8 万元，439.2 万元   2. 60 年
3. 3 112 万元，5 186.67 元/m²   4. 628 万元
5. 4 182 万元   6. 6 974.68 元/m²，209.24 万元

第7章 假设开发法

一、单项选择题

1. A 2. B 3. B 4. C 5. D
6. B 7. C 8. C 9. D 10. C

二、多项选择题

1. AD 2. ABD 3. ACE 4. AB 5. ABCD
6. DE 7. BCD 8. ADE 9. ABE 10. ABCDE

三、判断题

1. √ 2. × 3. × 4. × 5. √
6. × 7. √ 8. √ 9. × 10. √

四、计算题

1. 2 689.89 万元，5 379.78 元/m²，2 689.89 元/m²
2. 1 204.7 元/m²   3. 4 016.82 元/m²

参 考 文 献

[1] 中华人民共和国住房和城乡建设部. 房地产估价基本术语标准 [M]. 北京：中国建筑工业出版社，2013.
[2] 中华人民共和国住房和城乡建设部. 房地产估价规范 [M]. 北京：中国建筑工业出版社，2015.
[3] 中国房地产估价师与房地产经纪人学会. 房地产估价理论与方法 [M]. 北京：中国建筑工业出版社，2017.
[4] 中国房地产估价师与房地产经纪人学会. 房地产估价案例与分析 [M]. 北京：中国建筑工业出版社，2017.
[5] 柴强. 房地产估价 [M]. 北京：首都经济贸易大学出版社，2005.
[6] 毕宝德. 土地经济学 [M]. 北京：中国人民大学出版社，2001.
[7] 美国估价师学会. 不动产估价 [M]. 不动产估价翻译委员会，译. 北京：地质出版社，2001.
[8] 伊利，莫尔豪斯. 土地经济学原理 [M]. 滕维藻，译. 北京：商务印书馆，1982.
[9] 麻晓芳. 房地产估价 [M]. 北京：科学出版社，2010.
[10] 天明教育房地产估价师资格考试研究组. 全国房地产估价师资格考试金考卷 [M]. 郑州：河南大学出版社，2020.

第8章 其他估价方法

一、单项选择题

1. D	2. C	3. C	4. D	5. A
6. A	7. D	8. B	9. B	10. A

二、多项选择题

1. BD	2. BD	3. AD	4. ABCDE	5. BE
6. ABCD	7. ABCDE	8. ACDE	9. ABE	10. ACDE

三、判断题

1. ×	2. ×	3. ×	4. ×	5. √
6. ×	7. ×	8. √	9. √	10. ×

四、计算题

1. 4 242.5 元 /m²   2. 65.4 万元
3. 28m   4. 600 万元

（二）真题参考答案

一、单项选择题

1. B	2. B	3. B	4. D	5. D
6. C	7. D	8. D	9. A	10. D
11. B	12. A	13. B	14. A	15. D
16. C	17. A	18. C	19. A	20. B
21. C	22. C	23. B	24. C	25. B
26. A	27. C	28. A	29. D	30. A
31. A	32. D	33. B	34. C	35. B

二、多项选择题

1. ABD	2. ACD	3. ABDE	4. ABC	5. ADE
6. AD	7. ABD	8. ABCD	9. ADE	10. AE
11. BC	12. AC	13. ACDE	14. ACDE	15. BE

三、判断题

1. √	2. ×	3. √	4. √	5. ×
6. √	7. ×	8. ×	9. √	10. √
11. ×	12. ×	13. ×	14. √	15. √

四、计算题

1. 97.19 万元   2. 不应对商场进行装修改造